新媒体创作及应用研究

曾　蒸◎著

湖南科学技术出版社·长沙

@前 言

在如今数字智能化迅速发展的时代，新媒体正展现出极其强大的创新生命力与影响力，深刻地改变着大众的生活方式与行为习惯。《新媒体创作与应用》一书尝试着带大家深入探索这一充满活力与变革的新兴领域。本书对新媒体创作应用与数据本源的关系展开阐述，及其数据传播特性下，新媒体在多场景下的社会化表现。对新媒体创作应用面临的挑战与机遇展开了探讨，新媒体产业高速发展产生的新困境日益凸显。新媒体视频创作的强劲发展态势、人才需求的变化，还有增强现实技术将给行业带来新机会。

本书结合行业观察、项目实践、资料研究、调查分析等多种方法对新媒体创作应用展开研究，从多个应用项目进行实践探索，结合行业发展现状及趋势从艺术与技术方面研究探讨新媒体创作与应用的适用性路径。对新媒体创作应用与艺术创作的共性、差异性以及相互作用尝试进行深入分析，对新媒体创作的美学内涵进行探讨。视觉美学在新媒体创作应用中的呈现形态，从类型特征到设计模式，从视听之美镜头塑造到蒙太奇艺术表现，再到视构之美图文艺术创作规律等，都展现着新媒体的独特魅力。对于新媒体内容创作与需求效应方面的探究，对内容来源与主题创作模式、新媒体矩阵的效应、不同平台的比较，以及智能化的发展趋势等方面展开探讨，期望能为新媒体创作应用指出一些前行的方向。对新媒体创作应用与吸引力的探究，从目标受众到流量特点，再到产生热度效应的有效路径以及吸引力转化为收益模式的现状分析等展开探讨，希望能帮助大家更好地把握新媒体创作应用的关键要素。

希望本书能给新媒体领域的朋友们，带来一些有价值的认知与启示，为大家在新媒体的广阔天地中探索前行提供绵薄之力。受限于信息公开的时效性和个体认知的局限性，难以做到尽善尽美，如有不足欢迎批评指正共同探讨。在此，也真诚地期待大家能对本书提出宝贵的意见和建议，使其不断改进和完善。

前言

目 录

第一章　新媒体创作应用与数据本源

第一节　新媒体创作应用的本源是可计算的传播数据

科技迭代迅速发展带来浪潮翻滚的新媒体革命，曾经风靡大众的博客、公告板系统（BBS）、门户网站淡出视野，现在如火如荼的抖音短视频、微信公众号、快手直播、小红书种草等新媒体平台用户激增流量爆满。人工智能生成式的创作方式使得未来增强现实、虚拟现实、元宇宙等智能科技将开创新媒体创作应用新篇章。《中国新媒体发展报告 No. 13（2022）》指出，新媒体的社会价值不断释放，促进新知识生产与信息技术发展，促进公共文化服务水平提升，促进社会文明程度提高。新传播技术催生了新理念新知识、新产品、新技能、新服务，推动整个社会知识文明的进步〔1〕。

从个人计算机（PC）端到移动端，从主动搜索到算法推荐，从图文到视频，从未来到虚拟元宇宙，新媒体随着时代的进步不断发展。在这场新媒体革命的浪潮中，人们的生活方式、文化创作、行为习惯都向着以计算机数据处理为基础的创作、发布、传播、互动模式转变。从历史发展来看，媒体内容传播的变化随着科技发展而变革，14 世纪印刷产业诞生引发了文化传播中的媒体分发变革，19 世纪摄影产业诞生引起文化传播中的静态影像变革，20 世纪中期现代数字计算机诞生引发了新媒体计算机艺术启蒙。计算机以更高效率地运算数值类数据，促使现代媒体技术日益增长崛起，影像、图像序列、声音和文本可以被储存在软盘、光盘、存储卡等各种各样的物质载体上。"历史轨迹的发展将所有现存的媒体转换成了计算机可以识别的数值类数据，计算机通过记录存储、创建和分发媒体，自此开始'新'媒体的特质便应运而生。自此以后新媒体就此诞生——图形、活动影像、声音、形状、空间和文本都变成了可计算的，它们都变成了一组组可传播的计算机数据〔2〕。"

---

〔1〕 胡正荣，黄楚新．中国新媒体发展报告 No. 13（2022）[M]．北京：社会科学文献出版社，2022.

〔2〕 列夫·马诺维奇．新媒体的语言 [M]．车琳，译．贵阳：贵州人民出版社，2021.

20 世纪中期计算机技术发展产生的新媒体革命，不仅影响了媒体信息的获取、存储、编辑、分发、传播的各个阶段，还影响了文本呈现、界面效果、视觉影像、运动影像声音和三维空间建构的所有媒体类型，是一次具有重大影响力的革命。列夫·马诺维奇认为："所有的新媒体对象，无论是完全由数字计算系统创建出来的，还是从其他的模拟媒体资源转化而来的，都是由数字符码构成的。所谓的数值化呈现，这一事实带来了两个重要结果：一个新媒体对象是可以用特定的形式（数学形式）来描述。比如，一幅图像或者一个图形都可以用数学函数来描述。其次，新媒体对象受算法操控。例如，通过应用恰当的算法，我们可以自动去除图像的'点'、改善图片的对比度、确定图片中形状的边缘，或者改变图片的比例，等等。简言之，媒体变得可以被编程了〔2〕。"新媒体创作应用的本质是在计算机上创建的可传播数据，计算机将连续性数据转化为数值化呈现，这个过程也被称为数字化。我们在新媒体创作的过程中，经常会需要设置画面的像素、视频的帧率等，在不同的平台创作作品时对内容进行编辑，相互之间会产生格式的转换与互导，以及对不同系统、不同分辨率屏幕的兼容和适配，这些都是发生在以计算机为基础的数据处理上。一幅画被数码相机拍摄后在电脑中利用软件无限放大，放大后可以看到它是由等距离网格上的点组成，一个像素网格代表一个数字影像数据。这些点将原本连续性数据转化为离散的数据，即以不同单位出现的数据也就是分辨率，比如码率、像素等，每一个样本进行"量化"赋予其一个特定范围内的数值。虽然传统艺术创作如歌剧、雕塑、书法、绘画等也具有连续性，但是他们创作修改的过程是基于物理编辑而不是计算机的数据信息处理。

第二节 新媒体范畴的学术讨论

1998 年，联合国新闻委员会把互联网正式列为继报纸、广告、电视之后出现的"第四媒体"，是一场技术革命和社会革命，给人们带来了全新的数字化世界〔3〕。当今社会从职能部门到企业到群众个人，都拥有自己的新媒体账号，随时且便捷地发布信息传播消息，并且有着一定的受众目标人群。在移动互联网迅速发展的今天，对"新媒体"界定范围有着不同的理解。第一种是把新媒体看作一个包罗万象的新媒体平台，如以微信、微博、豆瓣、小红书等为代表的社交平

〔3〕 谭云明．新媒体概论［M］．北京：北京大学出版社，2018.

台，以今日头条、腾讯新闻、网易新闻等为代表的资讯平台，以抖音直播、淘宝直播、斗鱼直播等为代表的直播平台，以喜马拉雅、荔枝FM、蜻蜓M等为代表的音频平台，以优酷、爱奇艺、腾讯视频、哔哩哔哩等为代表的视频平台，以快手、抖音、微信视频号等为代表的短视频平台。还有阿里巴巴公司推出的大鱼号、百度公司推出的百家号等相对小众的平台，虽然还处于用户扩展期，与主流平台的流量还有一定距离，但在特定区域人群中也有一定的影响力。第二种则是新媒体，就是对腾讯开发的微信生态的称谓，是微信公众号、微信群、视频号、小程序等平台的统称，在后来者居上的短视频生态中，新媒体又变成了抖音、快手、视频号平台的称谓。

国内外专家学者对新媒体从不同角度进行了讨论。

清华大学熊澄宇教授认为，要从相对的角度来判断新媒体。新媒体的界定发展是以媒体发展过程为基础的，于广播时代而言，电视是新媒体；于电视时代而言，网络是新媒体；于PC网络时代的门户网站和博客而言，移动互联网产品是新媒体。今天我们所说的新媒体通常是指在计算机信息处理技术基础之上出现和产生影响的媒体形态〔4〕。

上海交通大学林迅教授在谈及新媒体艺术时认为："以数字媒体技术及数字信息传播科技为支撑和媒体的艺术形态。""通过利用和展示数字化及信息传播相关新技术，以交互为其主要特征，参与有关社会、文化、政治、美学等相关领域的艺术实践〔5〕。"

中国传媒经济协会常务理事谭云明在其文章中认为，数字广播、网络媒体、手机媒体是新媒体，楼宇电视、车载电视是广义新媒体〔6〕。

国家广电总局广播科学研究院院长马炬认为："新媒体最重要的是互联，新媒体突出特征就是人人即媒体，在此基础内容的多样性和接收终端的多样性〔7〕。"

上海交通大学的蒋宏和徐剑认为，新媒体从内涵上，是建立在数字技术基础上使传播信息扩展、传播速度加快、传播方式丰富的，与传统媒体迥然相异的新型媒体；新媒体从外延上，包括了光纤电缆通信网、有线电视网、图文电视、电

---

〔4〕 熊澄宇．新媒体与文化产业［OL］．人民网．http：/media.people.com.cn/GB/35928/36353/3160168html，2005－02－01.

〔5〕 林迅．新媒体艺术［M］．上海：上海交通大学出版社，2011.

〔6〕 谭云明．新媒体概论［M］．北京：北京大学出版社，2019.

〔7〕 杨继红．谁是新媒体［M］．北京：清华大学出版社，2008.

子计算机通信网、大型电脑数据库通信系统、卫星直播电视系统、互联网、手机短信、多媒体信息的互动平台、多媒体技术广播网等〔8〕。

中国传媒大学教授廖祥忠认为，新媒体是“以数字媒体为核心的新媒体”，通过数字化交互性的固定或移动的多媒体终端向用户提供信息和服务的传播形态〔9〕。

美国《连线》杂志认为新媒体就是“所有人对所有人的传播〔10〕”。

联合国教科文组织认为新媒体就是网络媒体〔11〕。

美国俄裔新媒体艺术家列夫·马诺维奇认为，新媒体是一组数字信息，可以根据需要以相应的媒体形式展示出来〔12〕。

从这些研究观点中，我们可以发现，作为过去没有使用过并且现在新出现的基于数据创作与传播的媒体应用都是新媒体。随着社会的发展、科技的进步、用户群使用习惯迁移还会不断有新的新媒体形式和内容出现。新媒体的“新”主要体现在传播渠道的“新”和创作主体的“新”。在传播渠道上，传统是以广播、电视、报纸为传播渠道，新媒体的传播渠道是以移动信息网络为渠道的新媒体，移动互联成为如今新媒体创作应用的最大特点，未来将是可穿戴设备虚拟现实、增强现实、元宇宙技术为渠道的新媒体。在创作主体上，传统是以报社、电视台、广告公司、权威人士为内容创作主体，新媒体的创作主体可以是任何人，无论年龄大小、何种社会身份的自然人，新媒体的创作主体甚至还可以不是自然人而是内容生产智能程序。

移动互联网、小程序（App）应用、计算机多媒体、智能手机系统、智能车载系统、虚拟现实、增强现实等等这些大众产品内容涉及新媒体的各个范畴。新媒体涵盖广泛并深入人们生活的方方面面，无时无刻似乎都存在着新媒体的影子并随处可见，以传播内容是否由计算机制作作为判断是否是新媒体的方法过于片面。比如用计算机绘制生成的海报，经打印机喷绘在布上并悬挂在公交车站牌的宣传栏；用4k高清摄像机拍摄并经过动作捕捉合成的电影视频，在电影院和电视机上播放。这些都是经过计算机编辑的内容数据，但它们并不属于新媒体，因

---

〔8〕 赵凯．解码新媒体［M］．上海：文汇出版社，2007.

〔9〕 廖祥忠．何为新媒体？［J］．现代传播，2008（5）：121－125.

〔10〕 马为，罗青．新媒体传播［M］．北京：中国传媒大学出版社，2011.

〔11〕 展江，吴薇．开放与博弈：新媒体语境下的言论界限与司法规制［M］．北京：北京大学出版社，2013.

〔12〕 邢长敏．论新媒体定义的重构［J］．新闻爱好者（下半月），2009（10）：8－9.

为他们没有形成数据通过计算机进行传播和呈现，此处包括移动互联网。这也就是为什么同样在计算机上进行编排的内容，我们在微信公众号看到的界面形式、文章和图片内容是新媒体，而印在报纸上的文章和图片就不属于新媒体。

但是如果只局限于某一种传播呈现载体又会陷入局限，在对新媒体研究的过程中应以动态的发展的眼光去分析观察。因为社会在进步时代在发展，随着信息技术迭代升级，硬件材料的不断研发，总会持续出现新的传播和呈现载体，曾经是新媒体的东西在更新换代中逐渐成为传统媒体。比如现在以智能手机作为终端的移动互联网产品是当代的主流新媒体力量，以 PC 机作为终端的传统门户网站、BBS、电子邮件等在诞生之初也是广泛传播的新媒体，随着人们生活方式的改变现在归为传统媒体。所以，不能将新媒体框定在某一种传播呈现载体上，当前的传播媒介会随着科技发展和硬件研发而随之升级，新的媒体内容会将传统内容“融合”并随之革新。

第三节　新媒体创作应用的艺术性与计算性共存

新媒体创作应用总体上具有两个特性共同存在，呈现上的“艺术性”和制作上的“计算性”。

新媒体具有艺术性，在视觉审美、精神共鸣、感官刺激、情绪互动、情感交流、经验分享等方面有强烈的文化艺术表达，这与传统艺术的绘画、电影、文学、音乐、舞蹈、歌剧具有相通性，新媒体创作的呈现艺术从传统艺术获得大量养分。新媒体本质上虽然是一组传播数据，但在表象呈现的层面上它是传统艺术的新的呈现方式，呈现出对人类用户有意义的数据结构组织。例如，微博平台中发布的温馨文字和图片，古诗欣赏的公众号里编辑的文本文件中符合诗词语法规范的诗句，母亲节抖音热榜视频中感动群众的舐犊情深的母爱短视频等。

新媒体具有计算性，主要体现在数据编辑、数据分发、数据响应、分类与匹配、计算机语言中。在新媒体平台看到的一幅油画，并不是真正的传统艺术中的油画，而是一组计算机文件数据，是代表像素色值的可被编码的存储数据。基于这个特性，新媒体作品能与不同平台进行嵌合，这种嵌合的过程与画本身的色彩、构图、绘画风格等没有关系，需要匹配的是新媒体作品这组数据文件的存储空间、编码格式、显示分辨率、数据传输与处理等。

随着计算技术的不断发展和硬件设备的不断进化，新媒体以数据的形态不断创新，计算机数据处理的特性对新媒体的艺术性有着深远影响。新媒体作品制作通过计算机来创造虚拟世界并在移动互联的瞬息网络上实现互动响应，通过人机交互界面产生编辑、查找、分享、标记、筛选等行为，都影响着新媒体的艺术表达和审美呈现。新媒体创作的过程中，既需要传统艺术的支撑，又离不开计算机科学技术和信息技术的发展，例如“UI界面”“交互界面”“流量分发”“智能推荐”等就是这类例子。

第四节　新媒体创作应用多场景下的社会化

新媒体与移动互联网深入融合互相影响，是近几年学术研究的热门概念。移动互联网是近几年蓬勃发展的新业态，目前大部分的新媒体创作都是以移动互联网作为传播渠道来让所有的创作者和所有的用户建立交互通道，比如“新媒体+农业”惠企助农、助力乡村振兴，“新媒体+医疗”线上问诊、知识付费，“新媒体+传统文化”广泛传播实现民族自信。新媒体的创作应用有效提高实体经济的创新力和生产力，形成更广泛的以新媒体为平台的经济发展新形态。

随着新媒体在移动互联网应用场景下的不断探索，新媒体已有泛社会化的趋势，广泛应用于社会生产生活。一些新媒体应用在PC端、移动端及可穿戴设备端都可以使用，并且许多应用兼顾多种功能，很难将所有新媒体都归入其中。不同应用场景下的新媒体展现的功能与应用不一样，不同领域的人对新媒体的理解也并不完全一致。

由于新媒体创作随着科学技术发展而不断更新，新媒体应用场景丰富多样，新媒体内容创作融合着传统艺术内容，在网络信息不断变化的现在，因为分析角度不同而对新媒体会有不同的理解。一种观点是从新媒体的创作手段上进行分析，数据模块化的、具有交互性的、可被选择编辑的媒体是新媒体；一种观点是从内容范围进行分析，能够向下兼容的媒体、将旧的内容在新的平台进行呈现的媒体就是新媒体，比如互联网可以呈现传统的报纸和电视上的内容、移动互联网的智能终端可以呈现基于台式终端的互联网的内容。一种观点是从传播角度进行分析，认为具有超媒体性、交互性、超时空、个性化信息服务、虚拟信息传播、数据源的多样性、数据推荐的多样性以及数据审核的多样性的媒体就是新媒体。

当今时代的新媒体是基于网络通信的可计算的数据化超级媒体，这些数据内容在网络连接的终端媒体上迅速传播。数字化的创作手段能便捷快速地进行内容生成、数据编辑、数据存储并实现优质内容的高频产出，标准化的编码格式让创作内容在各个新媒体系统间快速进行数据交换，并支持多终端协作创作。这种可计算的传播数据在创作和应用的数量上与日俱增，海量的内容信息被网络聚合分发。与传统艺术创作不同的是，新媒体创作者与用户之间互相影响交互频繁，它的内容创作既有大众化的审美特征，又有小众兴趣的垂直延伸。数字计算系统的逻辑极大影响了新媒体的生活应用层面，包括新媒体的视觉美学、艺术创新，以及新媒体的内容应用。因此我们必须要用发展的眼光来进行新媒体的创作实践与应用研究。

硬件设备搭载新媒体的应用场景根据现有资料分析，主要分布在以下场景：

1. 移动空间应用场景

目前新媒体内容应用最广泛最重要的场景就是移动空间应用场景。移动空间应用场景从硬件设施角度看，有两个必备因素，一个是移动互联网基础设施，一个是智能手机发展。移动通信技术、互联网技术、智能终端设备生产技术的高效结合催生了移动互联网，通过智能手机人们能摆脱传统台式电脑网络的物理空间限制，空间自由、时间自由、终端便捷地使用移动网络来进行通话、数据传递、信息获取、图像采集、多媒体编辑等行为，它是信息开放的、便捷分享的、瞬时互动的。以通信运营商提供的移动无线网络为基础在智能手机上应用互联网企业开发的新媒体产品，使用智能手机进行语音聊天、线路导航、视听娱乐、电商购物、支付收款、文件编辑与下载、摄影摄像及网络分享、在线社交、在线游戏等各种移动互联网应用已改变了人们的生活习惯。用户可以通过智能手机独立操作系统和运行空间，来根据个人需求和兴趣在终端安装第三方提供的应用软件，并且在应用过程中通过移动网络来实现应用的即时性和传播性。随着近几年通信科技研发从 2G、3G 起步，经过 4G 的广泛应用，到 5G 的跨越式发展，移动互联网已渗透到人们生活、工作的各个领域，阅读碎片化、信息数据化等正在改变大众的行为方式和生活方式。

目前移动应用空间场景是应用最广泛、数据量最大、更新迭代最快的新媒体应用环境。2008 年苹果公司推出 iPhone 3G 让智能手机开启了移动互联网新时代，最近十余年是移动互联网蓬勃发展的时期，它也是新媒体发展的主要载体。智能手机问世结合 4G 网络通过移动端设备使得我们可以随时随地访问网络，人们使用智能手机、平板电脑等移动终端，伴随着随心变化的位置场景下进行新媒体应用。

移动应用空间下新媒体视觉艺术呈现形式主要以影像艺术创作形式与图文艺术创作形式为主。影像艺术形式为主的新媒体应用，有以抖音、快手、视频号为代表的短视频应用平台；有以哔哩哔哩、爱奇艺、芒果 TV、优酷为代表的综合视频应用平台；有以美图、美拍、激萌、剪映为代表的视频图像处理及分享平台。图文艺术形式为主的新媒体应用，有以微博、公众号、头条号为代表的资讯分享平台；有以小红书为代表的个人兴趣分享平台，以及其他以图文为主的移动应用平台。

2. 固定空间应用场景

应用媒体需要在相对固定的环境条件下才能进行媒体应用，如智能电视、车载媒体、智能家居等。伴随着科技进步，现今的电视设备已具备交互功能及互联网传输功能，智能电视不仅加载了人工智能提醒功能、高清数字节目直播内容，还能装载应用 App 进行点播、预约、数据传输处理等功能，还能实现游戏互动、视频社交、直播录像等行为。随着城市基建的高质量发展，众多建筑空间设计师已将新媒体展示硬件设计在立面空间内，伴随着发光二极管（LED）显像技术更精细更坚固更轻薄的技术投入市场应用，我们可以看到现如今在收费站、生活广场、公交枢纽、飞机场、商务楼、电梯、自动交互机、综合商超等公共环境，许多与网络实时链接的屏幕出现在人们生活的各个区域。我们看到通过无线网络数据连接的形态各异的屏幕大多装置在相对固定的位置，将新媒体内容展示给路过此装置的人群，有时还能通过网络进行交互应用。

此外，智能家居将日渐成为新媒体在固定空间内的应用场景。伴随着通信科技与芯片技术的发展，为了提供更便捷更智能化的家居生活，智能家居已不同程度地走进千家万户。许多家装案例中可以看到，智能家居通过网络连接，人们可以在回家之前通过手机打开智能空调进行降温或让洗衣机开始工作；随时可以监控家中的情况并通过摄像头与家人进行对话交流；可以通过人工智能音箱进行音乐播放和语音指令，比如通过语音要求智能音箱通过网络连接让晾衣架进行升降，或者让扫地机器人开始地面清扫工作。与手机无线连接的智能环境监测设备，测出房间内的温度、湿度、颗粒物（PM）值、噪声或挥发性有机化合物等指标。最后，也是最基础的就是在中国发展了几十年的传统互联网，它仍然具有新媒体传播的重要作用。2000 年期间流行的门户网站、BBS、电子杂志、电子邮件等，目前在有些新媒体研究观点中已经不属于新媒体范畴了。

3. 穿戴行驶应用场景

人们随身携带的物品及行驶设备日益智能化、媒体化，如智能手表和智能汽车，未来的增强现实设备、虚拟现实设备等。环保理念及能源危机影响下诞生的新能源汽车，近几年来蓬勃发展，以特斯拉电动汽车为代表的新能源汽车在内部电子系统设计上更智能化，在内饰部人机交互设计上正体现出新媒体特征。例如，汽车里传统的物理式操控中心台面变成了一块整体的智慧屏幕，这个智慧屏幕的 UI 界面设计与智能手机、平板电脑日趋相似，交互媒体的内容搭载了视频播放、地图导航、信息收发、音频播放、实时视频连线以及通过蓝牙连接的手机的新功能。以特斯拉为代表的新能源汽车将车窗与屏幕功能结合，无人驾驶系统成熟后未来的新型汽车将搭载更多基于移动网络的新媒体。以苹果公司发布的 Apple Watch 为代表的可穿戴设备兴起，戴在人手腕的智能手表内置非常多的应用 App，能实现响应与交互。智能可穿戴设备基于人体之外通过衣物或者配件穿戴来进行固定，可穿戴设备通过移动网络数据接收、内置芯片数据交互处理来实现强大的功能，不是传统简单静止的硬件设备。可穿戴设备是对人类的行为习惯和生活方式改变的重要创新，它品类丰富，如华为研发的 Helmetphone 智能头盔，谷歌研发的基于语言场景的增强现实（AR）眼镜“one more thing”，Meta 研发的触觉手套和 EMG 腕带，以及其他智能手环、智能头盔、智能手表、智能运动鞋、智能服装、智能书包、智能配饰等。以苹果、微软、Meta、谷歌、华为、小米、耐克、爱普生、索尼等为代表的科技公司在硬件设备材料、装置、感应系统、芯片集成进一步升级研发后，未来的穿戴设备将更加轻便且功能丰富，与之而来的是增强现实、虚拟现实技术的新媒体应用。

随着越来越多的产品具备媒体搭载和网络链接的属性后，未来的世界将形成万物互联的物联网，也有部分研究学者认为今后新媒体的发展会与物联网不断融合，新媒体的创作与应用的场景形态也会随之扩展与改变。

4. 其他产业网络应用场景

数字化科学技术不断向各行各业延伸，各行业都通过打造行业内的新型网络进行数据化交互与管理。这些网络在设计和应用过程中也兼带了新媒体性质，进行着信息处理、视觉呈现、互动交流、数据编辑等活动。随着信息科技的不断升级，虚拟现实、增强现实、混合现实、元宇宙等技术的日趋成熟，未来会诞生更多我们目前生活意想不到的应用场景。

新媒体跨场景应用与多产业融合是新媒体进一步增长的重要因素，新媒体的创作与应用已成为公共秩序组织的重要部分，如自然灾害警示、信息发布、突发事件响应、疫情布控、便民服务等情境，是国家现代化治理体系中新媒体赋能社会治理的创新切入点。新媒体的应用边界将随着人工智能（AI）、物联网融合发展扩宽应用生态，新媒体与智能终端的融合升级为泛信息终端和人机交互窗口，新媒体的创作应用日益广泛。

第二章　新媒体创作应用的挑战与机遇

第一节　国内新媒体产业迅速发展及面临的困境

一、新媒体产业迅速发展

众所周知，新媒体行业的发展已经成为不可阻挡的潮流，它以数字技术、计算机网络技术和移动通信技术等新兴技术为依托，以网络媒体、手机媒体、互动性电视媒体、移动电视、楼宇电视等新兴媒体和新型媒体为主要载体，按照工业化标准进行生产、再生产的产业类型，是文化创意产业的重要组成部分〔13〕。我国新媒体产业飞速发展的十余年间，互联网广告、网络游戏、电影、大数据、增强现实、虚拟现实技术的发展尤为迅速。随着科技的不断发展，我国新媒体行业迎来黄金发展期。原国家新闻出版广电总局副局长田进在第二届世界互联网大会致辞指出，网络视听新媒体成为展示我国文化传承与创新最具活力的领域之一〔14〕。

新媒体创作应用发展除了以丰厚的文化积淀为创意源泉外，还依托于科技的发展，所有内容都以计算机介入的生产、分发和传播模式为转变，媒体的内涵发生了戏剧性的变化。随着通信技术的迅速发展，新媒体如今主要以移动互联网传播呈现，在计算机技术的发展下新媒体的创作和应用逻辑，不仅受传统艺术创作的影响，还受数字计算和网络分发程序背后的操作行为影响，比如搜索、匹配、分类、筛选等数字化的呈现，点赞、转发、评论、收藏、关注等互动行为，这些都影响着新媒体的创作输出、艺术呈现和分发传播。《中国新媒体发展报告 No. 11（2020）》调查显示，新媒体已成为中国网民获取新闻信息的重要渠道，人们倾向于通过微信、微博、抖音等新媒体渠道获取信息。54.6%的用户关注新

〔13〕 官承波，翁立伟．新媒体产业论［M］．北京：中国广播电视出版社，2010.

〔14〕 李澎．把握互联网的内在规律 做好文化的继承和创新：“互联网时代的文化传承与创新”议题在乌镇举行．（2015－12－17）［2024－02－01］ https://finance.cnr.cn/gundong/20151217/t20151217_520828700.shtml.

闻资讯是否有音频、短视频、视频、直播等直观化的多媒体内容展现形式[15]。著名互联网数据研究公司新榜每年都会发布《中国新媒体内容生态数据报告》，对微信公众号、视频号、抖音、小红书、哔哩哔哩、快手这6大平台上的内容生态进行数据统计和研究，从数据出发，分析各新媒体平台的创作者生态、内容生态、内容商业化等现状和趋势。

国内互联网企业通过资本资源联合媒体力量的发展模式进行投资和布局，传播渠道开始多样化，并使得媒体行业也随之转型升级。自2015年开始“优酷网与土豆网”“虎牙直播与斗鱼直播”等行业多个头部企业并购现象频出。中国新媒体产业用战略合并的策略取代以往的同行竞争分割模式。整合优势资源进行合并，不仅使新媒体产业避免了不必要的“烧钱大战”“抢人大战”等恶性竞争，还使得整个新媒体产业生态进入良性循环。

在移动互联网技术的推动下，我国新媒体行业迎来了黄金发展期。微信、抖音、微博、小红书、快手、哔哩哔哩等众多新媒体平台的诞生极大地改变了信息的传播方式，给人们的生活带来了翻天覆地的变化，相信它将会是一个长期存在且充满着机会与希望的行业。在计算机技术与互联网信息技术日益壮大发展下，形成以腾讯、字节跳动、百度、阿里巴巴集团为首的互联网巨头新媒体生态系统，在移动互联网与大数据等产业发展的催化下，传统产业与新媒体产业将进一步融合，移动化、智能化媒体产业逐渐成为新媒体产业的重要组成部分。

中国社会科学院新闻与传播研究所、社会科学文献出版社共同发布了《中国新媒体发展报告No.13（2022）》，该报告认为当前我国网络和新媒体发展特点鲜明，2021年以来，网络监管重拳出击，互联网治理“强监管”达到前所未有的高度。我国不断根据行业发展实际情况推进新媒体结构体系升级，促进全面广泛传播与垂直细化传播的有效结合。

根据中国互联网络信息中心（CNNIC）发布的第49次《中国互联网络发展状况统计报告》显示，截至2021年12月，我国网民规模达10.32亿，较2020年12月增长4 296万人，互联网普及率达73.0%，这一数据仍然在持续上涨中。截至2021年12月，在网民中，即时通信、网络视频、短视频用户使用率分别为

〔15〕唐绪军，黄楚新，吴信训．中国新媒体发展报告No.11（2020）[M]．北京：社会科学文献出版社，2020.

97.5%、94.5%和90.5%，用户规模分别达10.07亿、9.75亿和9.34亿[16]。短视频是当前社会生态下的主要信息传播渠道，与之伴随成长的是直播形式的兴起和快速发展，与此同时，各大行政部门企事业单位的官方新媒体作品屡屡出圈，通过新媒体创作应用实现了较好的形象建设和信息传递。新媒体矩阵化操作和符合时代兴趣的作品创作成为行业发展共识。新媒体创作应用实践下的眼球经济、网红效益、流量传播正以新的创作应用形态不断扩展，线上与线下、虚拟与现实不断交错，新媒体创作应用是建设数字社会的重要力量。中国社科院专刊发布的新媒体发展报告中说，北京冬奥会立体传播上，新媒体成为提升效果的助推器，我国积极参与全球数字治理取得实效[17]。伴随着技术的不断提升，增强现实（AR）、虚拟现实（VR）被认为是下一代新媒体创作应用的重要呈现形式，是人类从原地处理信息的PC端网络逐步进化到如今的移动物联网，再之后进入虚拟与现实叠加的创新应用。

新媒体产业是结合计算机、互联网及相关硬件设备的产业，目前以用户比例最多的抖音短视频和微信公众号为代表，预计未来在人工智能技术的日趋成熟下，将以增强现实、虚拟现实、混合现实为创作方向。国家、省、市多个部门在多个重大规划与部署中，都明确表示了要着力发展新兴技术产业，尤其对新媒体产业发展依然采取大力扶持的政策。新媒体生态在技术发展与创新中逐渐形成一个生态圈。跨界整合、融会贯通使得新媒体在人工智能技术的发展上进一步提速，现今智能生成图片、智能剪辑、智能特效合成、智能文稿等技术频出，如2023年初横空出世的ChatGPT引起广泛讨论。新媒体的创作者和应用者将是新媒体产业关键生产对象，并呈现出强大的经济价值，各行各业已逐步将新媒体创作应用融入跨界生产经营中并为之赋能提质。

新媒体正在成为各行各业的主要信息传播手段，各个行政部门、企事业单位、群众个体均在新媒体平台注册账号并进行内容传播。新媒体创作者在内容创新过程中与技术厂商、互联网企业展开深入合作。新媒体创作过程中，对人才的技术水平、综合能力提出新的要求，进一步促进产学研用协同创新的发展；人工智能技术深入新媒体创作与应用过程、5G背景下的元宇宙概念频出、新媒体广泛的群众使用基础、数据智能时代人们生活习惯变化等这些都影响着新媒体创作

---

[16] 崔爽．第49次《中国互联网络发展状况统计报告》显示：我国网民规模达10.32亿 [OL]．（2022－02－26）[2024－02－01]．http：//www.stdaily.com/index/kejixinwen/202202/a4d43a3e70714781bf692d63c3f56781.shtml.

[17] 王春燕．《中国新媒体发展报告No.13（2022）》发布 [J]．社科院专刊，2022（613）．

应用的发展。

但需要重视的是，我国新媒体产业虽然欣欣向荣，有许多创新和进步，但各行业对新媒体的创作应用还处于持续探索阶段，未来有很大的发展空间，新媒体创作应用还需要进一步突破和创新，新媒体的美学提升、内容创新、应用体系、人才培养、前瞻发展研究等还需要进一步提升。

二、产业现状面临的困境

中国新媒体产业的高速发展背景下，尽管取得了显著的成就，但也不可忽视其所面临的一系列发展困境，这些困境一定程度上影响了内容创作、技术创新和用户参与以及行业的稳健发展等多方面。

1. 新媒体产业中知识产权保护问题突出

虽然这些年知识产权相关法律法规逐步完善，但在实际执行中仍然存在盗版、侵权、内容搬运等问题。近年来一些新媒体平台作品被曝出存在侵权行为，损害了创作者的权益，《人民法院报》曾刊出“遏制短视频侵权要从平台入手”等系列文章。知识产权侵权泛滥的情况会削弱创作者的积极性，阻碍创新内容的产生，甚至产生劣币驱逐良币的现象。据中国互联网络信息中心等联合统计数据，2020 年国内短视频用户规模达 8.73 亿，占网民总数的 88.3%，月度人均使用时长达 42.6 小时，相比 2018 年增加近一倍。快速发展的短视频行业也乱象丛生，比如同质化严重，不少博主并没有多少原创的东西，更多时候就是在做“搬运工”，甚至直接对他人的内容进行复制粘贴。数据显示，2019 年 1 月至 2020 年 10 月累计监测到 3 009.52 万条侵权短视频，独家原创作者被侵权率高达92.9%〔18〕。

这些侵权行为损害了原创者的合法权益，同时也引发了“劣币驱除良币”之低质内容盛行、高质内容默默无闻的逆向发展现象。用户有限的注意力被低劣的作品占据，而原本有价值的原创优秀作品难以获得足够的关注，简单的剽窃复制意外走红的例子屡见不鲜，这直接影响了短视频行业的有序健康发展。

要有效遏制新媒体创作应用领域的侵权问题，必须多维度增强策略从平台方入手，加强管理措施。在对新媒体创作应用平台的监督监管上进一步强化，确保其严格遵守法规，建立健全的创作环境。加强宣传教育，培养知识产权保护意识，引导用户自觉远离侵权行为。行业自律是创作环境良性循环的动力，面对发

〔18〕 戴先任．从平台入手遏制短视频侵权［OL］.（2021－10－28）［2024－02－01］. https：//new. qq. com/rain/a/20211028A06JM500. html.

现的侵权行为，要建立便捷的投诉机制，迅速响应侵权举报并采取严格的处罚措施，维护知识产权持有者的权益。对应的处罚是法律上的制裁和经济上的惩罚，才能有效提高侵权成本，降低违法行为。除此之外，还可以鼓励技术创新来借助人工智能手段开发先进的内容识别技术，以智能化手段抵御侵权风险。另外，侵权行为的跨平台性为其提供了隐蔽条件，为了防范先于实施，可以通过建立全平台的侵权数据库及信息预警来加强构筑公正竞争环境。有力地遏制短视频领域知识产权侵权问题，不仅是对知识产权尊严的维护，更是对整个创作生态的责任与关怀，通过多方共同努力实现健康、可持续的发展。

2. 信息泛滥与内容乱象问题进一步加剧了新媒体产业的发展难题

新媒体社交的普及使得信息传播更为迅速，但违规信息、虚假信息、谣言的传播也变得更加频繁。新媒体创作内容在移动互联网生态下有着极强的传播性和感染力，除了艺术创作本身外，还有社会意识传播作用。在新媒体内容创作过程中，由于行业准入门槛低，“色、丑、怪、假、俗、奢、赌”的违法违规内容屡屡出现，严重影响社会风气和群众生活，监管机构与新媒体平台需要重点严格审核。在与用户互动及内容定位时，失智饭圈、过度打赏、虚假营销、谣言内容等情况层出不穷。

在新榜平台发布的《2021新媒体内容生态数据报告》公开数据资料分析中，抖音平台在2021年第4季度，升级“饭圈乱象治理”，处罚违规账号1.7万个；严厉打击各种“X媛”高颜值虚假人设，处罚违规视频2.5万条；处罚违规吃播视频16 458个；封禁借热点事件恶意营销相关账号126个。微信平台在2021年12月，为落实关于“清朗·打击流量造假、黑公关、网络水军”专项行动的部署和要求，微信开展为期2个月的专项行动，将从严治理流量造假问题，逐步清理涉网络水军信息、账号。快手平台在2021年10月，对违规内容和账号进行专项治理，共处罚账号超556 200个。其中涉及宠粉诈骗账号超30.81万个，私单交易诈骗账号超1 520万个，冒充诈骗账号涉及4 770个，刷单兼职诈骗账号超9.12万个。哔哩哔哩平台在2021年10月，处理的违规账号包含发布色情低俗内容账号2 868个、发布诈骗信息账号5 319个、发布引战与人身攻击内容的账号2 889个、发布血腥暴力违法违禁等内容账号1 615个、黑产账号304 242个。

据新华社新媒体报道，2022年4月，中央网信办会同相关部门开展为期3个月的“清朗·整治网络直播、短视频领域乱象”专项行动。这场活动对以抖音、微信视频号等16家重点新媒体平台中的违规内容和账号予以处置，处置违规直播间56.3万个，清理违规短视频235.1万条；对存在传播色情引流、低俗庸俗、暴力谩骂、诱导打赏等有害不良信息问题的快手、哔哩哔哩、虎牙等平台，依法予以约谈、限期整改、责令关闭账号、罚款等处置处罚；对存在信息安全管理漏洞、问题整改不及时不彻底的网站平台134件次，予以行政处罚1 200余万元，处理用户账号12万个，处置处罚违规主播、短视频账号21.86万个；对集纳传播淫秽色情、赌博等违法信息的葡萄美女直播、萌果直播等106个直播、短视频平台，依法予以下架关停，并将其经营主体纳入应用程序开发者黑名单〔19〕。

2018年至2021年间，移动互联网内容创作的野蛮生长逐步过渡到国家加强对网络信息内容的监管，恶意内容泛滥、内容可信度低等系列现象引发了业界的广泛关注。2020年，国家互联网信息办公室发布了《互联网信息服务管理规定》等文件，强化了网络内容审查和管理。信息可信度的下降、违规内容的高发将降低用户对新媒体内容的信任，从而影响行业的可持续发展。监管政策的升级，一定程度上促使企业在运营过程中应用新法规对具体业务展开调整，从而改变其发展路径。面对庞大的日益新增的发布内容和数据，各大新媒体平台要在国家规范制度的指导下，在数据处理上不断优化和改进解决相关高发问题。

3. 用户隐私与数据流失严重等网络信息安全问题持续出现

随着新媒体应用的普及，用户的个人隐私和数据安全引发了公众的广泛关注，比如此前媒体报道的新浪微博数据泄露事件。“据工信部官网，针对媒体报道的新浪微博因用户查询接口被恶意调用导致App数据泄露问题，工业和信息化部网络安全管理局对新浪微博相关负责人进行了问询约谈。要求其按照《网络安全法》《电信和互联网用户个人信息保护规定》等法律法规要求，对照工信部等四部门制定的《App违法违规收集使用个人信息行为认定方法》，进一步采取有效措施，消除数据安全隐患。”〔20〕2019年埃塞俄比亚航空公司飞机坠毁，其中一名遇难的中国女大学生微博账号在新媒体内容传播中被泄露，导致她的年龄、成绩、家庭状况、容貌形象、私人情感等个人隐私被曝光。事件热议期间，该账号粉丝数量快速上升，涉及该遇难女生的热搜条目占据热榜。微博平台舆论中，多个个人账号对该名女大学生发布人身攻击内容且情节恶劣，产生不良影响。随

〔19〕 中央网信办等部门重拳整治网络直播、短视频领域“色、丑、怪、假、俗、赌”乱象［OL］.（2022-07-31）［2024-02-01］. https：//baijiahao. baidu. com/s? id=1739833109137323083&wfr=spider&for=pc.

〔20〕 吉林日报．因用户数据大量泄露，新浪微博被工信部问询约谈［OL］.（2020-03-25）［2024-02-01］. https：//m. thepaper. cn/baijiahao_6680880.

后，微博官方关闭恶意中伤的微博账号，呼吁尊重逝者，理性讨论[21]。新媒体作品在展示创作过程、平台系统呈现发生的用户隐私泄露和数据流失严重情况屡屡发生，这些降低了用户对新媒体平台的信任，制约了用户参与和活跃度的提升。

南京大学新闻传播学院教授陈堂发在研究中指出："基于数字技术的新媒体对私生活的全方位介入所引发的忧虑，则已成为社会公共话题。技术逻辑源于工具的技术特性，不同介质的信息转换与兼容、无处不在的客户终端与社会化辐射、用户主体性的自媒体技术结构、追踪记录个人信息的目的性系统隐性植入，使得新媒体内容生产与传播机制在涉私内容处置方面比传统媒体有更大的法律纠纷风险，更迫切需要对既有的隐私人格价值保护理念作理性审视。"[22]

中国新媒体创作及应用产业的发展瓶颈涵盖了监管环境、知识产权保护、信息泛滥与可信度、用户隐私与数据安全等方面。这些困境的存在不仅挑战着新媒体产业的可持续发展，也需要政府、企业和社会各界共同努力来加以解决，以促进产业的持续健康发展。

第二节　新媒体视频创作将强势发展

在互联网时代之初，新媒体创作主要是博客、电子书等，与之对应的新媒体平台是网易、搜狐、iebook 等。人们通过联通网络的计算机进行新媒体内容创作应用传播，一旦离开计算机，人就与互联网断开连接。只有坐在计算机前的固定位置，并拨通网络才能访问互联网。如今在移动互联网时代，基于智能手机的新媒体应用平台程序琳琅满目、层出不穷，这时的新媒体创作应用在微博、公众号等图文内容开始兴盛，现在日趋向短视频、直播内容转移发展，与之对应的新媒体应用平台是新浪微博、微信、抖音、快手、小红书、哔哩哔哩等。其应用终端设备是智能手机，也就是人与人的连接。移动互联网基于移动通信网络，通过手机实现人和人的相连。比如直播平台，通过手机直播和观看发送弹幕交流、连麦交流，打破空间限制使人实时互动联系。

---

〔21〕 人民日报．埃航遇难中国女大学生遭网络人身攻击，多个账号被封［OL］.（2019－03－12）［2024－02－01］. https：//baijiahao. baidu. com/s? id＝1627791404791649106&wfr＝spider&for＝pc.

〔22〕 陈堂发．新媒体涉私内容传播与隐私权理念审视［J］. 学术月刊，2014，46（12）：13－21.

未来的互联网将是 5G 呈现的“万物互联”，新媒体视频将会使多个产业、领域、角度、空间、场景的内容进行连接组合，不再局限于手机、电脑，其应用场景可以扩展到任何场景，比如智能汽车、智能穿戴、智能家居等场景，在 5G 时代技术突破下将具有更广阔的应用。

在台式电脑的传统互联网新媒体时代，以门户网站、博客为代表，提倡“人人都是传播者”。这些网站博客以文字为主要的方式，而文字阐述需要强大的知识积累与综合素养，从本质来看仍然是以精英人士为代表的少数群体社会表达。在那个时代，不仅需要昂贵的电脑配置网络连接，还需要强大的文字语言能力，绝大部分群众只是当时网络新媒体的围观者、阅读者。4G 时代提升了数据传播和处理速度，智能手机应用下的新媒体短视频平台为普通大众开启了新的话语通道，越来越多的普通人被更多人看见、欣赏，以抖音、快手为代表的短视频创作是泛众化的传播，是与之完全不同的新媒体表达形式。无须经年的文字训练和技术基础，打开智能手机的摄像头，拍摄一段视频点击发布，就能完成一个新媒体短视频作品。自从抖音、快手崛起之时，泛众化表达的形式让大量的草根、农民、小镇青年等新媒体内容创作者被大众所看见，只因为视频是最为直观、简洁的社会表达形式，是一种具有革命性意义的改变。

新媒体以视频形式创作是在短视频诞生之初的 2011 年，小咖秀等创作平台应用以单纯展示内容的形式为主。当时的发展受制于移动数据资费、智能手机普及度等问题，起初反响并不热烈。在计算机应用技术取得突破，云计算、大数据、人工智能等技术的成熟发展实现了新媒体创作的精准推送，伴随着短视频的吸睛、直白、易懂的大众基础，终于赢得了短视频的爆发增长，逐渐成为新媒体创作的主要形式，成为吸引大众注意力进行信息传播的主要媒介。新媒体创作的视频形式在发展过程中，使得泛众表达者与精英表达者形成一种新的百花齐放的新媒体生态。

如今通过抖音短视频日活跃量 8 亿的庞大数据可以看出，短视频已经成为大众喜爱的主要新媒体形式，这是一个全民短视频时代。无论是城区闹市还是山野小镇，人们都已经习惯短视频的存在，短视频是具有强渗透力的泛众化表达。随着 5G 的到来，短视频将更加凸显泛众化特点，成为人们日常生活的习惯和常态，就像扫码付款改变携带现金的习惯一样，成为大众离不开的一种生活方式。其所代表的新媒体创作应用将成为人们分享、传播、记录、学习、娱乐的主要方式。

一、技术主导下的行业发展

根据中国互联网络信息中心（CNNIC）2022 年 6 月发布的第 50 次《中国互联网络发展状况统计报告》数据来看，视频已日趋成为新媒体应用的主流创作形式，我国短视频的用户规模增长最为明显，达9.62亿，较2021年12月增长2 805万，占网民整体的91.5%[23]。

新媒体创作与应用的丰盛繁荣，是集技术的魅力、市场的力量和时代的光芒于一体的互联网产物。尤其是现在的短视频形式的爆发式增长，得以让所有人在愿意的情况下通过视频都能被看见、都能被展示、都能被共鸣，这种泛众化表达的普惠理念在新媒体平台的数据处理技术升级的过程中，生动多彩地将生活的魅力与创作的价值呈现。

移动通信从1G、2G、3G、4G发展至今，伴随着信息技术约每十年一代技术的发展规律，新媒体创作与应用也随之发生改变。时代的发展、科技的进步都强力地促进了产业升级和经济社会发展，更是促进了新媒体创作与应用的发展。从1G到2G，实现了模拟通信到数字通信的过渡，移动通信时代新媒体创作与应用主要以文字、音频形式呈现；从2G到3G、4G，实现了语音业务到数据业务的转变，移动互联网时代新媒体创作与应用除了以微信公众号、微博为代表的文字音频形式以外，伴随着数据传播技术的飞跃解决了延时和卡顿，短视频迅速被大众喜爱和应用。移动网络存在于社会生活的各个层面，它持续影响和改变着大众用户的行为习惯。4G网络引发了移动互联网经济产业热潮，随时随地通信的环境下出现了一大批新应用新方式，移动数据爆发增长成为人们生活中的主要数据传播通道。超清视频、元宇宙、增强现实、虚拟现实等新媒体内容的不断创新开发，4G移动互联网系统将难以满足未来的需求，第五代移动通信也就是5G系统的成熟应用将带来新变革。

第五代移动通信技术，简称5G，是具有高速率、低时延和大连接特点的新一代宽带移动通信技术，5G通信设施是实现人机物互联的网络基础设施[24]，被认为是七大新基建的领头羊。5G将渗透到经济社会的各行业各领域，成为支撑经济社会数字化、网络化、智能化转型的关键新型基础设施[25]。有媒体报道

〔23〕 新华社．中国互联网络信息中心：我国网民规模达10.51亿，短视频用户规模增长最为明显［OL］.（2022－08－31）［2024－02－01］. https://baijiahao.baidu.com/s?id=1742679175674641767&wfr=spider&for=pc.

〔24〕 韩博宇．从助力无线视频监控加速应用：看5G技术赋能千行百业智慧发展［C］//天津电子学会．第三十六届中国（天津）2022'IT、网络、信息技术、电子、仪器仪表创新学术会议论文集．天津：［出版者不详］，2022：13－16.

〔25〕 工业和信息化部．十部门关于印发《5G应用“扬帆”行动计划（2021—2023年）》的通知［OL］.（2021－07－05）［2024－02－01］. https://www.miit.gov.cn/jgsj/txs/wjfb/art/2021/art_ccee7f20de6248358e2f348596e087da.html.

称，2020 年 8 月 17 日，深圳宣布提前超额完成建设 4.5 万个 5G 基站的目标，实现 5G 独立组网全覆盖，在深圳经济特区成立 40 周年之际，深圳成为全球第一个跨入 5G 时代的城市[26]。有了 5G 技术支持，新媒体创作过程中所能实现的智能推荐、增强现实内容创作、瞬息媒体传播互联都将开辟新的篇章，同时，多应用场景下的新媒体创作应用将成为现实，新媒体应用主要场景不再局限于智能手机，而是遍布交通、工业、医疗、游戏、旅游、智能家居、环境监测等开放式场景。新媒体创作通过 5G 在创作时能开发新的人与人互动方式，在内容体验上获得增强现实、高仿真性虚拟与真实交融、超清晰视频等极致沉浸的产品体验。

因此，未来在 5G 通信的高速率、高容量、低时延、低能耗的数据传播环境下，新媒体内容创作与应用中的关键共性技术将突破，实现超高清视频编解码、实时超精特效渲染合成等功能，到那时视频就是时代主角。在新媒体创作与应用的市场行为中，新媒体视频不再是曾经仅用来消遣的娱乐片段，而是人们表达、传播、认知社会的重要媒介表达形式之一。在 5G 场景下视频特效技术也将突破影视和视频平台范围，广泛应用在网络购物、网络社交、即时游戏、在线教育、文旅传播、智能硬件等不同领域。在 5G 的推动下，新媒体视频将无处不在，将使得短视频以及视频领域带来开启新的创新浪潮。

从各大新媒体平台的视频内容趋势可以发现，平台内容画质日渐提升并不断实现新的突破。上海新榜信息技术股份有限公司（简称新榜）发布的《2021 新媒体内容生态数据报告》显示：2021 年 8 月，抖音宣布支持 2K 超清视频；9 月，快手宣布支持全景 4K 视频和直播；12 月，哔哩哔哩宣布迈入 8K 超高清视频时代。这些新媒体平台在视频分辨率、帧率、色彩的全面升级，使得新媒体作品画面有着更高的还原度。平台升级底层技术，追求高清晰度、高还原度的精良画质，对作者和观众来说体验和观感都将更好。

在 5G 技术信息瞬时传送的技术下，在海量的短视频、中视频、长视频、微短剧等作品的创作与应用过程中，新媒体平台具备强大的数据处理能力。目前在 4G 网络下视频播放还会偶尔出现卡顿、加载等情况，要想实现与文字传播类似的瞬时性及实现瞬时在线合成效果，离不开 5G 技术的加持。未来超级视频和各种长度的视频会构成丰富的生态，信息处理、分类、推算速度将进一步提升，解

---

〔26〕 人民日报．截至 6 月底，我国 5G 基站累计超 40 万个　5G 快速进入我们的生活[OL]．（2020－08－20）[2024－02－01]．https：//www.miit.gov.cn/ztzl/rdzt/gytxyfgfcgz/mtbd/art/2020/art_296885e6ce
524342ae06ec06fd0a4847.html.

读视频、解读用户、精准分发推送的人工智能技术将随之发展。利用5G技术对视频创作的提升，开拓创作边界、丰富作品应用帮助用户探索更多新奇世界，让新媒体创作与应用实现更多社会价值。

基于生成式人工智能（AIGC）的新媒体内容创作正处于快速发展阶段。随着人工智能技术的不断发展和创新，越来越多的新媒体创作者开始尝试运用AIGC技术进行内容创作，以提高创作效率、节省成本、改善创作体验，并探索出全新的内容形式和内容类型。目前，AIGC正处于飞速发展阶段，越来越多的企业和机构开始重视AIGC技术的应用价值，不断涌现出新的AIGC产品和服务。在文本生成领域，OpenAI的GPT－3等模型已经具备了惊人的生成能力，能够快速生成高质量的文章、小说、新闻等内容；在图像生成领域，OpenAI的DALL-E模型可以将文字描述转化为图像，生成想象中的物品或场景，Adobe也推出了基于AIGC技术的图像生成软件；在音视频生成领域，也有越来越多的应用落地，如OpenAI的Jukebox模型可以自动生成音乐，Sora可以根据语言文字指令立刻自动生成各种风格的视频画面，Voxel51公司的产品可以自动生成视频等。

二、破局传统视频和电影宣发

5G到来后将解决短视频加载、延迟、流量、下载等困扰，将丰富不同时长形式的内容。其实，新媒体视频创作从来没有严格意义上的时长划分，30秒以内是短视频，1分钟以上也可以算作短视频。

QuestMobile发布的《2022年中国移动互联网半年大报告》显示，短视频行业快速增长，视频号月活跃用户8.13亿、抖音月活跃用户6.8亿、快手月活跃用户3.9亿，在线视频月活跃用户规模则持续下跌低于8.57亿，短视频吸引用户眼球停留，时长份额接近20%，成为仅次于即时通信的第二大行业，已经远远超过在线视频，将视频网站远远甩在身后[27]。短视频继续扮演着吞噬时间的巨大黑洞，短视频用户总市场占比近三成，各行业应用也在加强短视频内容板块的构建，各类服务推送也逐步向视频内容化发展，聊天看剧刷新闻的时间全都在被短视频挤压[27]。

腾讯陆续推出过速看视频、微视、哈皮、yoo视频、猫饼等短视频产品，目前来看嵌入微信的视频号有着发展动力。爱奇艺陆续推出过姜饼、纳逗、晃呗、

〔27〕2022年中国移动互联网半年报告［OL］.（2022－07－28）［2024－02－01］. https://baijiahao.baidu.com/s?id=1739573491014904898&wfr=spider&for=pc.

吃鲸、爱奇艺锦视短视频应用，目前发展较弱动力不足。传统视频网站纷纷开发短视频平台来留住用户注意力。与之相对的，各短视频平台也开始涉足视频领域。

短视频对于影视内容的价值此前已经被多次验证。比如抖音，除了已经成为众多电影宣发的阵地，同为旗下的西瓜视频 App 一边做着短视频，一边也可以直接在上面观看影视剧，尤其是疫情期间免费播放电影《囧妈》开启短视频与长视频混合交织的局面。爱奇艺近期大热的古装爱情仙侠剧《苍兰诀》也已经在抖音上宣发迅速出圈，成为当下最热的仙侠剧。电视剧出品方发布的数据显示，抖音上与《苍兰诀》相关播放量过亿的话题共计 18 个，累计播放量达 230 亿，其中主话题＃苍兰诀＃播放量达 180 亿。该剧相关内容共产生超 1 100 个热点，累计曝光近 80 亿。《苍兰诀》抖音官号总播放量超 25 亿。网友积极参与剧中名场面模仿等进行视频创作，共投稿超 70 万条，诞生 31 条百万点赞的爆款视频，最高点赞达 383.3 万。参演艺人在抖音平台账号涨粉百万，虞书欣涨粉 234 万，王鹤棣涨粉 483 万，张凌赫涨粉 211 万，林柏叡涨粉 102 万〔28〕。

2020 年 8 月，快手宣布注册的关联公司已经申请“快手影业”商标。2022 年，抖音发布了针对爱奇艺合作片单的二创激励计划，面向影视综创作者征稿，共创爱奇艺好片，奖励包含流量激励和现金激励，创作者每周有机会获得最高价值 3 万元的 DOU＋满赠券、5 万元现金。爱奇艺与抖音合作探索以长视频内容为对象的二次创作推广，爱奇艺拥有大量影视作品版权，抖音拥有大量创作者及活跃用户，两者联合开启新媒体长短视频平台共赢新模式。

5G 到来后长短视频的交织将更加密切，都需要满足用户需求不断发掘自身特点创新创作，通过 5G 技术优势修筑内容护城河。短视频平台在 5G 优势介入下将改写视频生态，电影宣发也不再仅仅与传统视频平台合作，短视频平台拥有强大的用户活跃度和传播力能更好地进行宣传互动，5G 的到来将打破如今传统视频平台以爱奇艺、腾讯视频为头部的局面，将诞生更多新的玩法。

三、视频社交将继续爆发

划时代科技产品的诞生除了需要高精尖的科学技术以外，还需要创新的设计思维，此外还离不开一个庞大的可持续性的市场应用来帮助其迭代完善与改进。

---

〔28〕 北青网．抖音发布爱奇艺牌二创激励计划，首批含《琅琊榜》《武林外传》等[OL].(2022－09－13)［2024－02－01］https：//baijiahao.baidu.com/s?id=1743856233638885247&wfr=spider&for=pc.

新媒体之于人们的社交行为，其产生的社交新玩法不是简单发布几句话或者一段视频或者一段语音，而是通过新媒体平台的应用来获得一种全新的感官体验。长远来看新媒体平台技术的创新型应用将真正让人们的互联网社交成为沟通、交流的主要方式。通过新媒体平台中丰富的、富有创意性的、沉浸式的各种体验让用户在其应用的过程中建立对自己或者对别人新的认知。移动互联网时代已改变了人们的生活习惯，人们通过移动互联网应用，在线处理和完成生活和工作上的事情，如挂号、问诊、买菜、居民资料填报、缴费、在线会议、云办公等。互联网是当今社会重要的基础设施之一，其数据是生产资料，计算是公共服务。

阿里巴巴公司的技术教父、阿里云创始人王坚在其著作的《在线》一书中提出在线定律的理论，他认为 50 多年前的关键词是数字和模拟，而今天的关键词是在线与离线。一个事物是否符合未来发展趋势，就是要看它是否符合在线定律的 3 个条件。第一个定律，每一个比特都在互联网上。一匹马、一朵花、一张纸通过人工标记都可以让它存在于在线系统，所有事物最终状态只要在线就能通过比特与其他事物相连，在线得以实现基于互联网通信。他提出的第二个定律就是每一个比特都可以在互联网上流动〔29〕，比如街头咖啡机通过二维码进入在线系统后，就可以通过网络跟踪它的信息。这个咖啡机使用的频率、使用人的类型特征、受欢迎的口味等，这些捕获的数据可以流动传递并被汇总分析。他提出的第三个定律是比特所代表的每个对象都可以在互联网上被计算。王坚认为，数据是在线的能量也是系统运作的基础，所以每个比特所代表的数据，必须是流动的，只有数据流动了才是在线系统。数据的价值是流通，对数据的计算只有在线才是最划算的，计算是在线的核心。比如，符合在线定律的产业是一种新的公共服务，如云计算、大数据等就像基础设施一样会促进信息经济的发展。同理，视频已成为人们分享、传播、记录、学习、娱乐的主要方式，是人们日常生活的习惯和常态，是大众离不开的一种生活方式和表达手段。在线定律体现的是无限机遇，新媒体视频不仅符合在线三定律，其背后更是有大量的流通数据能产生巨大的价值。

曾经在 3G 移动互联网时代不乏一些新媒体平台想主打新媒体社交，比如 AI 换脸模仿秀曾风靡一时，并激发普通群众的表演热情一度掀起模仿秀热潮，但随后日渐低迷并转设、转型，在互联网江湖杳无音讯。新媒体成为连接人与人之间信任的媒介工具，5G 时代即将拉开新媒体赋能人群社交的大幕。

〔29〕 王坚．在线［M］．北京：中信出版社，2016.

各个新媒体平台当前的发展核心是内容消费变化引起的新一轮用户注意力的争夺，视频未来将更多应用领域场景进行连接合并以及扩展，不再局限于娱乐消费而是向更多经济产业领域延伸，不再局限于个人应用而是提供具有功能和价值的跨产业服务发展。视频未来在5G、物联网的结合环境下，将会获得即时、高清、丰富的用户体验，并促进新媒体纵横深度发展。

在线定律下的短视频时代还将形成全面的视频社交。社交是视频时代基础价值之一，探店、经验分享、视频日志等形式有望激发视频的社交潜能，视频社交能使人们的交往更加真实合理，以个性社交和互动构建用户构建社区网络，实现短视频社交的全面应用，也许它是下一个如微信般的超级社交工具。这也是为什么腾讯努力地在微信平台开发和推广小视频的原因之一。伴随着未来5G超宽带高速率、低延时的特性，超清流媒体高频信息将即时抵达用户端，用户能在新媒体短视频平台获得全息投影、AR、VR等技术，并体验4K、8K的高清晰影像传递的情境营造和互动社交体验。通过新媒体的广泛应用进一步增强人群社交彼此间的亲密度、熟知度、信任度新的社交模式应运而生。

通过观察用户社交表达的发展变化可以看到，早期社交通过书信、电报、电话、电子邮件、MSN等形态演变，移动互联网时代人们更多的是使用发信息、发语音的形式。这里的社交沟通从一开始的文字表达，演变成表情包的图片符号表达，变成现在的短视频沟通表达，在未来将是AR、VR的虚拟沉浸表达。虚拟技术的应用，促使“新媒体短视频+”成为用户的一种新社交方式。随着用户行为习惯的演变，以视频片段取代文字进行交流的意愿将会上升，尤其在年轻人群体中更有趣、更新奇的沟通方式会更让其产生使用兴趣和表达兴趣。社交类短视频平台依托4G技术和移动终端，用户规模增长非常迅速，以抖音为例，仅用4年时间就裂变成目前新媒体平台用户基数及使用时长的头部平台。许多专家学者判断，在新媒体短视频的大众化、底层化的特点下，成为创新沟通模式，未来的下一个风口或许就会在视频社交中出现。

四、影像化立体建构城市形象

伴随着数字技术迅速发展的新媒体短视频，已形成一个巨大的虚拟网络影像传播集散中心。全民短视频生态具有广泛群众参与性、多元包容的特点，推广了城市形象〔30〕。“城市形象”的概念在20世纪60年代，美国城市学家凯文·林奇

〔30〕 冀楠，孙昊．浅析新媒体对西安城市形象塑造和传播的作用：以“抖音”为例［J］．新闻知识，2018（8）：38－41.

(Kevin Lynch) 提出，“城市形象是通过大众传媒、个人经历、人际传播、记忆以及环境等因素的共同作用而形成的〔31〕”。日本学者迟泽宽认为城市形象并不局限于自然景观形象，城市的经济科技、文化与精神气质、市民品格精神风貌、社会关系等都属于城市形象的构成因素〔32〕。短视频影像作为一种具身化媒介实践，凭借突出的涉身性、影像性渗透在赛博城市的肌理中，成为建构社会现实的强大视觉性力量，它汇聚大众的个人印迹塑造了公共的城市形象：我们打卡故城市在〔33〕。抖音、头条指数与清华大学国家形象传播研究中心城市品牌研究室联合发布了《短视频与城市形象研究白皮书》，根据100个城市影像数据，从短视频影像角度对城市形象传播策略展开论述〔34〕。

各个省、直辖市也陆续开展了相关研究，如李海霞在江苏省高校哲学社会科学研究项目中，从短视频呈现角度对江苏形象建构及传播进行研究，提出发挥抖音短视频的影像媒介功能，做好江苏形象的建构与传播〔35〕。李建飞、蒙胜军在教育部人文社科青年基金项目研究中，以短视频影像为对象探讨了全媒体时代的中国形象跨文化传播〔36〕。王凌峰在《短视频对重庆城市形象的塑造与重构》一文中，从短视频影像中的“空间形象”对重庆形象构建元素进行了重庆城市形象的空间生产转向分析。抖音中重庆空间生产要素的转向，除了物理空间本身的奇特和魔幻之外，经由数字技术数字化之后的便利是其空间生产转向的重要原因。物理空间数字化之后，重庆特色的空间形态虽然没有改变，但由于多了数字影像，人们对其认知、存储、应用发生了变化，信息分享与传播更加便捷。数字化使得重庆的知名景点摆脱了原本形态的束缚，突破了时间、空间的限制，普通的大众对其就有了规划、管理及运作的可能。数字化之后的重庆魔幻空间成为一种通用的生产资料，人人都可以利用手机、平板电脑（Pad）等进行录制，再加上个性化的背景音乐和其他创意，这种便捷的短视频走向了更广泛的受众。而这种

---

〔31〕 凯文·林奇．城市的印象［M］．项秉仁，译．北京：中国建筑工业出版社，1990．

〔32〕 池泽宽．城市风貌设计［M］．天津：天津大学出版社，1989．

〔33〕 孙玮．我拍故我在 我们打卡故城市在：短视频：赛博城市的大众影像实践［J］．国际新闻界，2020，42（6）：6－22．

〔34〕 澎湃新闻．短视频与城市形象研究白皮书［OL］．(2018－10－12)［2024－02－01］．https：//www.thepaper.cn/newsDetail_forward_2524573．

〔35〕 李海霞．抖音短视频对江苏城市形象建构及传播对策研究［J］．采写编，2021（10）：6－7．

〔36〕 李建飞，蒙胜军．全媒体时代的中国形象跨文化传播：以短视频输出为例［J］．人民论坛·学术前沿，2021（24）：118－120．

利用短视频所塑造的城市形象是当下城市形象空间生产转向的代表，这种转向也成为城市形象重构的基本要素〔37〕。

在现有的城市形象的研究中，刘杰究通过对省市宣传片《青春湖南》的分析，探索通过多模态隐喻和转喻及互动所建构的湖南形象〔38〕。赵志豪通过分析对外宣传片的城市符号，对跨文化语境下的湖南城市形象的海外传播进行了探讨〔39〕。单文盛、甘甜从符号学视域下对城市形象宣传片视觉传播策略展开分析，并以此为依据对其视觉传播策略进行总结〔40〕。曾荣、冯娇通过对《湖南如此多娇》旅游宣传片进行多模态话语分析，对城市旅游形象构建展开研究〔41〕。萧思扬从湖南卫视综艺节目中呈现的城市风土人情和城市文化形象角度，探究综艺节目助力城市文化形象的传播策略〔42〕。还有从新闻媒体角度分析城市形象的研究，如谢瑁、曾建松通过收集《中国日报》2021 年有关湖南的英语新闻报道作为语料，分析展现其所塑造的湖南经济形象，探索湖南形象的构建现状〔43〕。

可以看到视频影像是构成城市形象的重要组成部分，在新媒体崛起之前，城市形象传播的影像化构建主要集中在以官方宣传片和综艺片为对象的传播载体上。随着新媒体的广泛应用下全民短视频生态的形成，目前对于城市形象的建构，已从官方宣传片为载体，逐渐向媒体融合的新媒体影像传播渠道进行城市形象影像化建构。江苏、重庆等各个省、直辖市，已经陆续开展运用新媒体短视频影像构建城市形象的策略举措和研究，“抖音上的城市”重庆是其中的典型代表。

---

〔37〕王凌峰：短视频对重庆城市形象的塑造与重构：基于“空间生产”理论的分析［J］. 青年记者，2019（26）：90—91.

〔38〕刘杰．多模态隐喻、转喻及其互动视角下的湖南形象建构：以湖南形象宣传片《青春湖南》为例［J］. 新闻世界，2022（8）：92—96.

〔39〕赵志豪．湖南城市形象宣传片的跨文化传播探讨［J］. 新闻世界，2020（4）：92—96.

〔40〕单文盛，甘甜．符号学视阈下湖南城市形象宣传片视觉传播策略分析［J］. 湖南师范大学社会科学学报，2016，45（3）：145—153.

〔41〕曾荣，冯娇．多模态话语分析视角下湖南旅游形象构建研究：以《湖南如此多娇》旅游宣传片为例［J］. 中国集体经济，2021（10）：131—132.

〔42〕萧思扬．综艺节目助力城市文化形象传播策略：以湖南卫视为例［J］. 西部广播电视，2022，43（6）：32—34.

〔43〕谢瑁，曾建松．基于语料库对《中国日报》中湖南经济形象的批评隐喻分析［J］. 中国传媒科技，2022（8）：31—35.

在新媒体短视频这巨大的虚拟网络影像传播中，各省市话题短视频群均高达百亿次播放量，以湖南为例，其话题视频群有 234.5 亿次播放量（图 1），234.5 亿次播放量并不是一个静止状态，而是持续传播辐射不断扩散的状态，其中获得 946 万点赞的视频发布于 2020 年，但仍然不断吸引着用户观看与分享。这些短视频的创作者大多数来自草根群众，大量的影像展示者以湖南为主题的城市形态、居民生活、精神文化等，以泛众化的形式展示传播内容元素，构建了湖南形象传播的立体影像。

图 1　2022 年 10 月 25 日抖音 App 界面截图

这些热门短视频内容来源于民众个人生活印迹，影像化地呈现着湖南生动丰富的形象元素，成为建构湖南社会形象的强大视觉性力量，承载着用户对湖南形象兴趣点的具体行为，并以千万次的传播量持续向大众展示。以抖音“湖南”话题下的短视频群影像为对象，从城市形象传播元素多个维度，量化分析影像元素的频次和占比，在量化统计数据的基础上质化分析典型视频。在研究时可以基于新媒体用户行为，归纳湖南被人民群众关注的形象特征，更加立体、精准、接地气地探索城市形象新媒体传播现状并分析不足，提出创新路径参考指引。

新媒体影像是民众自发创作的海量影像画面，展现出若干个城市形象缩影。随着中国社会加速向数字时代转型，新媒体所承载的数字影像技术通过其跨媒介、跨产业赋能人们的现代文明社会建设和改善生活方式，新媒体以影像化的形态在数字时代改变了城市形象的传播。"讲好故事、传播形象"的手段正悄然变化，短视频作为全媒体时代的重要产物，逐渐成为社交媒体时代构建国家形象的重要力量[44]。在形象传播过程中也应注意加强内容分析并关注民众兴趣选择。随着未来即时通信技术的不断发展，新媒体影像化结合大数据人工智能工具将更深入地影响城市形象的建构。新媒体影像如何更好地伴随着技术发展来创新展现数字时代城市影像是今后相关研究需要攻克的难题。

如何观察和研究新媒体对城市形象影像化形态立体建构，此处提出一些思考和想法。对此研究可以以新媒体短视频应用平台城市话题下热度、用户互动点赞、转发、评论行为方面综合排名前200名短视频为样本，对城市形象影像建构进行多维度分析。以量化和质化相结合的方式提炼热门影像中呈现的城市形象特征及内涵，探索新媒体影像立体化传播城市形象的建构及特性。

研究者在新媒体短视频影像角度对城市形象传播元素归纳有多种方式。清华大学国家形象传播研究中心发布的《短视频与城市形象研究白皮书》中，对城市形象的影像符号归纳为城市音乐、本地饮食、景观景色、科技感的设施[34]。李海霞在短视频对江苏城市形象建构研究中提出，城市硬文本如城市道路、建筑物、饮食文化、居住文化元素，城市软文本如城市文明、城市精神等元素，两者建构具有人格化特征的城市形象[35]。谭宇菲和刘红梅认为移动短视频对城市形象的构建主要是通过多维符号综合运用和传播碎片化主题拼接形成"拼图式"城市形象[45]。

后续研究方法可以参考上述研究者们提炼的城市形象元素维度，结合城市战略定位特点进行归纳补充，对研究样本可以从生态环境元素、经济科技元素、人文元素、美食元素、民众形象元素这五个维度进行分析。

研究数据选取不是一般的展示性影像播放数据，而是用户行为对于影像内容发生点赞、评论、转发等具体行为结果后的数据，是基于大数据采集和人工智能推算后的数据结果。新媒体影像案例来源具有草根性，具有真实、原生态的特点，它包含着民众自发生产的影像内容，有深厚的民众基础，是经过移动互联网用户上亿次互动行为筛选后的样本。城市形象的传播主导者不再是单一的政府机构，而是民众基于真实生活的情感投射与认知投射，使得城市形象传播研究结果

---

〔44〕 李建飞，蒙胜军．全媒体时代的中国形象跨文化传播：以短视频输出为例［J］．人民论坛·学术前沿，2021（24）：118－120．

〔45〕 谭宇菲，刘红梅．个人视角下短视频拼图式传播对城市形象的构建［J］．当代传播，2019（1）：96－99．

更加立体、精准、贴近人民群众实情。通过对影像建构量化统计、质化分析，能有效归纳城市形象，被民众关注的典型形象及内涵，新媒体影像将更加立体、精准、务实地建构城市形象传播。新媒体短视频影像所呈现的丰富内容从生态环境元素、经济科技元素、人文元素、美食元素、民众形象元素五个维度展示了城市形象传播元素分布特征（表 1）。

表 1　影像元素频次及占比统计分析点

元素	影像元素频次及占比统计分析点
人文元素	湖湘文化特色、艺术传承、教育效果、历史故事、方言应用
经济科技元素	企业、商圈、科技发明、科技应用
美食元素	美食文化观念、饮食习惯、美食工艺
生态环境元素	标志景观建筑、现代城市建筑、传统特色建筑、历史古迹、绿水青山
民众形象元素	人个体精神风貌（喜怒哀乐）、职业类型、地域类型（城市、乡镇、山村）、个体与群体关系（奉献、帮助、获得、其他）

在研究时可以通过新抖、蝉妈妈等人工智能大数据分析平台，监测观察抖音平台城市相关视频的视频内容变化和新增话题等用户行为，对城市相关视频内容等进行跟踪观察。对新媒体平台城市话题视频群的前 200 条热门短视频，观察分析播放量、打卡热度、观看行为等新媒体数据，探索新媒体影像化建构城市形象的特征和趋势。选取近几年形象最为热门的数个短视频进行深度分析，剔除同质化内容且发布时间超过 3 年的热门短视频，不纳入分析范围。结合量化统计数据基础，质化分析典型视频，并结合其他最新研究成果持续对新媒体影像及城市内涵形象的建构影响进行观察研究。

伴随着新媒体影像形式的裂变影响，全面短视频大众化、草根化、真实化的数字传播形式使其将对城市形象传播有着重要影响作用。拓展新媒体影像形态创作的方向，聚焦于新媒体短视频影像领域，通过热门视频案例来分析城市形象在数字时代的影像建构和传播，在基于用户行为的影像内容分析中获得城市形象传播现状及特征，这一研究路径能有效填补相关研究空白。

通过对基于用户行为的热门短视频影像元素的分析，能更加立体、精准、接地气地获得城市在广大群众中的形象特征。影像化内容是建构城市形象的强大视觉性力量，它汇聚大众的个人印记，塑造了基于用户行为的新媒体网络空间的城市形象，并以千万次的传播量持续向世人呈现。

数字时代城市形象的传播会愈加受大众用户兴趣行为的影响，学术研究不能只着眼于官方推送的宣传片或报道来分析城市形象。在数字时代月均活跃度 6 亿人次的新媒体短视频影像中[46]，在未来5G科技的变革创新中，城市形象传播将被新媒体影像所构建，这是未来新媒体研究需要被重点关注的对象。短视频作为新媒体影像化发展的主体，未来将成为数字时代构建国家和城市形象的重要力量，加强这方面的研究有助于通过新媒体影像手段来传播城市形象，有助于加强城市形象监督、规范并避免传播乱象，为社会经济发展做出贡献。

五、新媒体扩展效应

1. 更广泛

在信息爆炸时代，新媒体创作的广泛应用已潜移默化地改变人们生活习惯、娱乐消费方式、记录信息的方式，以文字、图片、视频、音频，甚至增强现实、虚拟现实等形式，以去中心化的形式颠覆现有的传播系统。各新媒体平台在产品类型上有着丰富的多样性，有的平台专注于提供新闻资讯，有的专注于社交互动，还有的专注于电子商务、视频娱乐等。这些不同类型的产品满足了人们多样化的需求。在用户群体方面，不同平台吸引着不同年龄段、兴趣爱好、职业背景的人群。这种显著的差异导致了各新媒体平台有着独特的特点和生态，从而为新媒体创作应用发展提供了多样化的环境。新媒体已成为大众生活的基础设施，这是显而易见的。比如，人们通过今日头条、腾讯新闻等新媒体获取各种新闻资讯；借助微信、微博与朋友、家人进行社交互动，分享生活的喜怒哀乐；通过美团、饿了么等新媒体平台满足生活采买的各种需求，如点外卖、购物、订票等；同时，在抖音、快手、小红书等平台上观看短视频、分享生活，获得娱乐消遣，丰富生活体验。新媒体的广泛覆盖和渗透，使其与大众生活紧密相连，成为人们生活中不可或缺的一部分。

各传统行业、企事业机构、行政单位等，纷纷入场布局新媒体领域，想要占有一席之地，不断尝试新媒体平台的创作应用手法，并以此促进传播形态创新和多业态融合，进而带来价值、利益的最大化。

在4G时代，大众的日常生活已广泛被新媒体覆盖，在5G数据传输技术重大突破后各行业与新媒体结合将成为常态，多行业多主体融通发展、跨界协作则会越来越显著。随着增强现实技术、虚拟现实技术、人工智能、大数据、区块链等技术的广泛应用，元宇宙等新兴科技的兴起，基于新媒体的共享、共创、共赢将继续跨界化、场景化、协同化等迭代推进。新媒体创作与应用已经成为注意力

---

〔46〕 中华网．2022年Q3移动互联网行业数据研究报告［OL］.（2022－10－16）［2024－02－01］. https：//tech. china. com/article/20221026/102022＿1164924. html.

经济时代的流量红利，相信伴随着科技的发展及市场的应用还会继续产生强大影响力。同时，新媒体独有的注意力经济形式与普惠价值将促进更多、更广、更深远的群体加入创新潮流中。伴随着人工智能、陌生人社交、多元素混合商业模式创新，新媒体创作与应用影响下的多个行业将发生巨大的迭代升级，目前许多行业已初现端倪。

新媒体创新发展扩展了视效应用空间，云旅游、云展厅、虚拟教师课堂等创新应用为文化旅游产业、教育产业、展会产业等垂直行业提供新形式。比如，北京冬季奥运会应用场景中，将冬奥与新媒体创作应用结合，促进了新媒体技术与体育产业融合发展成果的集中应用。使用 AI 智能内容生产剪辑系统、云转播、虚拟手语翻译官“聆语”“数字人”记者冬冬、360 度环拍技术、时间切片技术、超高速 4K 轨道摄像技术、短视频矩阵、混合无人采访系统、全视角覆盖摄影系统、热点智能分发等，以丰富的新媒体手段打造沉浸的观赛体验。随着今后 AR/VR/混合现实（MR）技术应用进入爆发期，以及元宇宙概念的发展，新媒体与元宇宙结合将催生更多新媒体创作与应用创新并带来新的创新商业模式。新媒体内容传播正在成为各行各业的主要信息传播手段，并促进了许多重要项目的实施。

2. 更智能

现在人们打开各新媒体平台，平台系统对存储数据的检索只需要几分钟，就能分析出使用者的喜好和兴趣，根据用户兴趣进行对应内容的推荐。目前数据处理功能强大，出现个性化推送的推荐机制，将内容进行“千人千面”地推送。所谓“千人千面”的推送，就是围绕每个不同的用户口味进行不同内容分发，使得每个人都能轻松获得自己喜欢的内容获得丰富的体验感，与此同时还能遇到共同兴趣的人找到对应的兴趣圈。人工智能硬件如小爱音箱、手机 siri 系统等智能化机器，在初步满足了人类基本生活需求的同时，还通过长时间的有效运行，使得用户对其产生的情感信任和依赖日益增长。新媒体平台从表面来看是在进行内容分发，其实准确来说它们更像是人工智能测算公司，比如抖音的母公司字节跳动、微信公众号的母公司腾讯科技等，不断学习揣摩用户行为爱好和习惯。

火山引擎特效技术专家杨辉表示，AI 技术的兴起赋予特效强大的表现力和更多想象空间，普通人不仅可以使用特效，还能轻松创作特效。抖音特效技术就是基于字节跳动的 AI 基础平台，把复杂的技术转化为简单好用的产品[47]。比

〔47〕搜狐新闻．解码抖音特效：从何处来？去向何处？[OL]．(2021－12－17)[2024－02－01]．https：//it.sohu.com/a/509156365_120099896.

如近期在抖音火热的 AI 绘画特效有 2 359.9 万人使用、AI 特效话题有 1.5 亿次播放、AI 绘画话题有 63.2 亿次播放。对于未来 5G 将继续拓展特效的应用空间，基于虚拟技术打破空间壁垒，创造基于真实与虚拟结合的实时特效共享场景，并建立基于虚拟的 AI 新媒体社交，这些人与人的链接不再局限于智能手机终端，汽车、眼镜、手表、接触镜（隐形眼镜）等任何可穿戴设备都会成为新媒体创造与应用的入口，创造出更加充满想象且令人兴奋的新媒体体验。人工智能未来的发展将与新媒体生产紧密相连，从内容创作、用户行为分析、兴趣分发等环节提出整套的技术更新应用，实现新媒体内容创作与用户兴趣行为的强烈互动。这一切得以实现都离不开人工智能的应用，抓取用户在新媒体平台上的行为数据，并获得授权访问检索手机相册及语音关键词，它以这些数据为基础进行深度学习，然后得出用户画像并进行精准内容分发。

人工智能在 5G 时代伴随着新媒体创作的革新将更加成熟且大众化，尤其是在感官上更加丰富，互动上更智能化。通过对新媒体内容智能化检索，从信息检索变成内容多维度识别，改进推荐率低、内容冷启动的问题，从造型特征、语言文字、应用场景等多维度地识别，分析测算后将内容标签智能推送给目标用户，改进用户体验。

新媒体创作作品会在各个平台并存应用，想要降低创作的难度则可以依靠人工智能的进化。比如用户创作了一段视频影像，人工智能自动识别视频内容并进行关键情节筛选，自动剪辑并快速输出为推广短视频，这项技术在央视晚会传播中已开始应用，预计未来将被更多人更广泛地应用。新媒体平台的核心能力是人工智能通过深度学习、迭代、进化，行为数据的获取和深度模拟计算，来实现人与机器之间仿佛人与人之间的感性交互。

新媒体应用伴随着通信技术的变革，它互动的方式也将发生前所未有的变革。在人工智能时代迅速的信息抓取与比对、复杂的校审计算技术下，新媒体创作愈加强调原创性，让平台能迅速地测算出侵权度与原创度，并分析比对作品数据是纯剽窃还是二次加工。创作者原创作品将会被标记与保护后在平台分发，这样才能将版权保护与尊重原创落到实处，通过人工智能测算的方式而不是传统的人肉审核的方式来避免抄袭、剽窃。

目前新媒体平台的互动方式是留言、评论、直播进行互动沟通，有了人工智能的协助，未来创作者与用户之间的沟通可以是虚拟的模型，或者仿真装置，或者动态视频，不再局限于文字、图片、声音。

3. 更亦真亦幻

5G 时代的高速率、高容量、低时延、低能耗的特点，将突破新媒体内容创作与应用中关键性技术，云剪辑、云渲染、云特效，超高清视频数据传递，混合现实渲染等重要创作技术研发，并将诞生一批新的创作方式。下一代新媒体的呈现形式将扩展边界，不再局限于图形、文字、视频，伴随着增强现实和虚拟现实类沉浸式内容创作，开创新媒体交互、装置、艺术、社交、演播等即时互动内容创作应用发展，并衍生出个性化、定制化、智能化、沉浸化的新媒体新的应用场景和消费模式。

未来的广告商业将是足不出户地获得真实商城购物体验感，坐在家里体验新汽车的驾驶乐趣，实时三维互动仿佛处于同一空间，用户不只是被动接收广告信息，而是可以带来身临其境的体验式广告。增强现实技术、虚拟现实技术、混合现实技术的未来发展将这些希望真正落地，这将带来体验式的广告模式的新浪潮，虚拟与真实叠加的沉浸式广告商业服务带来的体验式广告则是以新媒体创作应用为基础，带用户开启一段亦真亦幻的未知旅程，比如将某一具体场景带入用户真实生活情景环境，用户自行探索或者感受产品的性能，通过一定空间内的视觉、听觉内容来实现互动行为获得感官体验，并随之产生购买欲望与行为。新媒体内容将成为虚拟与真实叠加的沉浸式广告商业服务落地的基础。

随着新媒体行业的发展，未来网络生态下的商业模式也会随之变化。新媒体人群的广泛应用与创作，使得网络信息触达的方式更加多元化，在过程中获取消费行为信息、生活方式选择、兴趣带货的方式成为商业发展的一部分。新媒体应用会渗透到多层次、多场景、多生态下继续获得数据流量带来的注意力经济红利，在今后的发展中，新媒体创作与应用想要获得持续上涨的流量，关注点将会产生于大众生活下沉市场中更多细分的应用场景，进一步拓展出基于新媒体创作与应用的商业模式创新。

只有将更优质更精准的新媒体内容呈现在用户眼前，才能有效满足用户的广泛需求。如何提高推荐的精准性，这必须依靠更智能的推荐算法，依靠人工智能、大数据技术的成熟。用户需求的不仅是精确化的内容，还希望获得现有信息以外自己感兴趣的内容，实现信息突破摆脱信息茧房，探索发现更多喜欢或者需要的内容。因此，基于人工智能、大数据技术的个性化推荐与定制服务将成为新的商业模式，用户根据自身需求与兴趣对平台的内容进行选择配置，平台提供有偿付费的套餐选择，用户能在短时间内高效地获得更有价值的内容，与此同时，新媒体创作者们提供订制需求的内容并获得回报。通过数据信息的智能匹配与精准分发，满足用户差异化服务的需求，才能帮助用户获得有效信息并得到有效地感官体验。

第三节 新媒体行业人才需求已发生迭代改变

一、职业发展阶段

曾经人们获取信息是从书本、报纸、电台、电视等渠道，随着移动互联网技术的迅速发展，群众的衣食住行的生活习惯都已被改变，现在人们大部分的时间都沉浸在抖音、微信、小红书、微博等新媒体平台上获取信息。移动互联网时代下，人们不仅是信息的获取者，还是信息的发布者，社会对新媒体从业人员的需求在不断提升。不仅个人是发布者，几乎所有的组织和企业都会以新媒体平台为渠道进行沟通交流，创作者个人、企业、公司都在借助新媒体平台强大的数据流量实现经济回报，新媒体已然成为这个时代的标配。

中研普华发布的《2022—2027 年中国新媒体行业市场深度调研及投资策略预测报告》指出，根据目前的发展趋势，以及国内居民精神娱乐的增长和多元化发展，预计到 2023 年，中国新媒体行业企业数量将达到 4 723 家。

中国互联网信息中心发布的第 45 次《中国互联网络发展状况统计报告》显示，我国短视频用户截至 2020 年 3 月，规模已经高达 773 亿，占据网民整体的 85.6%。从整体来看，短视频行业经过爆发式增长，市场已经获得了极度扩张将成为未来新媒体产业发展的重要领域。

国家广播电视总局发布的《2021 年全国广播电视行业统计公报》显示，2021 年全国广播电视行业收入首次突破万亿，新媒体广告表现突出实现数据成倍增长，营收金额超过 2 000 亿元。

微信联合中国信息通信研究院于 2020 年 5 月发布《2019—2020 微信就业影响力报告》，该报告显示，2019 年微信带动就业 2 963 万个，其中直接就业机会达 2 601 万个。同时，微信生态相关职业增长 156.6%。在微信生态下的主要就业岗位有新媒体运营、社群运营微信公众号运营、小程序运营等多个岗位，新媒体运营、社群运营、小程序相关运营是各企业急需的人才也是所有岗位中增长最快的岗位。

据前瞻产业研究院发布的《2019 年中国就业求职形势：新媒体行业迅速崛起，新媒体运营人才需求暴增》报告显示，2013—2017 年间新媒体运营岗位人才需求激增 10.8 倍。

中国网络空间研究院发布的《中国互联网发展报告 2021》指出，2020 年中国数字经济规模达到 39.2 万亿元，占国内生产总值（GDP）比重达 38.6%，保持 9.7%的高位增长速度，成为稳定经济增长的关键动力。数字经济创造大量新业态、新职业，将扩大就业容量。2020 年新型冠状病毒疫情期间，很多岗位受疫情影响缩减，但是关于新媒体岗位的企业招聘需求却逆势上涨。

目前，国家要大力发展数字经济，数字经济将创造大量新媒体类的新职业，如数字化管理师、全媒体运营师、网络主播等已成为目前新媒体行业发展的主要需求对象。通过这些列举的报告数据可以看出，新媒体行业是一个未来具有无限可能的职业道路。

根据凤凰卫视有限公司联合各大高校制定的《新媒体编辑职业技能等级标准》内容，以及从智联招聘、boss 直聘、猎聘、前程无忧等平台发布的新媒体岗位招聘信息，我们可以看到，新媒体产业类型丰富，不仅有专业的传媒公司和 MCN 公司需要大量的新媒体类从业员，许多传统企业和公司同样在大量招聘新媒体类岗位从业者。

招聘网站与“新媒体”关联的相关岗位关键词有内容创作、界面设计、短视频制作、数据分析、拍摄、宣传、文案、剪辑、发布、活跃度等多个关联词，这些岗位相互交叠，需要从业人员有强大的执行能力和复合技能。无论选择什么职业道路，新媒体岗位想要走得长久需要充分结合个人兴趣爱好、擅长领域和优势资源，以这些为基础来确定自己的定位。新媒体行业岗位繁多可以根据不同的优势进行选择。没有最好的岗位，只有最适合自己的职业发展方向。

1. 职业初级阶段

面向职业岗位（群）：面向互联网、媒体、艺术、文化传播、数字出版、影视、广告、展览等新媒体、融媒体相关企事业单位和政府部门，在文案编辑、排版、设计、美术编辑、编导、摄影、摄像、后期制作、音效等岗位，从事新闻信息采编、策划、撰写、图像拍摄、图像处理、图形制作、动画制作、音视频编辑等工作。

职业技能要求：主要面向各企事业单位、政府部门等的新媒体运营、融媒体中心部门，从事新媒体文案编辑、图形图像处理、音视频编辑、新媒体内容排版与发布等工作，熟练掌握各种平面设计、音视频、后期合成、数字排版编辑制作软件和新媒体发布平台，根据文稿选题进行文案编辑、视音频编辑制作、内容排版与新媒体内容发布。

这个阶段的新媒体从业人员大多为刚毕业的学生，或者是从其他行业跨行转行而来的新媒体行业新手。在初级阶段除了要有基本的沟通能力和学习能力外，有一定时间的岗位磨合和项目跟进机会。日常需要处理一些新媒体文案编辑工作，如根据文稿选题搜集文字材料，掌握知识产权法相关规定，合理使用素材，规范标注引文来源。需要将搜集的资料分类保存、整合及规范命名，完成新媒体文案编辑所需资料的收集与整理工作。根据文章选题和文章内容确定标题、小标题，对错字、搭配不当的词语和逻辑不通的句子进行检查和修改。根据主题和逻辑关系调整段落，掌握标点符号使用方法，对错用和不规范使用的标点符号进行改正，完成新媒体文稿的修改与润色。

在图片处理方面，需要有一定的构图能力，通过手机、单反等相关设备的感光度、快门、光圈功能调整，获得理想图片效果。如果有具体的产品，还需要处理室内布光，掌握室内、室外、人像、静物、风景等拍摄技术，完成照片、视频等素材拍摄。将拍摄完的素材，通过美图秀秀、Photoshop 等专业图形软件修改调整图片大小、比例、色彩、批处理以及滤镜特效的制作。

在界面版式设计方面，会使用新媒体管家软件进行图片形状、大小等更改，使用 135 编辑器、秀米等软件进行界面版式设计，合理利用素材制作微信公众号、新浪微博、小红书等不同类型新媒体作品。

在视频音频素材编辑方面，负责用剪映、Premiere 等软件制作文字效果、转场叠化、淡入淡出交叉溶解、滤镜调色等视觉效果。还要负责使用剪映、会声会影、Edius、Premiere 等软件处理视频中的变调、混响等音频效果，完成音视频的字幕、转场、音效等包装效果。

在工作中还需要协助主管做好作品发布工作，能根据不同新媒体平台的技术要求上传文字、图形图像、视频素材；使用新媒体管家、135 编辑器等插件进行多平台、多账号管理。对于已发布内容中的错误，根据平台特性对文章进行修改或删除。有基本的版权意识，了解新媒体信息内容采编、发布要符合互联网信息传播知识产权保护和相关法律法规。

2. 职业中级阶段

面向职业岗位（群）：面向互联网、媒体、艺术、文化传播、数字出版、影视、广告、展览等新媒体、融媒体相关企事业单位和政府部门，在文案编辑、数字排版设计、媒体撰稿、美术编辑、视觉设计、网页设计、媒体发布、编导、摄影、摄像、影视策划、后期制作、音效等岗位，从事新闻稿撰写、推文撰写、广告文案撰写、图文设计、H5 页面设计、数字内容可视化设计、脚本写作、短视频制作、音频制作、新媒体平台发布推广及运营等工作。

职业技能要求：主要面向各企事业单位、政府部门等的新媒体运营、融媒体中心部门，从事新媒体文案策划撰写、互联网媒体内容设计制作、短视频创意策划和制作、新媒体可视化设计等工作，熟练掌握网页设计、网页内容策划编辑、短视频策划拍摄和制作、数据可视化设计等相关软件和平台，根据融媒体平台定位需求进行网站设计、网站内容制作、推文文案撰写、短视频制作和可视化设计。

这个阶段的新媒体从业人员已经有了几年的成功项目实践经验，职位大概是主管、项目经理，不仅具有较强的技术动手能力，还要负责一些运营的工作。在图文制作方面，要能进行推文内容定位，设计推文标题和封面；熟悉推文内容中情节反转、写作技法，能写作适合新媒体的推文。根据营销计划、广告策略进行广告创意和广告文案构思，理解感性诉求、理性诉求及情理结合等广告文案的诉求方式。还能结合不同媒体平台特征调整广告文案内容和形式，尤其是写消费类、形象类等不同行业广告文案，熟悉创作广告标题、广告正文广告口号及广告随文的方法并灵活运用。

在短视频制作方面，技术上根据账号定位主题、目标受众等进行脚本创作，理解和运用景别、镜头运动类型、字幕、画外音等专业术语。还要根据拍摄要求和素材获得情况来撰写具有可行性的脚本，根据导演思维、运用镜头语言来撰写脚本。准确理解文章选题策划，根据选题策划来制作所需视频镜头音频素材，根据需要录制、采集、下载或从电影电视剧中提取所需素材。对 Audition、FLStudio 等音频编辑软件操作熟悉，熟练使用剪映、Edius、Premiere 等视频编辑软件。与此同时，能根据选题要求拍摄、搜集视频素材、格式转换，完成选题策划的短视频作品。

在新媒体界面视觉设计方面，熟悉微信公众号、小红书的特点和编辑规律，技术上运用 division 分区（DIV）+层叠样式表 Casading Style Sheets（CSS）制作网页，有时还需要调用 Js 制作网页动态效果。能根据选题和素材，制作完成符合要求的 H5 作品。能灵活运用图文配色方法、Excel、Echarts 等工具进行数据可视化设计。掌握散点图、折线图、柱形图、面积图、雷达图、饼形图等可视图形的设计制作技能，能根据选题，运用可视化设计工具进行数据媒体内容作品设计。根据版式设计视觉流程进行视觉可视化设计，将图形与文字等设计元素相结合，运用版式设计色彩搭配规律，将界面视觉效果统一、平衡、协调地呈现给用户，实现新媒体内容的可视化设计效果制作。

3. 职业高级阶段

面向职业岗位（群）：面向互联网、媒体、艺术、文化传播、数字出版、影视、广告、展览等新媒体、融媒体相关企事业单位和政府部门，在融媒体平台市场分析、新媒体内容策划、融媒体栏目设计包装、视觉影像设计、广告创意、美术指导、直播运营、品牌推广等岗位，从事融媒体平台市场需求分析、媒体内容策划、新媒体创意设计、新媒体内容制作、MCN运营、品牌定位推广、客户维护与开发、平台数据分析、媒体公共关系维护管理等工作。

职业技能要求：主要面向各企事业单位、政府部门等的新媒体运营、融媒体中心部门，从事新媒体内容平台策划、新媒体影像定位、编导、制作、新媒体运营等工作；具备新媒体平台用户需求分析、新媒体平台策划和运营能力，能根据用户市场需求分析，进行新媒体策划、营销设计、影像策划制作、新媒体客户分析、客户维护和运营推广管理。

当经过多年摸爬滚打积累了大量的实践经验到达职业发展的高级阶段后，一般是总监职务，此时职业技能已经成熟并达到较高水准，不仅能站在更高角度对行业发展和前景有清晰的认识和判断，还需要具备更强的沟通能力。工作的主要精力放在客户开发维护、用户培养、公共关系处理、数据分析、战略判断、Intellectual Property知识产权打造等方面，带领公司团队攀登高峰。在客户开发与运维方面能根据直播、短视频、微信微博等媒体定位和垂直领域筛选合作客户并与目标客户取得联系，实现有效沟通，争取达成合作意向并进行活动策划和活动执行，实现客户预期，维持合作关系。还要把握平台业务核心，根据业务需求规划内容和活动，促成平台业务转化，提高公司整体盈利。要有市场营销、市场定位相关知识，能根据媒体性质运用SwOT、PEST等工具进行环境分析，对市场进行细分。能根据性质选择目标市场，结合竞争对手分析找到自身独特性，对媒体进行差异化分析和定位，确定垂直领域。对4P、4C等营销组合工具较为熟悉并能运用确定媒体的产品、价格、渠道促销策略。

在用户培养与关系维护方面，对有效的媒体推广与粉丝吸引活动方法非常了解并有许多成功实践。能培养粉丝兴趣黏性，有效理解和分析用户的真实需求，对提出的问题进行归纳分析并提供解决思路。不仅如此，还要负责粉丝福利和活动策划，并对数据进行复盘和分析，调整运营策略。能深入挖掘粉丝需求，与粉丝进行高效互动，最终达成服务好用户、销售转化目的。与媒体、粉丝等建立并维护良好关系。对舆论分析有敏感性，能判断危机事件发生、发展的基本规律，要能把握危机事件并审核、确认待发布稿件，肩负维护公司形象的重任。

在数据监测与分析方面，熟悉直播、短视频、微信、微博等新媒体平台的特点、数据项，善于分析竞争媒体的数据表现，及时进行策略调整。日常会进行广告案例效果数据汇总分析，为招商提供有效数据支持。能分析作品数据，总结经验，提升作品创作水平。

如果是在MCN机构，还需要具备合作媒体发掘、筛选、孵化的能力，如直播、短视频、微信、微博等。根据不同新媒体平台特点进行新账号内容开发，带领团队持续输出有竞争力的内容。在技术上需要处理所属平台的技术问题，并进行媒体IP和子IP开发。日常进行数据监测，监测并分析竞品动态，对市场的变化做出及时地判断和预测，并提出相应的解决方案。根据主题方案策划商业推广活动，实现商业合作和商业变现。与此同时，对新媒体内容、发布符合互联网信息传播相关法律法规要求通过多年实践，已经非常熟悉，并能提醒团队成员在媒体素材引用时要合理标注，注重原创媒体内容知识产权保护和网络信息传播权保护意识。关于市场经济的判断在这个阶段也会非常重要。

新媒体创作和应用是一个非常具有挑战性的行业，从业人员必须具备强大的学习能力和执行能力，不仅要有聪明的头脑撰写内容，还要有强健的体魄拍摄制作视频。它的入门门槛不高，好上手且具有多面性，在从业初期主要以打基础学技术为主，不要过分关心战略、定位等。随着深入接触用户、产品、商业环境、变现渠道等内容后，根据所在职业的不同阶段，继续对自己从技术层面、策略层面提出更高的要求。

二、新媒体的“斜杠青年”

由于新媒体创作的综合性、复杂性，并不是所有的新媒体从业人员都会进入公司谋得相关职位，有很大一部分创作者是利用业余时间进行创作和分享。比如中国国家博物馆讲解员“河森堡”，工作之余在微博进行知识分享获得百万粉丝关注，并积极有效地推广了中国历史文化。哔哩哔哩大UP主“老师好我叫何同学”的创作者当时是一名大学在校生，他在新媒体平台发布科技产品研发视频取得了良好的市场反响，被邀请与苹果公司首席执行官（CEO）库克进行访谈。许多普通人经过自己的不懈努力，通过新媒体平台的播放量、流量、传播力、粉丝量等获得经济回报。新媒体工作内容和技术的更新换代频率非常高，许多人一开始只是抱着自娱自乐的心态，并不确定自己是否能适应新媒体行业，在持续的创作过程中发掘自己的能力，将新媒体创作当成自己的副业，“斜杠青年”灵活就业是现在职业发展的新方向。

“斜杠青年”，是指一个人在跨界领域拥有多重职业身份，是社会经济摆脱工业劳动生产的限制和束缚，开始多元化发展的必然结果。在新媒体平台通过“斜杠（/）”符号来进行职业身份区分，是在新媒体平台账号介绍栏目中的职位间隔符号。比如中国青年新闻网曾发布一篇报道名叫《“斜杠青年”冯骥才：作家、画家、领读人》，讲述当代作家冯骥才如何跨界在多领域做出成就的[48]。斜杠青年追求多元化生活，对自己不设限制，主动追求自己感兴趣的事情，并在多个职业领域进行探索发展。美国作家麦瑞克·阿尔伯（Marci Alboher）首次提出“斜杠”这一概念，在他著写的《一个人/多重职业》（*One Person/Multiple Careers*）书中指代有多重职业身份的人群。比如抖音大V北大丁教授，主职工作是北京大学教师，利用工作之外的时间在抖音开设账号专门发布教育类科普视频，为更多的用户人群解答亲子教育的困惑，时常以自身的亲子教育为例子进行剖析。广大用户因为他的分享获得了科学教育的知识，他自身获得了网红北大教授的称号并收获大量粉丝。

现在“斜杠青年”正在成为时代新兴群体，成为中国新媒体职业人群中的重要部分，他们既是新媒体内容的消费者，也是新媒体内容的创作者。根据美团的调研数据显示，29%的青年拥有第二职业。第二职业的选项有很多，有司机代驾、外卖骑手、餐饮、淘宝运营、摄影师、教育、家政等，其中排在首位的是新媒体，从事的类型不乏做自媒体，抖音、微商、社区团长、直播、写软文等。在2022年环球青藤青年节开幕大会上，人民网人民数据研究院联合环球青藤发布了《2021青年就业与职业规划报告》显示：27.6%的青年拥有2份及以上的工作，“斜杠青年”占比超过25%；9.8%的青年从事2份工作，17.8%的青年从事的工作数量在3份及以上，44.4%的人希望获得互联网运营职业培训，有43.1%的人希望获得新媒体职业技能培训[49]。他们主要生活在大城市，白天工作之余经营自己的账号，他们普遍思维活跃敢于接受新鲜事物，有想法、有钻研的精神，在账号内容有起色后开始商业变现，有时获得的收入报酬会超过自己的主职工作。该报告显示，无论从事新媒体产业的哪个岗位，都需要保持积极学习的态度和勇于探索的技能追求，这是一个需要用开放性思维来实践的行业，技术革新日新月异、新媒体创作应用也会随着产业需求而变化，希望每个新媒体从业者都能通过新媒体平台实现自身价值，并对社会发展做出贡献。

三、新媒体行业职业人才培养策略

随着移动互联网产业新媒体行业的迅速发展，新媒体行业专业人才需求急缺，数字媒体专业与新媒体行业对口，成为近年来各高校开设最多的专业。教育

〔48〕 中国青年新闻网．“斜杠青年”冯骥才：作家/画家/领读人．(2020－11－24)［2024－02－01］. https：//baijiahao. baidu. com/s? id＝1684232880537050098&wfr＝spider&for＝pc.

〔49〕 人民数据研究院．2021青年就业与职业规划报告［R］. 北京：环球青藤青年节开幕大会，2022.

部2019年公示《2019年度普通高等学校专科专业备案和审批结果的通知》，2019年电子信息大类新增备案和审批专业有189个，其中开设最多的是数字媒体专业。近几年新媒体人才招聘火热，新媒体相关专业人才在各大招聘网站都占据大量缺人招聘信息。可见整个新媒体产业对相关数字媒体专业的人才有海量的需求，但目前数字媒体专业人才的培养却无法满足行业需求。

数字媒体专业是新媒体行业最主要的人才输出专业，它是集艺术与技术为一体的专业，引进“产教融合”势在必行。产教融合、校企合作培养技术技能人才是发达国家职业教育发展成功的共同规律。国务院发布的《关于加快发展现代职业教育的决定》指出：“要深化产教融合、校企合作，提高人才培养质量。”[50]这为高等职业教育教学改革指明了新方向。

根据中华人民共和国教育部于2019年12月发布的《高等职业学校数字媒体应用技术专业教学标准》，数字媒体专业要培养职业面向为数字视频策划制作的岗位人才。新媒体数字视频行业正发生着剧烈变化，《2019中国网络视听发展研究报告》指出，短视频发展势头迅猛，反超综合视频成为使用第二多的应用，短视频颠覆了传统数字媒体视听传播的整体格局。2014—2018年移动互联网视频内容市场规模达1 871.3亿元，短视频市场同比增长744%。从市场规模的数据来看，“综合视频”和“网络直播”每年的市场规模每年比前一年增长最多的时候也只有200多亿元，但“短视频”2018年比前一年，增长了400多亿元。数据显示，2018年6月之前，“长视频”日均使用时长领先“短视频”，2018年6月之后，“短视频”日均使用时长反超“长视频”，并持续领先。

2020年新型冠状病毒疫情期间，仅2个月，短视频形式呈裂变式发展。2020年1月20日至1月31日期间短视频用户规模已达6.48亿，习近平主席、李克强总理走进短视频直播间、快手肺炎防治频道点击量突破30亿次；疫情直播累计超过10亿人次观看；政务号发布的内容播放总量高达25亿。短视频科普、知识传递、情感输出再到直播课堂，线上查询门诊信息、开通问诊入口，短视频正在与越来越多的媒体、受众形成强的黏性，并成为主要的信息传播载体。经过这次疫情，短视频已完全形成了一种新的新媒体运营形式。

在未来新媒体短视频的红利背景下，电商、企业、政府、景区等各行各业在形象宣传、产品营销方面都需要大量的复合型影视制作人才，尤其是小微企业的

[50] 中华人民共和国教育部．国务院关于加快发展现代职业教育的决定：国发〔2014〕19号［OL］.(2014-05-02)［2024-02-01］. http：//www.moe.gov.cn/jyb_xxgk/moe_1777/moe_1778/201406/t20140622_170691.html.

缺口更是庞大。如何准确地把握行业发展趋势，如何高效优质地为行业培养优秀的短视频内容创作和从业者，如何将产学融合带来经济效益，服务企业数字媒体产品需求，这给高职数字媒体专业教学及人才培养等方面的工作带来了很大的创新与探索空间。传统数字媒体教学形式已不足以满足现状的行业需求，新媒体产业正经历着前所未有的变革，随之而来的是高职数字媒体专业教育所产生的适应性变化。在当下新媒体行业短视频发展的新态势下，探索数字媒体专业产学融合的创新模式和最优路径尤为必要。全民短视频新技术背景下，专业教学如何与企业合作，强化实践教学，提升学生的实践应用能力，为数字媒体业界提供优质人才，是本项目探讨的重点。

王双双在对美国数字媒体专业人才培养的特点分析一文中阐述："美国瓦尔帕莱索大学在数字媒体专业设置上，不仅强调跨学科性，而且强调应用性；学校鼓励学生在视频平台亲自经营媒体，或者为学生提供各类实习机会。最重要的是，学校还为学生配备了最先进的数字媒体生产设备和编辑实验室，学生只要制作出优秀作品，就有机会在专业平台上发布自己的作品；美国罗格斯大学 2017 年开设了大数据工作坊。该工作坊以企业项目形式持续两个月，由学界业界的精英带头，每周进行一次前沿知识的培训和实操。美国罗格斯大学就与强生公司建立了全面合作关系，许多课程由企业员工任教，从总部副总裁到媒体专员，会开设不同类别、层次的课程。在这些教师的带领下，学生能全面参与到地方非营利性机构的数字视频方案设计中。"〔51〕

我国数字媒体专业从曾经的纯艺术到跨学科，不断经历着变化和发展，沉淀的相关课程内容较少，随着社会新媒体技术的迅猛发展，学校在人才培养时要根据企业的实际需求进行有针对性的即时调整，才能使人才学有所用，符合市场需求。数字媒体课程教学体系建设必须以行业和企业的需求为基础，满足适应区域经济发展的需要；同时必须系统地思考如何将教育内容与行业结合起来，以及与公司所需培养的学生的能力和素质紧密结合〔52〕。根据现有的文献资料，国内职业院校的数字媒体专业产学融合主要在于大型电影电视剧的项目合作上，如李超宇等在《数字媒体产教融合人才培养研究——以青岛黄海学院为例》中指出，青岛黄海学院结合自身地理位置优势，与凤凰教育、万达东方影都、融创东方影都、山东星科智能、青岛北方互联、派华影业，将数字媒体专业与电影产业进行

〔51〕 王双双．美国数字媒体专业人才培养的四大特点［J］．传媒，2020（11）：55—57.

〔52〕 顾东洋，刘增妍，张宗元．数字媒体产教融合创新应用型人才培养研究［J］．环渤海经济瞭望，2019（7）：101—102.

结合；杨会在《产教融合背景下数字媒体艺术人才培养的探索与反思——以常州信息职业技术学院为例》中对于数字媒体人才的培养产教融合于企业电影 3D 影像拍摄与后期制作方向。

目前国内外数字媒体专业人才培养上也遇到一些瓶颈，如开设专业课程时间较晚，处于摸索阶段；高水平的短视频设计运营制作人才集中在头部 MCN 机构；现有的产学结合项目大多是大制作、大项目，学生只能管中窥豹，参与度不高，无法获得有效从业经验；新媒体短视频行业研究、课程教学经验有限，等等。在教学实践中发现，学生虽然对移动互联网短视频平台产品的使用并不陌生，且对短视频设计制作非常感兴趣，但对具体的企业短视频项目制作落地却缺乏整体把控能力，设计不能满足客户需求，常出现词不达意的现象。

虽然近年来关于数字媒体专业影视方向产教融合的研究逐渐增多，但是某些方面还较为薄弱。目前引入的数字媒体专业产教融合教学改革实践项目多为周期长、工序多的电影类长视频，学生只能参与其中个别镜头设计等局部环节，缺乏对整体项目的整体设计把控。数字媒体技术专业强调艺术性与技术性，人才培养课程设计上注重应用和实践，对相关技术设备和设计平台有一定的要求。然而大部分地方高校对数字媒体技术人才培养方式落后，与行业人才需求差距较大，尤其忽视短视频行业爆发增长对课程内容开发的影响。目前，以短视频形式将数字媒体专业课程教学改革研发与地方经济小微企业帮扶实践的相关研究是空白。

“以学生为本、企业成果为导向、持续改进。”用轻量型小微企业短视频项目探索数字媒体专业产学融合创新教学与实践可以作为新的实践探索路径。接轨行业新形势、培养优秀的短视频内容创作者和从业者，突出技能特色，强化实践育人。探索以短视频项目为载体，为产学融合带来经济效益，以解决行业变化带来的职业教育挑战，服务区域经济发展，探索产学融合的创新教学与实践方法。根据数字媒体行业发展需求，产学融合企业轻量型短视频项目，展开教学与人才培养。引入 Outcome-based Education 成果导向教育理念的教育模式——学生为本、成果导向、持续改进，一方面，轻量型企业短视频项目能让学生在课程学习的同时进行整体项目把控、岗位锻炼，减少毕业等待期，让学生通过产业实践获得从业成功经验或辅助创业，实现就业岗位的无缝对接。另一方面，学生项目实践结合地域优势，帮助本地小微企业把握短视频风口，扩大视频营销，解决企业痛点，让产学结合成果产生经济效益。

在短视频爆发传播背景下，电商、企业、景区等各行各业在形象宣传、产品营销方面都需要制作大量的影视作品。影视作品制作对象不再是复杂的电影电视剧，而是变成了全民短视频、视频带货的网络流量载体。内容需求方面，影视作品更凸显个性化，从“观看一个宏观复杂的故事片”变成“碎片化、话题性、画面吸睛”的全民短视频内容。传统教学只注重电影电视剧等长篇故事、长周期制作的影视作品创作的内容已不适用于新的行业发展需求，通过企业合作，开拓研究短视频教学内容的开发，如 vlog、科普、短剧场、街拍、路采等不同视频形式的制作教学，填补传统教学内容空白。

轻量型企业短视频项目与教学实践的融合，引入小微企业的轻量型短视频实践项目，探索学生项目实践与短视频行业爆发增长结合的有效途径。用短周期、快节奏、短小精悍的企业 20 秒短视频制作项目作为学生实践对象，教学实践“目标清晰、按需创作”，项目内容丰富多样，且符合移动互联网生态下学生的兴趣喜好，产教融合项目学生“接得住、拿得下、吃得进”。产教融合项目选择上，不一味追求“大而全”，旨在“小而美”。一方面，学生可以根据个人意愿安排学习时间从而更具有主动性和把控能力，是通过自己的主动思考、实践、分析来制作自己感兴趣的内容，而不是老师直接给答案、讲结果。另一方面，需求方都是学校周边的小微企业，学生能与客户进行有效直接沟通，增强职业素养。

行业发生变化对应的职业素养也发生改变，短视频背景下，数字媒体专业人才的无缝衔接岗位技能具有挑战性。在从业能力方面，专业素养体现在“小团队、更新频率高、制作周期短、创意年轻化”的特征。对接岗位需求，培养用户感知能力、内容创作能力、用户运营能力。通过大量的小微企业项目实践，让学生较好适应企业，缩短磨合期。

这样的探索路径有助于解决传统产学融合影视课程实践项目庞大、内容单一的问题。传统产学合作项目引进的大多是电影电视剧级别的长周期大制作，不适用于所有院校。这种大型项目的数量和形式有限、制作周期长、成果反馈慢，1～2 年才能制作完成投放市场得到观众反馈，学生实践体验如管中窥豹，无法及时获得有效成长。本项目探索将轻量型企业项目引入教学实践，内容上能根据教学内容灵活选用及制作，项目种类丰富趣味性强。时间上，制作周期短（3～10 天）并能迅速检验成效，提交客户推广或抖音/快手等短视频平台，能迅速得到市场反馈。

这样的探索路径有助于解决课程实践与社会需求契合度不高的问题。移动互联网短视频行业迅速发展，数字媒体产业社会需求剧烈变化，将实时变化的企业短视频制作项目需求与教学实践相结合。教师需要带领学生进入生产实践，通过实践项目扩展学习场域，通过情景教学、环境教学等方式进行课堂教学改革，不仅扩充了教学资源还有效对接了行业生产，重视行业新技能的培养，实现短视频运营师岗位无缝对接。个性团队化教学，采用项目引领、任务启发、经验分享、互动交流、积分管理等手段，推进理论用于实践的教学改革，让学生积累成功的从业经验。

这样的探索路径有助于解决专业课程成果无法进行经济成果转化的问题。结合地域优势、深入产学融合，服务地方经济。创新教学环节提升教学效果。如与铜官窑非遗传承人创设校外实训基地，让中国传统文化融入专业课程教学，让专业课程实践学习成果服务于中国传统文化产业，通过短视频带货、网红景点短视频打造等手段带来经济效益、传播中国传统文化，建立学生的文化自信心。帮助本地小微企业把握短视频风口，扩大视频营销、解决企业痛点，让产学结合成果产生经济效益。

这一理念的创新点在于通过小微企业短视频项目引进创新，产教融合项目选择上，不一味追求“大而全”，旨在“小而美”。引入小微企业的轻量型短视频实践项目，用短周期、快节奏、短小精悍的企业20秒短视频制作项目作为学生实践对象，教学实践“目标清晰、按需创作”，项目内容丰富多样，且符合移动互联网生态下学生的兴趣喜好，产教融合项目学生“接得住、拿得下、吃得进”。通过在产学融合振兴乡村创新，结合地域优势、服务地方经济。以实际订单项目为驱动，以学习成果为导向。深化教学改革，以“订单式”人才培养模式为基础，持续更新教学内容。学生实践成果“抖音带货”“网红打造”短视频等，交付企业产学结合，带来经济效益，服务区域发展。帮助本地小微企业把握短视频风口，扩大视频营销、解决企业痛点，让产学结合成果产生经济效益。学生在完成作品创作的同时，深入了解中国传统文化，学习工匠精神、建立文化自信心。与此同时，短视频作为学习成果，在移动互联网平台助推中国文化向外传播。通过对教学内容的创新，适应新行业新产业，紧紧抓住行业需求。通过企业合作，开拓研究短视频教学内容的开发，如Vlog、科普、短剧场、街拍、路采等不同视频形式的教学内容，填补传统教学内容空白。用产教融合项目，实现教学内容与岗位内容无缝对接。

四、人工智能生成（AIGC）将带来从业挑战

党的二十大报告提出“实施国家文化数字化战略”，中共中央办公厅印发了《关于推进实施国家文化数字化战略的意见》。数字文化产业生产方式，从近几年的专业生产内容（PGC）、用户生产内容（UGC），变革为如今的人工智能生成内容（AIGC）和人工智能生成视频（AIGV）。现在以ChatGPT为代表的人工智

能技术（AI）已颠覆了数字文化产业的传统生产方式，如智能剪辑、数字人直播间、AI智能抠像、智能脚本、虚拟主播、文生图、AI换脸、AI智能协作、智能审校、智能分发、智能视频生成等。

各大院校培养的数字媒体专业人才是实现数字文化产业战略的重要部分，主要培养新媒体制作运营、短视频创作、数字文创制作、网红达人、新媒体编辑等从业人才。许多专家学者对数字媒体专业人才培养展开了一系列研究：孔令强从全媒体角度以“实验教学”为核心探讨系统化数字媒体人才培养教学体系〔53〕。董雪从全媒体角度提出构建艺技结合的人才培养、创新评价指标等对数字媒体人才培养探索性研究〔54〕。顾逸等从人工智能发展和新工科计划角度，改革本科原有教学和评价环节的弊端优化传统数字媒体人才培养模式〔55〕。童炼等围绕马栏山文化创意集聚区提出“学科竞赛”“五位一体”等数字媒体人才培养实践创新模式〔56〕。中国科学院院士陈国良从人工智能在内容安全、高性能计算基础支撑新媒体发展等角度，分析了人工智能、大数据、高性能计算机等技术对新媒体的重要影响〔57〕。

虽然这些研究取得了一定的成果，但是还存在一些不足。现在人工智能技术已经改变了传统生产方式，现有研究主要从数字文化产业的传统需求来探讨人才培养，没有关注到生产方式的AI变革对人才培养提出的新需求。数字媒体人才培养的现有研究多数属于通用性研究，探讨的问题泛而广，对产业AI变革所面临的高职数字媒体人才培养策略指向性不明确。

数字文化产业的生产方式已AI变革，想抢抓机遇实现文化产业发展新突破，而院校人才培养体系还停留在行业传统生产方式，迫切需要构建适用于产业新AI需求的高职数字媒体专业人才培养模式，为新媒体人才占领人工智能时代先机提供指导作用，为经济发展目标提供重要支持。研究出智能时代数字文化产业

---

〔53〕孔令强．全媒体时代数字媒体艺术人才的培养模式［J］．青年记者，2020（11）：102－103.

〔54〕董雪．全媒体时代数字媒体艺术人才培养模式的改革研究［J］．产业创新研究，2022（3）：162－164.

〔55〕顾逸，范起，张欣．新工科背景下“数字媒体＋人工智能”专业建设与人才培养研究［J］．大学，2021（46）：63－65.

〔56〕童炼，李娇．接“马栏山文化创意集聚区”的数字媒体人才培养模式［J］．湖南包装，2022，37（5）：208－210，221.

〔57〕陈国良．AI赋能新媒体未来这样发展［OL］．(2022－08－29)．https：//baijiahao.baidu.com/s? id=1742465160891782539&wfr=spider&for=pc.

AI升级、适应产业升级的数字媒体人才培养的新模式。包括对人工智能时代背景下，数字文化产业AI升级对人才的新需求；新媒体行业从业人才培养的现状分析，适应产业AI升级的成熟案例；适应行业AI新需求的人才培养模式探索。

数字文化产业已人工智能升级的时代背景下，要想抢抓机遇实现文化产业发展新突破，则必须培养出大量适应人工智能时代的优秀数字媒体专业人才。从AI知识技术融入新媒体课程、AI数据处理和多角度思维能力培养、AI背景下评价体系等方面去寻找突破。获取行业对新媒体人才培养的新要求，构建适于智能时代社会发展的人才培养模式，才能抢占产业AI升级、人才提质，以期实现国家经济建设目标。

五、新媒体创作者的潜在职业伤害

新媒体平台虽然为创作者提供了广阔的就业机会和传播平台，但同时由于平台的开放性、互动性、持续输出、低门槛等特性，对创作者自身会带来一些次生伤害。这是目前被忽视的问题。

1. 身心健康存在隐患

（1）职业竞争带来的焦虑抑郁：新媒体内容创作者通常需要应对观众的期望和压力，同时保持高质量创作的连续性，还要面对网络负面评论和社会争议，这些因素汇聚在一起则会使得创作者持续焦虑甚至抑郁。大部分新媒体创作者的生活等于工作，没有明确分割，且社交范围狭窄。为了保持内容的连续更新和吸引观众，一些创作者不得不承受高强度压力。近几年，新媒体热门创作者产生抑郁症、躁狂症的案例屡见不鲜。比如《谭谈交通》，身为交警的谭乔用自己的方式通过视频，向人们传递交通安全的重要性，成为炙手可热的本土明星。2018年，谭乔被确诊为抑郁症，辞去了《谭谈交通》主持人一职，随后其在哔哩哔哩等新媒体平台的视频作品停止更新，由于合约纠纷，其作品一度下架。

社交媒体使用与创作者的精神健康问题之间存在一定关联。各大平台每天都会发布各种榜单，对创作内容进行排名、段位级别排名等，刺激创作者自尊心产生社交比较心理，以此来促使创作者们制作更多的优质内容帮助平台发展。抖音的赛马机制、铁粉机制，微博热榜等，将创作者本身及内容与其他创作者进行社交比较，在不断地攀比竞争中持续产生歧视和压力，与同期发展但迅速拥有更多关注者或更高社交媒体影响力的人对比产生巨大焦虑感。与此同时，原创是一个需要大量吸收才能少量输出的过程，过度的创作输出会导致创作者掏空自己的才华，面临创作灵感枯竭的困境，无法产生新的想法或内容，不仅会影响其创作质量和动力，还会产生自我否定等心理问题。这种竞业状态下，创作者们长期处于焦虑且情绪不稳定的状态。比如抖音的赛马机制，在抖音每天都会有成千上万的同类目、同层级、同时间段开播的直播间，这意味着抖音将相似类型的直播间分组开展竞赛。多个游戏直播间、美妆直播间或者其他特定主题的直播间在同一时间段内开播，那么它们被视为竞争对手，被放在一个“赛马”赛道上。在这个竞争赛道上，哪个创作者的内容受到观众欢迎，数据表现好，例如观看人数多、互动多、点赞多，那么这个账号就会被认为是“赛马比赛”的赢家。一旦一个内容被认定为赛道上的赢家，抖音平台会继续向这个赛道分发更多的流量，意味着更多的用户会看到这个直播间的内容。这有助于提高该直播间的曝光度，吸引更多观众，进而增加了该直播间的知名度和获得更多粉丝的机会。通过这种机制，抖音平台可以确保在相同主题和时间段内流量得到最大化的利用。它鼓励和奖励那些内容受欢迎的直播间，同时也提高了用户体验感，因为他们更容易找到他们感兴趣的内容。这个赛马机制将创作者们放在赛道上不停地竞争，并进行实时的数据刺激。但由于新媒体内容具有传播性但不具保密性，因此一旦有好的创作形式就会马上被其他竞争者拿为己用。因此每个创作人员，都必须承载巨大压力，不停地绞尽脑汁地想办法、想策略，在最小的时间单位内完成数据加权，就能获得系统赛马排名，从而获得系统的持续推流。与此同时，让自身长期困顿于赛榜焦虑、掉粉焦虑、恶评焦虑、限流焦虑中。

不仅持续的创作压力、时间压力和公众的期望，使得创作者出现焦虑、抑郁等精神健康问题，同时，创作者对自己日益增长的高标准、追求完美的自我诉求，也使得他需要努力保持在线形象和面对争议处境，这些都会给创作者们的心理健康造成一定负面影响。一些创作者因为传播自身无法验证的虚假信息、虚构故事或过度渲染事实而面临舆论压力和信任危机，导致前期的努力成果都被否定，甚至封号、断更。

（2）负能量的共情感染：在创作主题上，某些自媒体创作者的选题涉及低能量主题，如家庭暴力、打击假冒伪劣、法律咨询、恶性疾病、社会不公等选题。在创作的过程中，需要持续接受这些负面信息并转化成能使人共情的作品，作为创作者不得不受到负面的情感感染，并产生心理疾病，同时他们还需要处理观众的个人故事和咨询。在负面舆论上，由于新媒体平台的开放性，创作者时常面临来自观众的负面评论和仇恨言论，这些观众来自各个阶层且文化水平、三观意识参差不齐，许多言论并不客观公正。由于个人素养的不同而产生的负面言论，一定程度上也会对创作者的自尊心和情感健康产生负面影响，进而持续产生自我怀疑、自我否定等情绪。

（3）一夜造富的幻境：李佳琦一年带货营收上亿元、papi 酱一个广告竞拍价两千万、李子柒作品各平台播放收入上千万……频繁出现的造富神话在众多媒体铺天盖地的宣传报道中，不断刺激着大众的神经，并引发许多人前仆后继地涌入新媒体行业。人民网曾报道，95 后是个性十足的一代，崇尚自由平等，他们对游戏解说、B 站开发、动漫 Coser、动画声优感兴趣，对服务员、行政文员、公务员职业兴趣较低[58]。如今移动互联网平台多元化时代，增加了许多普通人成名的路径，新媒体入门门槛低造成了一夜致富的道路，却忽略了其背后极高的淘汰率和一触即发的封号风险。一夜之间的造富成功往往只是个别案例，而绝大多数自媒体创作者需要更长期的努力才能取得成果，通常需要持续努力、深度的多元化收入来源和应对不可控因素的能力。

媒体过分渲染了个别网红的成功故事，使人们误以为这是普遍现象。然而，绝大多数自媒体创作者不会经历如此迅速的财富积累。新媒体领域的竞争异常激烈，每天都有数以万计的创作者试图吸引用户的关注。即使一个人能够在一夜之间积累大量粉丝，他们也需要持续努力以保持竞争力。知乎用户“游戏探险家”分享了一段自身参加百度组织的百家号导师计划第 9 期经历，印证了新媒体的高淘汰率。这个计划应营成员 20 名，能够按照平台要求坚持半年持续每天创作的只有 6 人，淘汰率 70%，这 6 人中月入上万的只有 3 人。在行业爆发性增长的过程中，新媒体创作应用生态容易大起大落，出现富快、塌房快的状况。比如，中国消费者协会发布的《2022 年“双 11”消费维权舆情分析报告》显示，新媒体平台带货乱象是消费者维权焦点之一，主要体现在价格造假、产品低劣、夸大宣传等主要问题。百万粉丝博主王澄澄，发布的内容为青年创业者的日常好物分享，在某日发布一段和身穿警服父亲的合影视频作品引发炫富舆论，最终不仅被沈阳市公安局调查还停止了账号运营。百万粉丝美食博主“提子”，因长相甜美，经常烹煮奇葩美食而受到网友关注，因食用保护动物鲨鱼而被平台官方永久封禁账号。创作者的成功往往受到不可控因素的影响，如平台算法的变化、市场趋势的变化、政策变化、个人言行举止失误等，这些因素会迅速改变一个人的命运。

媒体过分夸大少数网红的成功故事，让更多人错误地认为新媒体能够迅速致富，而忽视了背后的辛勤努力和不确定的风险，这种误导可能导致自我认知错误、盲目投入，最终产生情绪落差。因此，我们应以理性的态度看待新媒体行

---

〔58〕 QQ 浏览器大数据：无法被代表的 95 后［OL］.（2016－01－14）. it. people. com. cn/n1/2016/0114/c203889－28054675. html.

业，认清机遇与挑战，实现成功需要坚持不懈、多元化收入来源和应对不确定性的能力。平台和社会应共同创造更健康、稳定的创作环境，关注创作者的身心健康和全面发展。

2. 社会关系存在隐患

（1）个人隐私侵害：分享经济、共享经济的情况下，新媒体创作达人、红人、大 UP 主、种草官等创作者，其作为自然人的本体生活与内容产品有着千丝万缕的联系，他们的个人形象、喜好、家庭环境、人际关系等成为创作内容之一。比如抖音亲子头部创作者“果果的妈妈”，分享她与儿子果果的日常生活，每次发布内容都会引来数百万人的浏览观看。作品中无意间会展示出小孩居住的城市、生活的街道、就读的学校等个人信息素材。创作者们过多地分享个人信息、生活和隐私，会为潜在不法分子提供信息渠道，存在被骚扰、恶意曝光和身份盗窃等隐患问题。不仅如此，还会存在社交媒体账号被黑客攻击，私人照片被盗用并发布在互联网上，身份盗窃导致创作者的个人和职业受到严重干扰。此外，还有旅行的自媒体创作者在新媒体上分享了她的旅行计划和行程，则有可能导致她的住宿预订信息在网络攻击中泄露，使得她的预订被取消，旅行计划受到破坏。

新媒体创作者过度分享个人信息和生活细节，会面临潜在的隐私侵犯问题。因此，保护个人隐私和安全对于新媒体创作者至关重要，他们需要慎重考虑哪些信息可以分享，以及如何设置隐私保护措施来降低风险。同时，社交媒体平台也应加强安全性，以保护用户的隐私信息。

（2）知识产权和侵权问题：创作者的作品可能会被盗用或侵权，这可能导致知识产权纠纷和经济损失。新媒体创作者在知识产权和侵权问题方面常常面临复杂的挑战，这些问题包括内容盗用、版权侵权、虚假信息传播等。由于新媒体作品具有强传播性、公开性，现代科技转存、下载、复制、拼接技术层出不穷，促使了大量的原创作品被搬运、剽窃等不当使用。创作者花费大量时间和精力创作原创内容，包括文字、图片、音频和视频等，他人盗用或侵权使用却在新技术的帮助下轻而易举。盗用和侵权行为损害了创作者的知识产权，影响了他们的创作积极性和经济利益，失去了原创性和流量。

在新媒体领域，音乐、影片和图片等涉及版权的内容使用也常使得创作者们饱受争议。比如因为兴趣娱乐，使用了一首未经授权的音乐，导致视频被社交媒体平台下架，并面临版权诉讼。此外，许多新媒体创作者为非专业人士，他们的辨别能力有限，部分创作者无意间传播虚假信息或不准确的内容，吸引了关注或制造争议，不仅损害了公共信息的可信度，还会招致诉讼而产生极大的心理压力。

此外，创作者与公司、企业、MCN机构之间复杂的产权关系也给创作者们带来了次生伤害。比如，2022年7月10日，前交警及新媒体达人谭乔，在微博、B站等平台发布视频透露，《谭谈交通》节目是由他自己拍摄的公益普法视频，十几年来在网络上被大家无偿观看和二创传播，但由于成都游术公司的“侵权投诉”，自己可能面临数千万的巨额赔偿，甚至是牢狱之灾。从2019年开始，一些UP主充当搬运工，把4 000余期节目剪辑上传至各大平台，并在豆瓣获得9.5分超高评价。2019年底，谭乔重出江湖，在B站开通了个人账号，转型网红UP主，如今其作品面临全网下架的窘境。除此之外，粉丝量上亿的著名新媒体创作者李子柒与微念公司的官司纠纷，使得其退出新媒体创作行业两年之久。

总之，知识产权和侵权问题对于新媒体创作者是一个非凡挑战，要在创作过程中积极保护自己的权益，并遵守法律法规以避免侵权行为。自媒体创作者需要谨慎处理自己的内容创作和传播应用，谨慎分享个人信息、设置隐私保护措施，同时关注自己的身心健康，积极维护自身知识产权并遵守法律法规，以减轻可能随之带来的身心伤害。同时，社会和平台也需要加强监管和支持，加强知识产权保护和打击侵权行为并提供法律指导和服务，以确保创作者的权益和身心安全。

第四节　增强现实技术将为新媒体创作应用带来新发展

信息技术与硬件的发展将提升虚拟世界与真实世界的交互效率，保证人们可以在易携带、高性能的移动终端设备上享受视频体验以及带来的互动内容，进一步升级沉浸式视频互动体验。5G的到来，将彻底促进增强现实技术的普及和应用，每一代通信技术的到来，都会催生颠覆式的创新。智能化新媒体产业是结合计算机、互联网及相关硬件设备的产业，以AR、VR、MR产业为代表。增强现实技术与虚拟现实技术。因其共同的人工创造的虚拟特性，总是被同时提及。虚拟现实技术是创造一个全新的虚拟世界出来，而增强现实技术则是强调虚实结合。增强现实技术与虚拟现实的完全虚拟的情景不同，它是在真实生活中增加虚拟内容，这与新媒体创作的生活性和泛众性较为接近且易于应用。新媒体创作的重要因素是注意力吸引，通过留存用户的注意力来实现商业价值，各个新媒体平台除了继续延展短视频魅力之外，伴随着5G技术发展带来的流畅，即时通信性互动式增强现实体验将成为新的注意力争夺点。未来，用户使用新媒体平台获得的体验除了可以通过点赞、评论等行为进行内容交互外，在增强现实技术的支持下，用户可以成为一个具体的内容参与者。也就是说，在新媒体产业与增强现实技术的结合下，用户不再是传统的被动接受创作者事先设定好的内容，而是可以进行沉浸式体验并改变内容发展的方向，甚至可以自主设定情景与内容的在线创作者。

一、增强现实对新媒体创作应用具有重要意义

根据工信部联合印发的《虚拟现实与行业应用融合发展行动计划（2022—2026 年）》，我国虚拟现实产业总体规模（含相关硬件、软件、应用等）已超过 3 500亿元，计划到 2026 年，三维化、虚实融合沉浸影音关键技术实现重点突破，新一代适人化虚拟现实终端产品不断丰富，产业生态进一步完善，虚拟现实在经济社会重要行业领域实现规模化应用[59]。根据中国企业数据库企查猫数据显示，近年来我国增强现实（AR）行业快速发展，历年新注册企业数量快速增长。截至 2023 年 1 月 3 日，中国增强现实行业注册企业共有 3 458 家，其中 2019 年新注册企业数量创历史高峰，达 526 家。

目前，Magic Leap 是全球受关注度最高的增强现实公司，谷歌、微软、索尼等科技巨头和投资客将注意力关注到 AR 领域，这是近年来国内外众多知名科技公司、高校和研究机构的研究热点之一，它代表着未来科技。在国内，字节跳动、腾讯、阿里巴巴等头部科技集团也在着力发展研究，比如快手特效中的增强现实能将面具实时合成在拍摄对象的脸上，并伴随着人物运动的空间透视变化而合理变化，仿佛真实的戴在人脸上一样；抖音直播间有创作者使用了虚拟主播与真人主播同时卖货，当真人主播劳累时就在一旁睡觉休息，由虚拟主播在真实环境中卖货。此外哔哩哔哩等新媒体平台也推出过许多类似的 AR 应用尝试，成为新媒体创作领域创新的重要方向。2021 年在全国两会期间，北京日报的一线报道记者使用 AR 技术结合眼镜穿戴设备进行了《2021 全国两会直通车》的媒体内容制作。与此同时，广西日报开设大型融媒专题，组合使用虚拟演播室、5G、AI、AR 等技术实现新媒体的全方位报道。

根据目前已研发出来的新媒体增强现实作品来看，数字动画是增强现实的重要呈现方式，它对用户体验产生最直观的影响，与真实世界发生交互行为并产生

---

〔59〕 工业和信息化部、教育部、文化和旅游部、国家广播电视总局、国家体育总局．关于印发《虚拟现实与行业应用融合发展行动计划（2022—2026 年）》的通知：工信部联电子〔2022〕148 号［OL］.(2022－10－28)［2024－02－01］. https：//www. miit. gov. cn/zwgk/zcwj/wjfb/tz/art/2022/art _775aaa3f77264817a5b41421a8b2ce22. html.

动作反应。数字动画成像作为增强现实技术在视觉上的主要表达载体，在航空研发、军事装备、可视化数据模型、模拟练习、大众消费等领域应用广泛。它具备将数字动画影像增强在真实环境中的独特功能，在远程机器人控制、医学解剖与研究、军用飞机导航和精密机械设计等领域，增强现实技术也借助数字动画发挥了卓越表现。

通过AR在现实世界中增加虚拟数字动画内容，一切视觉的东西都可以产生，虚幻的动画场景都会实现，带来的是十足的视觉颠覆。所有显示局限但又需要显示拓展的现有产品会被颠覆掉[60]。利用AR将真实世界中添加动画场景，所有的新媒体创作应用都不再局限于屏幕，而是进入真实的世界。增强现实正以数字动画的视觉形态在改变我们观察世界的方式。然而，我们也应该看到，新媒体应用增强现实技术发展已成趋势，但增强现实技术作为新兴技术还处于研发的初级阶段。增强现实技术在新媒体创作与运用上有着密切联系，这两者的结合创新还有无限发展的可能。

国内外对新媒体创作研究和对增强现实技术的研究在各自领域虽然很多，但基于增强现实技术的新媒体创作应用研究及其数字动画表现形式目前极少。在计算机信息技术高速发展的背景下，要以增强现实技术现状为基础和出发点，分析基于增强现实技术的新媒体创作应用。新媒体创作应用结合增强现实技术发展将改变人类视听习惯成为未来的主流形态，在此时代发展洪流之下，以数字动画为主要呈现形式的增强现实技术，对数字动画设计提出融合实体环境、视觉表现、情景互动等新的要求。数字动画本身具有较好的亲和力和良好受众基础等特性，在增强现实技术中帮助其扩展表现形式、增加用户接受度、增加黏性等。下文将整合分析现有的大众增强现实应用，结合常见的新媒体增强现实应用实践，探讨数字动画在增强现实应用领域展现出的特点和形式。尝试从增强现实数字动画新的角度开拓探索，为日后5G以上即时通信迭代后的新媒体创作应用提供些许研究思路。

国外学者此方面的研究起步较早，取得了不错成果，主要研发团队在科技公司及部分高校。增强现实技术和数字动画都起源于美国，并形成一定的市场商业化结合。微软、谷歌公司着重于市场硬件方面的研究开发，如Google Glass、Holoens等可穿戴设备。Catchoom与被苹果收购的Metaio是世界顶级的AR引擎开发公司。分别获得谷歌、阿里巴巴、高通、传奇影业巨额投资的Magic Leap公司是目前估值最高的混合现实研发公司。Pixar Animation Studios、Dream-

[60] 董子龙．面向增强现实的实时三维跟踪[J]．浙江大学，2010，(7)．

Works Studios、Industrial Light and Magic 这三家公司在数字动画渲染绑定、运动规律、模拟仿真方面实践成果显著。Magic Leap 与 Industrial Light and Magic 在 2016 年首次尝试合作开展星球大战项目，Magic Leap 负责给提供硬件和虚拟渲染方面的技术，Industrial Light and Magic 将负责数字动画形象制作。Magic Leap 为了在空间定位、实时重建等方面有所提升，希望能按原始比例、原始纹理和光线自动生成原景 3D 动画模型，它收购了擅长 3D 重建技术的公司 Virtroid。近几年伴随着计算机视觉和数字动画的兴起，加上计算机硬件水平的提高，AR 的商业化才逐渐展示出了希望。根据 MobiDev 发布的《2022 年增强现实（AR）技术开发指南》，游戏、社交和视觉搜索是 AR 最受欢迎的消费者使用案例。Pokemon Go 在 2020 年带来了 19.2 亿美元的收入，且正在试验 Microsoft Hololens，其最终目标是为更多的观众带来可穿戴游戏体验。基于移动应用的 AR 体验开发平台 ARKit、ARCore，在 2020 年各自拥有 1.47 亿用户和 1.22 亿用户；到 2021 年，这两个数字分别增至 1.92 亿和 1.82 亿用户〔61〕。苹果公司的开源移动增强现实开发工具集 ARKit 5，不仅扩展了对位置锚的支持，还改进了运动跟踪，以及在第五代 iPad Pro 超广角摄像头中增加了面部追踪功能。2021 年，谷歌的 ARCore 引入了录制和播放 API 等新功能，这使开发人员能够使用 AR 元数据录制视频片段，通过使用深度和 IMU 运动传感器数据，开发人员可以重建与视频中相同的环境并将其用于进一步测试。

相对于西方国家，国内在此方面的研究起步稍晚。但是随着经济科技的发展，政府和企业都开始密切关注，Realmax 的上海分公司、北京枭龙科技、亮风台、视辰、小熊尼奥、央数文化等新兴公司这几年日见增多。在高校相关领域的研究也络绎不绝，华中科技大学、上海交通大学、浙江大学分别从遥操作关键技术、空间增强现实流水线概念、软件框架 ARSGF 等方向进行研究并成果显著〔62〕。2020 年，中国鼠年央视春晚多个节目采用了增强现实结合数字动画形式，在真实舞台的视觉效果上做出了飞舞的虚拟图形，丰富扩展了节目的观赏性。2019 年，抖音推出 Landmark AR 技术，将城市地标与 AR 效果道具结合，来制作地标打卡建筑“动起来”的短视频传播。该项 AR 技术主要应用于北京三里屯、上海东方明珠、澳门大三巴、广州广东省博物馆、重庆洪崖洞、西安钟楼

---

〔61〕 Yoomi. MobiDev：2022 年增强现实（AR）技术开发指南［OL］.（2022－02－28）［2024－02－01］. https：//www.sgpjbg.com/info/30936.html.

〔62〕 罗建勤，孙明，孙立军．交互式漫游动画：Virtools＋3ds Max 虚拟技术整合［M］. 北京：中国科学技术出版社，2010.

等地标建筑。

新媒体创作借助增强现实技术，在感官体验上让用户可以沉浸式体验创作者带来的未知的旅程，或者在真实生活中增加特定的元素体验未曾拥有的经历。同时，现有的商业模式也会发生变化，拥有5G与AR等技术的超强即时通信合作更加普遍。最重要的是，在增强现实技术提供的新媒体内容中，将真正出现"广告即内容，内容即广告"的精髓，用户可以利用沉浸式体验真正做到将虚拟情境融入真实生活，体验新媒体创意中的感官体验。

新媒体平台上增强现实技术应用属于交叉学科研究范畴，集成了增强现实技术、新媒体内容创作、数字动画影像、可穿戴设备、图像捕捉追踪等数字技术与信息技术，含计算机科学技术、新媒体设计、AR装置、动画设计、交互设计等相关学科领域的诸多理论知识。未来新媒体增强现实技术的沉浸式个性化广告商业模式将有很大发展空间，既做到精准投放，又带来多元化结合。之前创作者的商业创作模式或许来自创作平台或商品生产方，但是在以增强现实技术为感官呈现的新媒体内容中，多元化会产生多平台联动的商业合作形式，除了内容平台之外还会和终端厂商、电信运营商开拓新型商业盈利模式，这给创作者们的创作应用带来了新的思考空间。

二、增强现实技术的视觉呈现是数字动画影像与真实结合

增强现实是基于计算机芯片捕捉真实场景后计算生成对真实世界或叠加，或扩展，或增强的信息技术，综合了计算机视觉图形、激光映射、复合传感、数字影像等多门学科〔63〕。增强现实技术是对现实世界的补充，使得虚拟物体从感官上成为周围真实环境的组成部分〔64〕，主要包括图像输入设备、用户交互技术、计算机与存储设备、跟踪定位技术、虚拟对象数据库、虚实融合技术、系统显示技术〔65〕。它通过三维追踪定标技术、视觉采集技术、智能计算和硬件设备，让虚拟元素与真实世界"无缝"共存并实时同步，让人在真实的场景中感受虚拟物并产生即时互动。广义来说，AR对现实的增强，可以使从视觉、听觉、嗅觉、触觉、感官运动、GPS数据等其他多方面融合在一个实时展示的真实环境中的感官增强。这技术集成了计算机图形技术、仿真技术、人工智能、传感技术以及网

〔63〕 章颖芳．数字交互程序设计基础［M］．上海：同济大学出版社，2016.

〔64〕 李壮，陈小莉，王溯，等．增强现实技术专利分析》［J］．高科技与产业化，2015(11)：45－49.

〔65〕 薛彦波，仇宁．动画形式＋虚拟建造：Greg Lynn的形式主题［M］．北京：中国建筑工业出版社，2014.

络处理技术等，是一种由计算机技术辅助生成的模拟系统[66]。

2015年被称为“AR元年”，AR被认为是与VR互补的下一代移动互联网及移动计算机平台、下一代新媒体呈现形式，标志着人类从PC端互联网、移动互联网进入虚拟与现实混合的新发展阶段。Facebook母公司Meta计划在2024年之前推出第一代AR（增强现实）眼镜。2026年，Meta将推出第二代产品，设计将更轻更先进。2028年Meta还将推出更完善的第三代产品，开发的AR眼镜项目被称为“ProjectNazare”，将独立于手机而工作，无须借助智能手机终端。AR发展到现阶段，主要形成两种类型的连接方式，一种是连接设备不需要装载在人身上的裸眼AR，具有代表性的研发项目有索尼开发的Future lab项目、微软开发的HoloLamp项目。裸眼形式下的AR技术，由于其使用的设备不同，可以区分为移动设备和固定设备。移动设备主要是指手机、手环、平板之类具有互联网连接功能的设备。固定设备常见用于博物馆、展览馆及其他大型交互上。另一种是连接设备需要装载在人身上的头戴显示器，如眼镜、头盔、头戴显示器等。谷歌的Google glass、微软的HoloLens、Oculus的Rift头盔等是目前已开发的较为领先的设备。HiAR Glasses是亮风台科技发布的国内第一款融合语音、手势、图像识别在一起的AR眼镜。

数字动画，英译为Digital Animation，它的诞生与发展离不开计算机图形学的研究提升。数字动画是通过计算机软件来制作影像动画的技术，这个动画影像是数字化、虚拟无实物的，只存在于软件中，以计算机为主要工具进行视觉设计和生产。数字影像可以是动态的，也可以是静止的；可以是二维的，也可以是三维的。广义来说，数字动画内容不局限于二维、三维动画片，可以是实验艺术、招贴设计、传媒推广、工业设计、影视特效、多媒体技术和建筑漫游等[67]。所以在本文所探讨的数字影像，主要指采用计算机的图形与图像处理技术、借助于编程或动画制作软件生成一系列的影像形态，不仅仅局限于动画故事片，也可以是游戏影像、演示影像、漫游影像等。作品的参与性或互动性、可复制性及可编辑性、艺术的商业娱乐性、网络传播的虚拟性是数字动画艺术的核心要素[68]。

---

〔66〕徐琳然．新商业时代：移动互联网时代的场景革命［M］．杭州：浙江大学出版社，2016.

〔67〕汪浩文．虚拟环境设计：从建模到动画案例详解［M］．南京：东南大学出版社，2014.

〔68〕矫健．浅谈虚拟展示中的新媒体动画应用［J］．北京：印刷学院学报，2015（10）：42—43.

伴随着图形工作站、渲染农场等计算机硬件软件技术的发展，现阶段数字动画技术的仿真模拟效果日趋逼真，在模拟现实物体属性方面游刃有余。通过计算机渲染来实现视觉上的物体仿真，不仅外在造型逼真，还在空气流动、化学反应、粒子发射、物理碰撞等现实原理方面也可以达到非常逼真的动态效果〔69〕。如电影《盗梦空间》《后天》《地心引力》中城市撕裂、火山海啸、航空基站、太空星系等都是在用数字影像技术模拟物体的物理化学结构特性，充分体现了数字影像技术极强的科学计算可视化能力。

新媒体增强现实技术的视觉表现形式主要以虚拟仿真动画形态为主。数字动画的优势首先在于动画的制作基于计算机图形技术，依赖于计算机软件硬件的功能，没有真实的实体也能制作出动画，它是在计算机上输出的产物。增强现实技术中视觉捕捉及图像生成就是加载这样的计算能力，因此可以根据现实环境的互动来计算生成不同的影像。其次，数字动画可修改性较强，在增强现实技术中，通过数据处理便能达到效果。数字动画至今已发展得非常成熟，不仅可以完全模仿真实世界，还能将虚拟想象的世界视觉化〔70〕。而增强现实技术的目的就是对真实场景的扩增，将不存在于此场景中的物体“置于其中”，那么数字影像的仿真性便能在视觉呈现上面很好地展现这一点。数字影像的优点还体现在科幻空间、实拍成本过高、无法实拍的视觉领域可以用数字动画进行模拟仿真以降低成本，并且不受摄影设备的物理限制，用户可以像翻看真实物体一样观察增强现实场景中的影像。

以实践制作 AR 互动场景为例，传统手法表现形式为静态效果图及视频。虽然能一定程度上体现场景视觉效果，但用户对影像场景的观察从形态、角度、观察行动等方面受制于输出的图片及视频成像。实践制作中，将建筑模型影像场景与增强现实技术平台相结合，可以解放用户的观察限制，使之在真实的生活场景中自由随意地多角度、多方位、多比例地观察动画场景。

三、新媒体平台增强现实技术表现特点

根据 AR 发展过程中已有的开发产品的对象不同，此处主要讨论横向推广方面的水平领域整合分析现有的大众增强现实应用，结合“AR 室内互动场景”制作实践，探讨数字影像在增强现实应用领域展现出的特点和形式。

---

〔69〕 姚俊峰．三维动漫游戏人物角色仿真技术［M］．北京：科学出版社，2009.

〔70〕 常勇．基于空间数据的户外增强现实技术研究［M］．济南：山东大学出版社，2015.

1. 视觉造型简单夸张

拥有 1.5 亿日活动用户的美国著名的社交网络公司 Snapchat，在其社交软件上成功推出一系列 AR 应用。这个应用采用基于地理位置的滤镜功能、脸部追踪和识别技术，能让用户的面部添加夸张的“彩虹口水”等动画特效。当用户在对人面部拍照时选择此功能，屏幕中的人脸会被自动识别并被轻微夸张变形，同时实时跟踪人的面部移动并产生简单的口水流动增强现实效果。此增强现实技术里所应用的数字动画元素造型简单，充分运用夸张、神似、变形的手法设计动画道具，丰富人们拍照摄影的趣味特征并增强现实场景的成像气氛。该功能由于其既新奇又夸张有趣，有别于简单的传统照片贴纸，一经推出便受到年轻人的喜欢，迅速在整个社交网络中广泛使用。《史努比：花生大电影》花费了 75 万美元承包了 Snapchat 当天的滤镜动画广告，为新媒体 AR 动画应用打造了一次优秀的案例。这些造型轮廓清晰的影像，以色彩浓郁的 3D 卡通形象或者二维的手绘道具为主，设计时都是单独的个体，成像精度较低，单个的动画叠加到摄像头采集的现实场景中。它的行为位置跟随摄像机内的主体运动进行变化。如用户在球场自拍，AR 应用自动捕捉其脸部，并根据设定的场景为其添加虚拟的脸部油彩、头上跳跃小球、飞舞的彩带等动画。这种动画在设计时更注重视觉趣味性及在有限的空间内增强气氛，需要具有当下年轻人喜欢的潮流传播性和时尚感。动画形象常来源于第三方表情包、动画片角色、游戏角色等系列。

时尚性动画角色造型主要体现在夸张有趣的外形、概括精练的结构、鲜艳活泼的色彩、轻松自由的表现风格、流行的文化元素符号等这些因素来体现视觉表现形式的时尚性〔71〕。趣味动画结合独特的增强现实互动能够与观众产生共鸣并引发互联网传播热点。这种模式的流行，引发了全球很多移动软件的应用，如美国 Facebook 旗下的 MSQRD、中国的 Face U 和抖音、韩国的 Snow 等，这些新媒体增强现实特效造型和技术原理都大同小异。尽管这种简单的趣味动画结合增强现实只是使用了 AR 最简单的功能，但是抓住了大众最简单直接的心理感受和审美趣味特点，有很强的娱乐性，深受人们的喜爱。它有效地在大众环境中对 AR 进行了传播推广，使得新媒体作品在 AR 创作形式中有了创新和突破，并真正走入人们的日常生活。

2. 三维影像全角度模型建立

人们生活在真实的三维空间内，增强现实技术是将数字动画叠加在真实场景

〔71〕 李苗 .AR：场景互动神器［M］. 北京：社会科学文献出版社，2016.

中并与之交互〔72〕。用户在真实场景中通过随意走动转换视角来观察事物，那么叠加其中的三维数字影像要做到真实叠加就必须也能被任意角度观察，所以在AR 中的三维动画需要进行全角度模型建立。在传统影像动画 3D 模型制作中，只需注意渲染输出的镜头角度下的影像没有问题即可。比如镜头脚本里设定的是中景、角色面对镜头说话，那么在这一镜头内容制作过程中，场景的地面部分不制作并不会影响最终效果。但应用在 AR 中的影像则不然，在“AR 室内影像场景”实践中，要将动画场景叠加在真实场景中，相当于用户在使用时自己掌握着摄像机可以移动视角到场景的任何角度去观察，那在前期制作影像动画时就必须进行完整的模型制作。影像在用户随意变换 360°立体全角度下都不会出现问题，这是对数字影像提出的新要求。同样的要求也体现在影像的动作、运动规律等方面。用户可以随意上下左右 360°旋转有识别图的位置，动画场景会与之一起旋转变化，这个旋转是三维空间的旋转，就像影像场景在真实空间中一样（图 2）。

图 2　目测式“AR 室内影像场景”，叠加在真实环境中的虚拟互动

在设计实践 AR 室内影像场景与真实场景的融合，使用的原理是用视觉识别计算法对识别图进行抓取与跟踪，然后才可以在手机上以较高的真实感叠加室内动画场景虚拟内容以增强现实。在制个的过程中，有一个关键因素，就是要通过AR 软件先识别设定好的图片。通过移动设备扫描识别图片后，屏幕里才可以看到一个立体的动画场景。所以，要看到这个 AR 影像场景需要三个条件，一个是移动设备打开定位服务及摄像机，一个是移动设备连接了网络，再就是装载了AR 平台。可口可乐公司的可乐瓶 AR 体验、腾讯的 AR 火炬传递、风靡朋友圈的 3D 小熊、近几年春节支付宝 AR 实景红包、AR 数字动画书、化学分子动画等都是属于这种全建模数字影像与 AR 技术结合视觉效果的应用。

〔72〕 邱秉常．游动在虚拟与现实之间：数字动画艺术的真实性研究［M］．北京：中国社会科学出版社，2014．

3. 产生交互互动

数字影像在AR平台不仅可以全角度展示，还可以与人进行简单互动。增强现实技术中的标记追踪和实时计算技术，在有效捕捉真实环境的同时生成可以适当交互的数字影像。在“AR室内影像场景”应用制作测试时，在AR平台内提前嵌入模型坐标设置，当用户将AR平台视觉捕捉角度进行位置调整，视觉捕捉器会捕捉新的现实空间，动画也会根据人的行为自动适应调整到画面的最佳展现位置，不受空间的约束。如图3所示，捕捉角度由之前的电脑屏幕变为客厅沙发，动画场景随之互动变化。

图3　“AR室内影像场景”测试捕捉角度由电脑屏幕变为客厅沙发

这只是AR影像互动应用的最初级，目前美国Hololamp公司新开发的裸眼AR产品更为高级，它可以对交互物体进行识别并产生反应影像。在研发中将玩偶实物放入AR设备识别区，设备会自动识别并对其进行影像增强。玩偶在随机移动的同时，AR设备在玩偶的枪口上增强喷出虚拟的火焰、闪电、激光等动画效果。这个增强影像在跟踪现实世界的行为后实时计算产生。再比如，在Hololamp区域内放置几个真实的影像玩偶，设备感应到玩偶之后可以在玩偶人群中增强一个虚幻的影像玩偶。用户随意改变观察的视觉角度，所看到的虚幻动画玩偶在空间形态上与真实玩偶无异。

这个视觉影像不再是简单播放或执行已经渲染输出的动作指令，而是根据人的指令及现实世界的变化实时计算并产生相应动作。它通过人工智能驱动的视觉捕捉系统来识别现实世界，而非某个图形来产生数字动画与现实社会的互动和关联。AR影像呈现是实时的，设备可以像人类一样评估真实环境的同时还能理解其中的意义，并且实时对现实世界的数据进行处理计算生成互动动画。

举例说明，由任天堂公司、从谷歌独立出来的 Niantic 工作室和 The Pokémon Company 联合开发的游戏《精灵宝可梦：GO》（Pokémon Go）就是可与人互动的 AR 模式生成的数字动画〔73〕。它的流行让我们看到了消费者们对 AR 交互媒体的渴望，同时产生了千万美元的经济效益及百亿次的流量入口。这是一次热门 IP 结合增强现实技术的成功推广。

在无任何标志物的现实世界中，AR 系统会自动实时识别现实世界并根据定位系统在现实世界中投影出各种小精灵的动画形象来增强现实〔14〕。就算没有标志物，用户仍然可随意行动，精灵动画不仅可以增强在现实中，还可以接受用户的指令抛出虚拟的动画精灵球完成捕捉。此处的动画不仅可以在用户自己的手机中产生动态活动，还可以出现在对方的手机中产生情节关联，比如格斗、竞技、交换食物等。同样的例子还有近几年春节腾讯 QQ 推出的 AR 红包。

由于 AR 平台现在没有一个规范标准，所以通用性、兼容性不高，模型制作过程中很容易出错。建模时使用四边面，不建议使用三角面。模型文件本身、内部网格、贴图材质（限 PNG、JPG）等文件以英文名命名。之前制作时，所有纹理贴图没有处理成单一的 UV 贴图，导致模型加载非常慢且常常加载失败，所以在后期制作时尽量简化贴图和材质数量。模型制作时需要新建材质并赋予相关网格。另外，为了能在 AR 视窗里等比展示模型大小，便于在编辑器中调节，原型建立时制作单位统一为 M 且为 100～500 单位大小的模型。

现在水平领域增强现实动画的应用，即使没有专业知识积累的人也能轻松使用这些 AR 应用〔74〕。AR 作为在开发中的新科技产物，大众对其了解甚少，夸张有趣的动画视觉形态能有效地拉近用户与应用产品的距离。AR 现今能被普及传播，主要借助于广告营销和自拍。这些大众化的产品多存在于移动端，本身硬件配置及软件运算均比较轻便，较多为娱乐型、展示型。目前 AR 行业属于前期发展，主要体现在初级 AR 在移动应用方向的开发，具有应用情景多、成本较低、大众接受度广的特性，是最基础的 AR 变现应用。

四、我国新媒体创作应用与增强现实技术的深度融合

AR 技术在微博、抖音、小红书和微信公众号等新媒体平台作品中的应用，都发挥其独特的特点和应用方式。比如在抖音和微博中，视觉特效和互动内容与

〔73〕 韩栩．动画场景设计：虚拟情境的空间构造［M］．南京：南京师范大学出版社，2009.

〔74〕 徐国凯，孙炎辉，宋鹏，等．Converse 3D 虚拟现实场景编辑器及其应用［M］．北京：电子工业出版社，2014.

增强现实技术深度融合，为用户提供更多的创意和趣味。用户可以在拍摄视频和直播时，应用 AR 技术添加各种特效，涵盖从简单的颜色调整到复杂的动画特效。例如将场景添加有趣的互动动画、虚拟物品、用户换头换脸、炫酷的粒子效果、增加动态装饰、改变用户脸部表情等。AR 特效和互动增添了新媒体创作的创意性和娱乐性，提升了用户与内容的互动体验，为内容创作者提供了更多创意的可能性，也为观众提供了更具吸引力的内容。这些 AR 技能的深度融合，不仅使用户能够更好地表达自己，还能使得新媒体作品更有趣、更吸引眼球，吸引了大量创作者和观众。

在小红书这类以购物和生活分享为主的平台上，美妆试用和虚拟试穿内容与增强现实技术深度融合。美妆和服装类内容创作者充分结合虚拟现实技术为用户提供试妆和试穿体验。无论是创作者还是用户都可以利用增强现实技术在智能手机相机中实时将不同风格的妆容添加在自己脸上，例如尝试不同颜色的口红或眼影，不同的医美方案，不同的发型、发色等。此外，用户还可以通过虚拟试穿，尝试不同款式的服装，以便更好地了解其效果。这使得用户能够更直观地了解产品，提升了购物体验。

在公众号内容创作应用上，增强现实技术主要应用于 AR 图文内容增强。作者可以通过增强现实技术为图文内容扩展虚拟展示空间呈现更多信息，例如产品的 3D 展示、动画效果等。这使得阅读更具吸引力和趣味性，也为品牌和产品展示提供了更丰富的可能性，实现更好的信息传播和分享。

这些案例凸显了增强现实技术已为不同新媒体平台作品创作提供了多样化的创意空间，丰富了内容创作和交互的形式，为用户提供了更具吸引力和互动性的体验，提升了用户参与和沉浸感。在增强现实技术的深度融合下，新媒体作品更好地满足了用户的多样化需求，并推动了内容创意的进一步发展。

五、增强现实技术优于虚拟现实技术实现深度融合的要素分析

1. 技术特征的差异

许多用户已经拥有支持增强现实技术的智能手机，且手机本身已经极具便携性，因此他们无须再费尽心思去购买昂贵且笨重的耳机。移动增强现实技术诸多显著的优势使其成为核心 AR 技术。增强现实技术和虚拟现实技术在发展方向和应用上存在明显的差异。增强现实技术更容易融入日常生活和工作场景，可以通过智能手机、平板电脑等普及设备实现，而 VR 技术通常需要专门的设备如头戴式显示器，相对受限。这种差异影响了应用的普及程度和速度。发展增强现实技术在成本和资源投入方面，相对于虚拟现实技术来说更低，通常需要较低的设备

成本，也更容易获取大量的开发者和创意人才。这使得增强现实技术的创新、应用和普及更为迅速。

2. 商业模式和市场需求差异

虚拟现实技术将用户完全带入一个虚拟环境，与外界隔绝的同时，使用时有着与真实脱离的间距沉浸感。不仅如此，它的硬件头显设备还不具有普适性，并且受制于头盔设备的限制移动性较差。因此能与其匹配的商业模式较少，主要集中在游戏、模拟培训、科学研究等领域用途上。虽然未来 VR 在商业模式和市场需求上会有所创新，但目前用户群的规模和分散性限制了其发展〔75〕。

AR 技术能便捷地加载在移动应用终端，借助智能手机镜头的红外检测来辅助景深测量，来达到实时匹配合成的效果。它能轻便地与现实场景的共存，更容易在营销推广上与广告、社交网络、电子商务等商业模式结合，为用户提供更丰富的购物、娱乐和社交体验。

3. 内容设计的社交需求

AR 技术由于其在现实世界中叠加虚拟信息，保留了用户与现实世界的联系，使得用户原始亲近感和视觉习惯的基础上，用户体验更容易接受和适应，并为社交场景带来便利。这种相对“温和”的创新方式更受用户欢迎，特别是在社交媒体和日常应用中。在人们熟悉场景下的 AR 技术，基于现实场景中嵌入虚拟元素，促使人们更多地共享和互动，更符合人们日常的社交行为习惯。而虚拟现实在社交互动方面存在一定的障碍，因为用户在虚拟环境中不能直接看到和互动真实的他人。

这些因素综合促成了增强现实技术在新媒体创作应用中深度融合的现象，使 AR 成为新媒体平台发展的首选方向。

六、增强现实技术给新媒体感官创作带来新的可能

1. 突破设计创作方法

伴随着增强现实技术的发展，AR 独特的应用理念将给新媒体创作设计无限的活力，增强现实技术的发展将有利于改变现有的新媒体创作内容设计。增强现实颠覆了以往依靠鼠标、显示器、人手触摸的人机交互模式，新媒体创作者可以利用 AR 摄像头、动态手势、眼镜及手柄来完成新媒体作品内容中 3D 动画的模型制作，可以模拟真实的建模现场景观。新媒体创作者不仅可以通过移动智能终端或者 AR 头显对真实场景的功能应用叠加，还能利用手势识别突破空间、物

〔75〕 昝瑛瑛，崔阿悦．浅谈增强现实的现状与发展［J］．科教文汇，2019（13）：80—81.

质、时间以及其他客观限制像捏泥人一样塑造虚拟的新媒体场景。此外，基于定位追踪的计算处理方式研发出了扫描自动建立3D模型的应用。对人类脸部的建模是一个对造型能力要求很高且结构复杂的动画制作环节，而新研发的应用将带来改变。美国Seene公司研发3D捕捉技术，此应用离不开增强现实技术的环境识别及跟踪技术，只需要普通的智能手机摄像头对着人的脸部进行扫描捕捉，就可以根据扫描的人脸结构自动建立3D脸部模型。谷歌、微软也做过此方面的快速建模研究项目并取得有效进展，抖音、快手、微博等新媒体平台的特效贴纸基于该技术广泛创新。

此外在其他创作场景中，增强现实技术也提供了更多设计创作的空间。比如，人民网曾刊文“目前新媒体上的新闻报道仍以文字形式为主，而AR技术可以为难以用文字传达的新闻故事创造叙事空间，帮助读者更‘接近’新闻现场。增强现实叙事表达形式的改变，必然使得AR互动新闻的故事建构方式发生变化〔76〕。”

2. 新媒体功能性交互

新媒体创作应用与增强现实技术的深度融合，使得新媒体作品不再局限于单方面的娱乐观赏阶段，而是扩展用户间的互动和社交体验，甚至能实现远程混合情景交互协作。通过AR+新媒体可以改善人们的日常生活方式，结合人工智能及卫星定位等技术，辅助人类处理解决工作或生活问题。比如日本东京Sunshine水族馆开发了一款结合AR增强现实技术+GPS定位技术的新媒体作品。东京城市结构复杂，人口密集，为了有效指引用户快速到达水族馆，只要在东京区域范围内打开应用，通过手机获取真实世界场景信息，此时应用会自动将虚拟的企鹅叠加在真实的路上，它像真实的企鹅一样摇摇摆摆地走在人的前面作导航。它走的路线就是指引用户到水族馆参观的路线，以达到帮助人们有效到达水族馆的目的，同时让过程变得有趣并产生一定的新鲜体验感。

增强现实技术在新媒体创作应用中，能让用户在虚拟空间中共享体验，创造更有趣、互动性更强的社交场景。此外，还能为广告和营销带来新的可能性。通过AR技术，新媒体品牌可以提供更具吸引力的交互广告体验，让用户以更直观、更沉浸的方式了解产品或服务。不仅如此，还有助于优化新媒体内容创作中教育、旅游、购物等领域的交互性，为用户提供更丰富的学习、体验和购物方

〔76〕 林子琪．AR新闻互动叙事的表达形式与故事建构［OL］.（2019－08－22）［2024－02－01］．http：//media. people. com. cn/n1/2019/0822/c429283－31311765. html.

式，创作虚拟实验室、虚拟旅游、虚拟试衣间等。

3. 打破故事性新媒体创作的边界

未来人们体验新媒体作品时将借助具备增强现实功能的智能手机或者可穿戴工具将内容和情景增强在现实生活中。区别于传统新媒体的“在其外、观其变”，用户可以“在其中、观其变”或者“在其中、使其变”。以抖音网红美食博主“厨师王刚”为例，用户站在厨房真实的环境中，通过AR技术，美食博主就以仿真虚拟动画的形象在用户家的厨房进行美食操作教学。据Statista统计，全球83.96%的人口拥有智能手机，这为新媒体+AR体验的应用提供了有利的环境；根据Fact. MR的预测，未来几年，增强现实技术在教育领域的市场规模将呈指数级增长，到2031年将达到850亿美元〔77〕。

有别于以往只能看屏幕的单一维度，这时用户的立场就不再是隔着屏幕看动画，而是将动画情节叠加到自己的真实生活中，这是“在其中、观其变”。再者，用户可以成为动画片里的主角或者配角，类似于游戏中的角色扮演，可以参与情节中与美食博主产生互动，甚至抱走他，改变新媒体作品故事的情节发展。这样互动的效果都是深层次、具备感知的复杂影像。这种可能性的扩充给未来新媒体内容创作的设计带来了无限可能，完全不同于以往的单一既定情节的新媒体创作，而实现真正的即时互动。将AR的产品特性融入新媒体创作情节当中，使用户可以在真实场景的氛围里投身新媒体内容的环境中。

4. 新媒体IP周边产品扩展

目前新媒体IP的周边产品开发主要以线下培训、商业演出和文创实物产品为主，比如玩具、饰品、摆件、服饰、书籍等。未来可以将知名新媒体内容结合AR技术进行推广，让新媒体周边不再停留于简单的实物产品。比如新媒体大号“一禅小和尚”仅抖音平台就已经有几千万的粉丝基础，观众可以通过AR在自己家里收养一个增强现实设备叠加的一禅小和尚。新媒体IP形象不再只是存在于短视频内容，而是生活在粉丝的家里面，可以开解粉丝情绪，化解精神压力，可以和小朋友互动玩游戏，可以坐在客厅沙发上吃零食，可以和老人切磋棋艺，等等。尽管它只是一个存在于AR设备的虚拟一禅小和尚，但却利用AR能走进人们的真实生活中。这必将带来一场新的用户习惯养成革命。

前文所讲到的“Pokemon Go”就是一个典型的IP+AR周边产品扩展。

---

〔77〕 Yoomi. MobiDev：2022年十大增强现实（AR）技术趋势展望报告［OL］.（2022－08－19）［2024－02－01］. https：//www.sgpjbg.com/info/32438.html.

“Pokemon Go”里的卡通形象来自曾经广受年轻人喜爱的动画片和次世代游戏，数字动画结合AR这一新技术的应用使得它再度成为全球流行的焦点并获得数亿美元的利润。借用增强现实技术，以数字动画形象为非常巧妙的结合点，成功开发新媒体IP周边产品，并以一种非常轻松有趣且对用户友好的方式呈现出来获得大众喜爱。这种成功经验，对新媒体知名IP的创作应用具有重要借鉴意义。

增强现实技术在新媒体创作应用中起着重要的感官呈现作用。增强现实技术这种在现实中叠加虚拟仿真动画影像的技术，可以将新媒体创作者设计的科幻场景、仿真场景和动画场景增强到真实生活中。数字动画的应用丰富了基于增强现实技术创作的新媒体内容的感官呈现形态，改良交互的友善性及趣味性；增强现实技术的研发，使新媒体创作不再局限于有限屏幕内的展现，它在真实场景中扩展了新媒体创作的多种可能性。基于增强现实技术平台的新媒体作品有其自身的特点及要求，并随着技术的不断进步而改变。

未来以新媒体平台为呈现渠道的开创性应用中，增强现实将帮助其对现实生活进行改善和协助，以感官呈现形式渗透到未来人类生活的各个领域，如生活、工作、学习交友、医疗、救援、出行等。Meta和苹果有望先后在2025年前后发布C端AR眼镜，苹果曾掀起了拥有定义智能手机、智能手环的先例和用户优势，消费级AR将预计在2025年前后由苹果或Meta完成产品定义，真正作为智能手机配件开始C端渗透。这些新兴的穿戴设备和内容创作，在不远的将来会给新媒体产业带来革新的同时改变人类的使用习惯和欣赏习惯。随着信息传播技术的飞速发展和不断拓展的应用实践，通过智能设备改变应用空间与场景使用户联动起来，新媒体创作与应用不再被单一屏幕空间所局限，不再被唯一时间性所限，未来增强现实技术将更加普及和成熟，为新媒体平台带来更丰富、更多样化的应用场景，提升用户的体验感和参与度。同时，随着技术的发展，AR技术也将更加智能化、个性化，为用户呈现更具吸引力的内容和服务。增强现实技术与人工智能技术的蓬勃发展将给新媒体创作应用带来无限新可能。

虽然硬件技术和内容创作在飞速前进，但不可否认的是，仍然还有许多疑问需要今后在产业发展过程中去追寻答案，比如C端AR多为尝鲜，实际渗透量还不够，垂直领域增强现实技术新媒体创作可以应用的情景有待拓展及推广等。目前，增强现实技术尚未成熟，许多案例还在与日俱增，许多项目还在保密研发中，相关研究还有很长的路程。

第三章　新媒体创作应用与艺术创作比较分析

新媒体创作与应用过程通过数字计算系统创建，在数字信息平台传递分发，进行全虚拟化的数字存储与编辑。伴随着信息科技发展和数字处理技术的发展，新媒体创作与应用已广泛深入人们生活的方方面面。网络时代数字技术的发展不会消减和割裂艺术，而是会为以数字化影像为核心的新媒体艺术带来发展契机；与此同时，技术发展变革引发的媒介文化变革，对以经典艺术为主要诠释对象的艺术理论体系和美学体系提出了新的挑战〔78〕。新媒体创作的成果形式多样、门类广泛，比如微信的公众号、抖音快手的短视频、哔哩哔哩的虚拟主播、小红书的种草笔记等大量基于移动互联网的新媒体创作应用场景。

由于新媒体作品在视觉艺术呈现上多为图形、文字、影像、音频、卡通角色等视觉形态，这些视觉形态的设计技法本源来自传统艺术中的绘画艺术、电影艺术、文学艺术、音乐艺术、摄影艺术等，在新媒体创作方法应用上，人们常将其嫁接到传统艺术创作的评价方式上。但新媒体创作的内容以及它所包含的艺术样式具有数字时代特有的数字性、自动性、互动性等特点，传统的艺术美学评价衡量标准不适用于与科技同时进化的新媒体创作。

第一节　新媒体创作应用与艺术创作的共性

一、都是主体的艺术

无论是新媒体作品创作应用还是传统艺术作品创作，都是以人为主导的行动主体实践，受主体创作者的审美、技术水准、创作思路、创作环境等因素形成最终的作品。主体的艺术能直接影响作品的形式美感，需要主体创作者有较高的艺术素养和艺术表达能力。尽管新媒体作品创作的过程中可以借助智能自动化的程序，但如何组接使用、达到何种效果，仍然需要创作者这个主体来进行操作实践，进行取舍和表达。我们都知道，中国艺术家顾恺之在进行作品创作时强调

〔78〕 陈旭光．数字技术下新媒体艺术的美学变革与理论扩容［J］．社会科学战线，2021（4）：180－188.

“以形写神论”，齐白石大师绘画主张“太似为媚俗，不似为欺世”，这些都体现了创作主体对内容创作在理智与情感的转化。达·芬奇在书中阐述：“画家的心应像镜子一样，将自身转化为对象的颜色，并如实摄进摆在面前的一切物体的形象，应当晓得，假如你们不是一个能够用艺术再现自然一切形态的多才多艺的能手，也就不是一位高明的画家。作画时单凭实践和肉眼的判断而不运用理性的画家就像一面镜子，只会抄袭摆在面前的东西，然而对它们一无所知[79]。”新媒体作品创作和传统艺术作品创作一样，都是理智与情感的呈现，主体创作者在情绪传递与技术应用的基础上，感官化地、具象地将主体意识与客体元素进行形式化创作，创作出承载了创作者主观思想和态度，又达到主客体多维度提升的艺术品。

创作主体通过多种技艺来观察现实，具有突出的主体感受下的社会意识属性。对艺术的认知随着历史发展而变化，对艺术的践行却依旧是与自然之物打交道并探索呈现形象艺术的技艺。总结来看，在东方和西方社会历史进化过程中，传统艺术从起源开始就是一项技术活动，并从石器时代传承演化至今，是对客观规律提炼并进行生活实践，具有审美意蕴的独特形式。目前，社会对艺术的分类沿用了欧洲 18 世纪以“美”为分类的原则（表 2），这些类型的主体创作促成了新媒体创作应用发展，艺术在历史技艺传承进化过程中，形成了技术性、审美性和形式性的艺术特征。

表 2　艺术门类的划分

角度	方式	主体感受呈现	主体创作类型
艺术形态	存在的方式	空间艺术	绘画、雕塑、工艺美术、摄影艺术、建筑艺术和园林艺术
		时间艺术	音乐、文学、曲艺
		时空艺术	戏剧、电影、电视剧、舞蹈和杂技
	感知的方式	视觉艺术	绘画、雕塑、工艺美术、摄影艺术、舞蹈、杂技、建筑和园林艺术
		听觉艺术	音乐、曲艺
		视听艺术	戏剧、电影和电视剧
		想象艺术	文学

〔79〕 列奥纳多·达·芬奇．达·芬奇论绘画［M］．戴勉，编译．朱龙华，校．桂林：广西师范大学出版社，2003.

表2（续）

角度	方式	主体感受呈现	主体创作类型
艺术形态	创造的方式	造型艺术	绘画、雕塑、工艺美术、摄影艺术、建筑艺术和园林艺术
		表演艺术	音乐、舞蹈、戏剧、曲艺和杂技
		语言艺术	文学的各种样式
		综合艺术	电影、电视剧
艺术作品的功能		美的艺术	美术、音乐、舞蹈、戏剧、电影、电视剧、摄影、曲艺和杂技等
		实用艺术	建筑艺术、园林艺术和实用工艺美术等
艺术形象展示的方式		静态艺术	美术、摄影、建筑和园林等
		动态艺术	音乐、舞蹈、戏剧、曲艺、杂技、电影和电视
材料和技法传承		材料技法、器具为主要创作工具	美术、建筑和园林、音乐、摄影
		服装、道具为创作部件	舞蹈、戏剧、影视、曲艺、杂技
		有限材料	文学
社会学的分类方式		面对受众	通俗艺术
			精英艺术
		创作来源	官方艺术
			学院艺术

艺术创作的内容来源是对社会自然生活的观察和想象，它的创作主体是艺术家或艺术工作者，艺术的创作的行为结果是不以实物为唯一目的的艺术品。艺术创作不仅在技术上具有历史传承性，同时还体现着人类社会文化的进程。比如古希腊雕塑是希腊文明主要表现之一，著名的米开朗琪罗的《大卫》、菲狄亚斯的雅典娜神像、亚力山德罗斯的《米洛斯的阿芙洛蒂忒》等。希腊的雕塑形象以希腊神话中的神为对象，但是在造型上强调人体之美，用外在的形式表现内在的力量。希腊雕塑体现了希腊艺术是理想主义的、朴素的、共性的、典雅的创作理念，它体现了希腊文明追求心灵向善、唯美主义和神秘感的和谐统一，是哲学和美学结合的产物。再比如对中国画中历史技艺的传承，唐代韩滉的《五牛图》体现中国古代农耕社会文化，北宋画家张择端的《清明上河图》体现北宋末徽宗时期汴河两岸的市井繁华、自然风光和建筑特征。宋代少年画家王希孟的《千里江山图》，将宋代绘画展现人与社会的焦点转向了人与自然。这些不同年代不同主

题的中国画都是追求写意山水，体现了中国古代文明推崇“天人一体”的共存关系，是人们选择人居环境“天人合一”“道法自然”的导向，是中国人内心深处的传承积淀。

对艺术创作的研究过程中可以发现，无论哪个民族何种类型的艺术作品，都是创作主体在民族文化和时代背景下的表达。艺术形式的媒介不同，创作的方式不同，但都具有自身独特的美学特性和艺术特征，艺术创作离不开人类历史社会的环境。

当代艺术创作有着大众参与性、全球性、文化多样性和技术性等特点。艺术运动和流派兴起于 20 世纪六七十年代的波普艺术、观念艺术、行为艺术、激浪艺术、装置艺术、录像艺术、大地艺术、女性主义艺术和贫穷艺术；兴起于八九十年代的新表现主义、新波普艺术、新前卫艺术、新媒体艺术和生物艺术；千禧年的沉浸式艺术、非同质化代币艺术 Non-FungibleToken（NFT）艺术。随着时代发展，各种形式的艺术创作与信息、科技、社会、文化的联系越来越紧密并持续演变，这些艺术形态的发展为新媒体创作应用提供了源源不断的美学艺术养分，新媒体作品的艺术性来源于创作主体的经历、认知和审美。在原始社会的各种技艺中所表现出来的平实古朴的集体风格，是不具个性的集体意识的由模仿实物而来的一般化的特点，当人类社会发展分工出现，为后来出现的艺术流派准备了条件，最早往往是由在艺术上有突出成就的艺术家及其艺术作品产生了较大影响和效法的效应，才形成为后人所称的艺术流派，到了近代开始出现有目的、有组织、有宣言的自觉的艺术流派，这是艺术史进一步发展的结果[80]。创意辈出的艺术实验和形式表达呈现的美学感受并不是唯一，它有效地展现了创作主体在过程中的思考和态度。

无论是新媒体作品创作应用还是传统艺术作品创作，都是创作主体在创作过程中对人与人的关系、人与自然的关系探讨。艺术创作过程中对自然的关系进行否定、修正或者提出新的见解，以艺术物品为载体，最终探讨的是不断变化的以人为主体，人与人、人与自然之间的联系。网络社会新媒体迅速发展，形成虚拟和真实身份相融的新兴社会关系，用户行为的推荐、评论、转发与原创内容成为影响人际关系、社会关系、自然关系的力量。传统艺术题材创作和新媒体创作应用体验，都是主体创作和主体行为的体现。

---

〔80〕 王宏建．艺术概论［M］．北京：文化艺术出版社，2010．

二、都遵循相通的美学原理

1. 共通的艺术呈现形式

从目前广泛应用的新媒体作品内容来看，新媒体内容创作的主要平台是以微信、微博、小红书为代表的图文艺术呈现形式，还有以抖音、快手、哔哩哔哩为代表的影像艺术呈现形式，这些内容的呈现离不开绘画、文学、戏剧、音乐、电影、舞蹈、雕塑等传统艺术的基本元素，新媒体作品所建立的数字幻象是基于传统艺术从远古时代沉淀下来的创作规律和技巧，他们都通过作品为观赏者建立虚幻空间、虚幻时间、虚幻时空。比如新媒体平台中的短视频呈现形式，它的创作逻辑就来源于传统艺术中戏剧电影的创作规律和技巧，脚本的编撰、镜头语言的运用、音乐的编辑、摄像构图、声画对位关系、视觉特效等更是在新媒体短视频中被反复应用，成为新媒体作品获得流量的关键因素。表 3 从不同的呈现形态总结了新媒体作品与传统艺术作品的相通之处。

表 3　新媒体作品与传统艺术作品的相通之处

形式形态的相通性			新媒体平台内容	传统艺术
形式形态	存在的方式	空间艺术	微信公众号、微博、小红书等发布的图文内容	绘画、摄影艺术、雕塑、工艺美术、建筑艺术和园林艺术
		时间艺术	喜马拉雅、蜻蜓 FM 等音频内容	时间艺术，包括音乐、文学、曲艺
		时空艺术	抖音、快手、哔哩哔哩、视频号等发布的剧情类、才艺类短视频、中视频	时空艺术，包括戏剧、电影、电视剧、舞蹈和杂技
	感知的方式	视觉艺术	微信公众号、微博、豆瓣、小红书的图文；抖音、快手、哔哩哔哩、视频号的画面镜头设计	绘画、雕塑、工艺美术、摄影艺术、舞蹈、杂技、建筑和园林艺术
		听觉艺术	喜马拉雅、蜻蜓 FM 等音频内容设计	音乐、曲艺
		视听艺术	抖音、快手、哔哩哔哩、视频号镜头组接方式、蒙太奇原理等	戏剧、电影和电视剧
		想象艺术	新媒体平台上的虚拟现实、混合现实、增强现实创造的虚幻情境	文学想象

表3（续）

形式形态的相通性			新媒体平台内容	传统艺术
形式形态	创造的方式	造型艺术	新媒体平台界面设计、短视频镜头构图、公众号配图、小红书摄影图片等内容搭建	绘画、雕塑、工艺美术、摄影艺术、建筑艺术和园林艺术
		表演艺术	抖音、快手、哔哩哔里的剧情类、口播类、才艺类视频作品镜头内容，以及直播表演	音乐、舞蹈、戏剧、曲艺和杂技
		语言艺术	微博、微信公众号、豆瓣、小红书发文推帖进行观点表达、好物推荐、情感抒发等	文学的各种样式
作品的功能		美的艺术：通过欣赏产生精神共鸣和感官体验的艺术	抖音、快手、哔哩哔哩短视频、火山小视频、西瓜视频、视频号、微博、微信公众号、豆瓣、小红书的视频作品和图文作品	美术、音乐、舞蹈、戏剧、电影、电视剧、摄影、曲艺和杂技等
		实用艺术：以实用功能为主、兼具审美功能	小红书种草笔记、经验分享短视频、专家咨询公众号、资讯发布微博、时尚穿搭、头条资讯等	建筑艺术、园林艺术和实用工艺美术等

2. 遵循相通的形式美法则

形式美法则是传统艺术在经年累月的技艺实践中创作美、呈现美的过程中，提炼出美的形式创作经验和概括。无论是传统艺术作品还是新媒体作品，都是以美的形式创造表现性的作品。“形式美”是为了形成特定效果的设计规律，如具有美感的感知、呈现、形态、风格、造型等，实现感性、理性、想象的有机融合，作品是感官、情绪、想象、行为的充分结合，内容与形式相辅相成。传统艺术多年技艺实践总结的形式美的法则，为新媒体创作过程提供了创作思路与方法，为实现形式美提供了可行路径，帮助新媒体作品达成形式美感并能有效传递给观众。传统艺术的形式美法则为新媒体创作过程提供审美基础实现美的内容创作，最终实现形式艺术与内容艺术的同时并实现美的传播。

形式美与美的形式常被放在一起探讨，但它们所体现的内容不同。美的形式是展现对象本身，一朵花、一片云、一个舞蹈动作、一具雕塑等，展现的是直观反映客观规律的本质内容的感性形式。美的形式是对客观对象原始美的呈现，是明确的、特殊的、个性的、具体的。而形式美则更多体现创作本体的思想意志，形式美所呈现的是形式所包含的内容规则，如节奏与韵律、对称与均衡、变化与统一、留白与填充等，这些形式美法则来源于传统艺术自远古时代的技艺经验积累，并被新媒体创作者应用于新媒体作品创作中。

传统艺术中的变化与统一的美学法则在新媒体内容创作过程中被广泛应用，新媒体的信息传播往往是碎片化的甚至是粉尘化的，大量的作品都是短小精悍且零碎的，容易形成凌乱感。传统艺术中的形式美法则通过变化与统一的设计效果很好地帮助创作者解决这类问题。在大量的创作实践中，既要保留个体作品的个性与特点变化，又要保持作品群之间共性和整体性的统一。

比如长沙马王堆一号汉墓出土的黑地彩绘漆棺是在地下埋藏了两千多年的漆器（图 4），是典型的变化与统一的和谐美艺术品，神奇怪兽造型变化感结合汉代云虚纹统一感，闪耀着令人目眩神迷的色彩。盖板和左、右侧面的云气纹均为六组，上下两列，每列三组；头挡和足挡上的云气纹则均为四组，上下两列，每列二组〔81〕。每组造型各异，但看起来又非常和谐统一。其用漆为朱漆、黑漆两色，纹样虽多变但固定使用白、朱、黄、绿、黑等颜色描绘。描绘的造型内容是一百多个造型不同的动物和神怪，每一个都是独立形象，穿插于流动飘逸的云气间，构图匀称且富有变化，组成了五十七幅形态各异的画面。这五十七幅画中的百个角色造型变化多端，但在云气间显得和谐统一，体现了创作者强烈的浪漫主义色彩，在变化与统一、节奏与韵律、对称与均衡中通过熟练的技法展现了强大的创造力。

图 4　湖南博物院 1972 年长沙马王堆一号汉墓出土黑地彩绘棺前面、后面

〔81〕 湖南博物院．黑地彩绘棺［OL］．［2024－02－01］．http：//www.hnmuseum.com/zh-hans/content/%E9%BB%91-%E5%9C%B0-%E5%BD%A9-%E7%BB%98-%E6%A3%BA.

新媒体创作博主每天定时发布新的创作作品，也如黑地彩绘棺的神兽画一样形成几十上百个不同的作品内容，每期内容不同，如果没有形式美的法则，就会造成发布的作品视觉杂乱。优秀的创作者会有效结合形式美法则协调创作的变化与统一，还能效帮助用户挑选感兴趣内容并产生互动。著名抖音美食达人“安秋金”的内容界面每次发布的美食都不同（图 5），他的作品有百余个，但他的作品界面并没有显得杂乱不堪，通过相似的构图、打光、标题文字同类化设计，使其统一于一个中心的视觉形象，遵循了传统艺术中有效的美学形式。比例、色调、角度、明暗等艺术手法的协调应用，使富含大量素材的新媒体作品形成变化中的统一美学感受，既保留了每个视频作品的个性特点，又实现了整体视频的和谐统一。再比如，抖音粉丝三千万的优质影视自媒体、抖音影评团成员“贤于葛格”（图 6），专注于影视片解读分析，由于时长限制常将 6 分钟的解说视频拆解为 3 段分上、中、下集发布，为了使用户在新媒体作品体验时获得完整的视觉感受，便通过画面的组接形式来形成视觉的统一，完整电影海报组合就是一个完整的作品展示，每个画面点进去又是单独的一个视频片段。

图 5　“安秋金”发布的作品预览界面

图 6　“贤于葛格”发布的作品预览界面

以小红书、微信公众号为代表的新媒体图文类作品把不同的图片素材元素和文本内容编排组合形成完整的视觉输出，界面中不同素材的比例大小、配色明暗、空间松紧等都同样遵循形式美法则和美学比例，如黄金分割比例、九宫格比例等给人以美的感受，这与世界著名油画家蒙德里安的几何抽象风格油画《红、黄、蓝的构成》有着异曲同工之处。与此同时，新媒体创作与传统艺术创作的过程中也会讲求形式美的对比与对称，强化某一主体而弱化陪体。通过明暗对比、虚实对比、冷暖对比等设计手法来突出主题对象。通过有效的对比能让主题对象特征更加明显，比如传统摄影里的虚焦构图、新媒体作品中的滤镜特效等，通过美学的形式突出主题对象，并使各个部分或因素之间相互协调。而建筑艺术中讲究的对称形式美，在新媒体创作中也被用于庄严、秩序类的主题中。对称呈现给人以稳定、安静、威严、沉稳的情感传递并产生沉静的美感。但并不是所有作品都适合运用对称形式美，新媒体作品和传统艺术大多以群众为对象，创作时会更多地考虑各要素之间在呈现上的平衡关系，这与绘画构图有些许类似，避免界面出现头重脚轻等问题。想要达到均衡的形式美，创作者会根据内容对象的强弱、轻重、大小、色彩、形状及其他视觉要素进行版式布局调整。构图上将创作主题对象放在视觉冲击最强的中心点，其他辅助元素以主题对象为支点进行均匀平衡构图，这个构图并不会严格一一对称，但仍然具有比例均衡的韵律之美。

3. 相通的节奏与韵律

节奏是歌剧、音乐常用词，在绘画、电影中也常使用，体现的是画面或者音乐中，图像大小或音乐节拍错落有致，轻重缓急规律变化和重复，给人一种感官体验和情感传递。节奏主要是变化过程中的频率和速度，整体感受上给人以情感精神的体验。传统艺术中的音乐、歌剧的节奏，被以抖音为代表的新媒体短视频作品广泛应用发挥，并一度形成热门流行的卡点节奏视频风潮。钢琴曲曲谱中有节奏点，在视频剪辑轨道上同样也有剪辑节奏点，镜头画面按节奏高低起伏进行有条理的反复、交替或排列，在视觉上形成动态的连续性，从而产生节奏感韵律感，并通过节奏实现情绪传递。除了视频影像以外，在公众号等图文内容中文字大小、颜色轻重、版式布局错落有致，也会形成相似的节奏感，通过版式变化实现节奏变化。新媒体创作与传统艺术创作一样，通过相互交替的变化节奏，实现视听感官的情绪传递，在节奏中将创作主体的思想进行呈现，在作品中展现不一样的美感。

新媒体作品有着强交互性，优秀的界面设计能有效呈现新媒体作品的魅力并实现用户与作品的良好互动节奏，创作者们在界面设计时会注重画面的空间节奏设计。过于追求交互的功能性而忽略审美习惯，将有限屏幕空间塞得满满当当，充分利用每一寸显示像素，这样的设计反而会增加用户的视觉负担并破坏内容的呈现，使得用户望而生畏适得其反，也被称为“不友好的UI界面”。优秀的新媒体作品的界面就像中国的水墨山水画一样，注重画面的留白和虚实意境感，画面松弛有度强调自然与和谐。界面控件元素在空间布局上有着不可忽视的作用，界面上的“克制”，却是内容呈现上的“释放”。空间上的留白虚实是为深化主题服务的表现形式，具有呼吸感的空间呈现能吸引人们注意并留下深刻的印象，激发传播行为并达到新媒体作品传播目的。

友好的互动呈现是新媒体界面设计的重要基础，新媒体以文字、视频、图片等有形的物质形态来传递主题内无形的精神形态，新媒体平台是传播和展现的媒介，关注用户以人为本进行服务和交流，提供知识与情感释放。在界面设计时积极思考控件对用户行为产生的引导，是否能帮助用户更便捷地获得沉浸的审美体验。

三、都是思想与情绪的传递

新媒体作品与传统艺术作品从主题上看有着相似性，都是对精神、经验、情绪、思想的思考观察与分享。关注心灵体验、梦、潜意识的觉醒和表现等；关注社会，如关注种族、文化冲突与对立，平等与自由，贫穷与饥饿等；关注宇宙，关注哲学观、价值观和理性沉思等；关注人与自然，如关注启迪心灵，探索生命、环境与生态关系等；关注科学技术文明，如关注技术科技进步、生存代价和人文关怀；关注宗教和神秘主义，关注人类信仰、迷信、神话；关注历史和未来，如关注时间之旅、永恒、记忆；关注女性和爱情，如关注唯美、浪漫、温情、性和道德等〔82〕。根据新榜发布的2021数据报告显示，各大新媒体平台2021年受关注度最高的内容是时事资讯类，其次是娱乐、搞笑、情感类。时事资讯是各平台关注互动最高的创作类型，内容普适性较高的娱乐、搞笑和情感紧随其后，这些内容是跨平台的流行密码。在小红书、抖音等各大新媒体平台上创作最多的内容是娱乐、知识、二次元、游戏、美食、体育、时尚、音乐。这些主题都来源于生活，与传统艺术的主题并无差别，如莫奈的油画《草地上的午餐》表现当时法国社会的下午茶聚会生活，三幕歌剧《茶花女》表现真挚的爱情故事，中国传统艺术“百戏之祖”昆曲《牡丹亭》表现神话色彩的古代社会风貌等。

随着人类生产能力的提升和社会生活的多样化，新媒体创作应用和艺术创作

---

〔82〕李四达．数字媒体艺术概论［M］．北京：清华大学出版社，2012.

不仅从历史进程中传承了技术，还形成了自有的美学基础。传统艺术通过造型艺术和歌舞艺术来辅助人们改进生产资料和表达生活情感，艺术的形态在随后的实践发展中日益丰富。艺术创作的行为过程，从原始的生产资料标记演变成艺术家的主体创作，是艺术家的个性表达、情绪传递，或对社会生活的思考。在积年累月的生产实践过程中，抽象粗糙的视觉图腾辅助人类进行更好的生存劳动，为了获得更多的生产资料和生存技能，人类更注重思维分析和逻辑判断，原始本能的动物性慢慢蜕变，劳动技艺将感性在审美体验中保留和显现，并逐渐追求视觉形式感。具有审美体验的形式感能使人产生愉悦联想，比如雕塑艺术逐渐由旧石器时代“沃尔道夫的维纳斯”粗糙的几何形态演变为后期细节丰富的具象造型，如中国秦代兵马俑、希腊米洛斯的阿芙洛蒂忒等。

新媒体创作和传统艺术创作都源自对生活的观察与实践，获得快乐与悲哀、理性与幻想等情绪，并通过作品进行传播共情。几千年来，无论哪个国家哪个民族，他们的艺术创作都在为此努力，凡是生活所经历的，都以艺术加以呈现。西方艺术的测量、透视、比例、结构设计，中国艺术的天人合一、留白写意、隐秘含蓄等都体现着创作者的思考与情绪。新媒体创作的风格、主题、特点的呈现方法与传统艺术创作融合密切，如风靡全球的中国风新媒体传播 IP 李子柒就是最好的例子。

第二节　新媒体创作应用与艺术创作的差异性

新媒体创作虽然与传统艺术创作有许多相似性，但由于其虚拟性、数字性、交互性的特殊性质，它并不属于传统艺术创作，并且随着未来科学技术的发展会产生更多的差异性。传统艺术在创作的过程中具有一种非真实性，经过概括的色彩、经过编排的对话、经过调整的曲调、经过打磨的形态，它在艺术家创作的过程中被提炼和概括。这也是为什么在传统艺术的雕塑、绘画、戏曲、歌剧鉴赏时，总是令人会有某种程序感、仪式感。传统艺术作品是观察于生活，然后放大生活的细节或者情节，是一种“非常态”，而新媒体作品既可以是“非常态”，也可以是“常态”生活还原的直观展现，最典型的就是新媒体用户互动，用户的互动行为是一种直观的自然人群反映，不经过创作者的编排和设定，是真实的生活行为的体现，并且就是生活本身的一个环节。

一、虚拟数据与材料技艺

新媒体创作是基于计算机数据的可传播的虚拟产品，是无形的内容，在主题上表现为对文化思想意识的汇聚、解构和组合，通过计算机生产许多形态内容各异的作品，满足用户需求并创造价值。而传统艺术创作的作品以实践物理材料为基础，以劳动技艺经验为技法，是有形的物质或者实体展现。如黄鸣奋在讨论新媒体艺术时说："在某种意义上，新媒体艺术是……对旧的 艺术理想表现出深刻的怀疑……既有的艺术理想、艺术形式、艺术惯例不是作为体系被新媒体艺术所承继，而是作为碎片被利用。这种利用与其说是证明传统艺术的价值，还不如说是证明另起炉灶的必要性〔83〕。"

新媒体由许多独立部分组成，每个独立部分又由更小的独立部分组成，以此分解，新媒体对象可一直分解到最小的原像素、三维空间中的点和文本字符〔84〕。比如微信公众号发布的某一条推文，推文内容由各自独立的文字、图片、视频、热点链接组成，如果我们将其中的视频进行进一步拆解，得到许多各自独立的镜头，而一个镜头又可以拆解为多个帧画面，每帧画面又可以拆解为网格上的像素点。新媒体的这些独立结构都是像素、音频、字符、脚本的集合，反映在视觉图像、听觉声音以及行为交互上，这些结构既有自己的个体特征，组合起来又能形成一套更大的新媒体内容。例如，用新媒体制作软件 Premiere 制作的新媒体短视频作品，可以独立渲染成字符、图像、音频等数据文件，这些数据文件各自独立且允许被随意编辑，也可以被拼贴。这些渲染出的文件并不会改变原始的素材数据。

新媒体创作过程中，内容的部分元素可以被裁剪、截取、替换或编辑，而整体内容表达不变。而传统艺术创作的过程是以整体为最终目标，艺术品的各个部件都是关键元素，不能被改变，否则会破坏艺术作品的完整性。比如三联版系列油画，中间的单独每一幅画都是单独成框装裱绘制，每一寸画面都是一个完整的主体，但是如果用刀挖走中间的一块内容，就会破坏作品的完整性并需要将整幅画进行重新绘制。与传统艺术不同的是，在新媒体创作过程中，去除新媒体部分内容并不会使其被完全被破坏，并且新媒体的独立结构会为这种行为提供便利。例如，Finalcut pro 视频编辑工程文件在进行视频内容编辑时，是由许多个彼此独立的镜头视频片段组成的，每个加工后的视频片段都来源于原始视频素材，因此我们可以随意地在视频剪辑轨道中复制、剪切、删除、替换，并与其他镜头无缝连接成为一个视频整体。同样，在 Photoshop 进行图片处理时，文字、背景、

〔83〕 黄鸣奋．新媒体与西方数码艺术理论［M］．北京：学林出版社，2009.
〔84〕 张燕翔．新媒体科普概论［M］．北京：中国科学技术出版社，2020.

素材都属于不同的图层，如果想要把画面中的文字去掉，只需要轻轻点击鼠标选择删除即可，而其他的内容背景依旧完整。

传统艺术的创新主要依靠创作主体的个人智慧和技艺，并在工艺材料的辅助下完成创作。工艺材料的更新程度有限，并且同样的材料在不同的艺术家手中呈现出的创作效果都不一样，艺术家本人的艺术造诣起着至关重要的作用，直接影响作品质量。而新媒体则不同，新媒体创作过程中，科技的发展能有效地帮助创新创作，甚至能使毫无艺术基础技能的人也能做出一模一样的有审美效果的新媒体作品来，每一次科学技术改进带来新内容的升级。以抖音特效为例，平台方为了降低创作者们制作新媒体内容的门槛开发了许多极具美学审美的特效功能，来帮助用户更好地完成作品，特效在抖音构建用户原创内容生态的过程中发挥了重要作用。

根据新闻报道，2021 年上半年抖音平台平均每天上线超过 100 个新款特效，而在每 5 个视频投稿中，就有 1 个使用了特效[47]。抖音的特效分为装饰特效、互动特效、风格特效、场景特效，最初是以平面技术为基础结合第三方技术的组合应用，实现了最初简单的特效创作功能。随后技术升级，通过 3D 粒子技术的结合，“控雨”特效辅助创作者丰富了作品的新奇视觉效果，该特效最终吸引了超2 500万用户参与，成就了许多受百万人关注的新媒体内容。通过生成式对抗网络技术的开发应用，将人物实时转化为动态漫画的视频特效，帮助用户创作生成的形象不仅在审美上有漫画的视觉风格，还保留真人的面容特征，是“精致美”和“极致像”的合体。该特效上线后有效激发了新媒体创作者和用户的激情与兴趣，技术发布后三天的投稿量就超过千万级。随着移动互联网发展，新媒体创作平台的每一次数据处理技术的升级，都能使得新媒体创作者们拓宽创作边界，创作的基础不再局限于创作者本身的技术水平。

二、自动生成与灵感孤品

新媒体创作可以一定程度上脱离人类意志而自动生成，而传统艺术创作是依赖于艺术家灵感迸发产生的唯一珍品。

传统艺术家们想要对作品内容进行调整改变或者再复制一个，则需要将艺术作品重新创作一遍，有时就算同一个艺术家也难以做出两个一模一样的艺术品或者艺术表演。以中国传统民间艺术中的陶艺彩绘艺术品来说，陶质艺术品的创作过程不到最后一刻永远不知道成品最终的效果，因为制作工艺中的烧窑环节是点睛之笔，充满了不确定性，需要很高的技术。在完成泥坯的塑形、画坯、晾干、施釉后，坯体和釉料在窑内高温下产生复杂的物理化学反应，过程中很容易出现开裂、变形、起泡等问题，非常考验制作者的制作技术和经验，轻微的失误都可能导致失败。即使用同样的土拉出同样的坯，上一样的釉放在窑的同一个位置用一样的温度烧制，也是难以制作出一模一样的瓷器。

中国当代超写实主义油画艺术家冷军认为“感觉就是力量”，他曾这样描述自己的创作过程，“如果你的感觉在逐渐丧失，那再高超的技术做出来的东西跟艺术无关，画出来的东西就变成通常所说的行画或者是很匠气的作品，没有区别，还真是不如一张照片”。“实际上我是把自己的感情加进去之后，才让技巧变成真正高深的东西。技巧就像一层油，你的水有多高，油就浮得有多高。水面就是我们自身的、画外的东西，是我们丰富的情感和感受能力，你容不容易被那些东西感动，这个很重要。你感动不了，你都是麻木的，那有什么用呢？油只要一点点就够了，那是最表面，最浮华的东西，下面的东西才是最深厚的。一个情绪饱满的人，一个被感动了的人，一定是这个原因，不然他的技巧表达不出来[85]。”

在传统艺术创作的过程中，以绘画为例，创作者需要对画布进行处理、绘画过程中进行颜料选择、作画笔触的大小交替等消耗大量时间，在大基调铺完后开始深入细节绘画。通过创作者个人的观察力对下笔进行控制，通过对色彩的敏感度和感知能力对色彩进行调和，通过自身造型能力的分析进行调整判断，以及其他绘画艺术技巧进行深入刻画。随着绘画的深入，感性超越理性，让艺术家在创作中达到超脱于技巧的更高水平状态并具有瞬时性，随着当下创作的完成而消失。

传统艺术品建立在真实载体之上，比如绘画的载体是画布、舞蹈演出的载体是舞蹈演员等。传统艺术作品都具有难以复制的特性，只能相似而绝对不可能一样。这也就是许多艺术孤品被拍卖到很高价格的原因。

而新媒体则不一样，新媒体作为数据在计算机中被创建和编辑，尽管它的呈现也是一幅画、一首歌、一个高度仿真的立体模型、一段舞蹈等，但它的本质是虚拟的、非真实载体的。想要制作多个同样的新媒体内容，只用点击计算机的控件按钮复制一下，就能轻松拥有无限个同样的或者改版后的新媒体作品，这些版本不一定必须由人类创作者完全创建，在许多实践过程中会大量通过计算机自动组合生成部分内容或全部内容。

---

〔85〕亚博．“抖音王者”《小姜》被拍出 7015 万！硬核冷军是怎么画人的？［OL］．（2019－11－16）［2024－02－01］．https：//mp.weixin.qq.com/s/qtKxa8S9_1uQXCeeHr0KEQ.

我们在不断更新迭代的新媒体编辑平台上可以发现，平台加载了越来越多且智能方便的编辑器、模版、既定设计效果供创作者们选择参考，创作者可以在短时间内大大提高创作效率并快速获得预期效果。新媒体创作者们在创作的过程中会大量地使用自动化功能辅助自己更好更快地创作。而传统艺术的创作则完全需要依靠艺术家个人的技艺创作，电影的对白声音需要由演员在录音棚配置或者邀请专业配音演员，歌唱家想要实现不同风格的声音输出，则需要自己反复磨炼技巧并受制于自己的先天声带条件。

在这种自动生成的控件帮助下，新媒体创作者可以在有限时间内创作大量风格相似或风格迥异的新媒体内容。比如抖音的“一键生成视频”功能、美图秀秀的“美颜滤镜”、微信公众号的“布局模版”等，这些技术已大量加载在视频编辑、节奏卡点、图像编辑、三维虚拟形象、文字编辑、界面设计等新媒体平台中。新媒体创作的过程可以轻松简单地一键生成传统艺术的视觉形象，创作门槛低并广泛被应用。比如，创作一幅人物工笔画，传统艺术创作需要有深厚绘画功底的画家在纸上起稿、勾线、渲染、罩色、统染。而新媒体创作过程如果想要创作一个工笔画风格的图片，最简单的方法是拍摄一张人物照片，然后使用基于移动互联数据处理的新媒体平台图像编辑程序，在手机上就可以自动一键将拍摄的人物照片生成工笔画风格图片。此外，还可以使用简洁的操控按钮来修正扫描图像，去除噪点、调整曝光度、饱和度、色温色调、对比度等。新媒体平台在作品编辑时还有加载的滤镜功能，可以自动修改图像视频，甚至把整幅图像转变成莫奈、梵高等经典传统艺术家绘画效果，还可以一键美妆、美体、美颜。在抖音视频特效滤镜中可以无限复制出自动生成的虚拟仿真物体，如花、水、发饰、服装等形象，还能真切地生成闪电、下雨、瀑布等流动变化复杂的动画。在哔哩哔哩的虚拟主播创作过程中，展示的可以编辑的人类、动物、卡通形象都是由计算机数据处理结合人工智能思维自动生成的。抖音匹配的剪映编辑平台有强大的自动处理功能，只需要导入视频，便能自动识别视频音频中的语言，并生成字幕贴在视频画面中。不仅如此，创作者只需要上传一个文档里的文案文本，新媒体编辑平台就能自动生成高度拟人化的人声配音，并有不同年龄性别类型的人声供其选择。只需要一个自动卡点按钮，几秒钟内平台会帮助用户将音频节奏的鼓点标记完成等等。

新媒体的创作主体结构和内容由人类创造制作，一些机械重复的劳动和适用于泛众化审美的参数设置等都由新媒体平台的数据计算系统自动处理，能帮助创作者快速生成预期效果。通过人类与新媒体平台的自动化功能共同合成，将文本、图片、视频、音频等元素进行导入混合到新媒体内容制作的工程文件中进行生产制作。不仅能实现原版的大量克隆复制，还能在原版基础上快速编辑更新而不破坏原版，并进行自动批量生产。

三、产业化与艺术家

一个艺术家无论有多高的悟性和创新性想法，都必须借助扎实的技法才能将意念想象的东西通过具象作品来表达。这说明了传统艺术创作过程主要以创作主体为主导，也就是艺术家个人作为创作主导，体现的是他个人对作品创作的思考、艺术技能纯属度、性格特点与喜好、个人对作品的认可与否定，具有排他性和唯一性。比如黄宾虹的山水、徐悲鸿的马、李可染的牛、达芬奇的女性肖像、齐白石的虾、莫奈的睡莲、梵高的星空，这些艺术品创作的过程只受艺术家当下的思维状态和技能水平的影响，都由艺术家自身独立完成，在纸上停笔的那一刻艺术作品即为完成。新媒体产业基于计算机技术所进行的影像艺术创作和图文艺术创作，其作品只存在于数据编辑的电脑和网络数据处理器中，不存在于具体的物理产品上。在内容创作时，新媒体创作者将美术、音乐、文学、戏剧、电影、摄影等艺术形式结合当代文化审美进行内容创作，持续创作输出虚拟作品并与用户黏性互动。传统艺术创作的作品价值是基于艺术家个人艺术水准和艺术家权威影响力的体现，具有稀缺性和少产性。在中国拍卖行中传统艺术品价值过亿元的情况不在少数，比如王蒙的《稚川移居图》价格拍到 4 亿元，齐白石的《山水十二条屏》拍到 9 亿元，中国当代超写实主义油画的领军人物冷军绘制的油画作品《小罗》拍出 6 000 万元。但是受艺术家身体条件的限制及创作方式局限，这些作品都无法批量生产，创作完成与否只受艺术家个人状态影响。

而新媒体创作过程则与传统艺术截然不同，新媒体内容创作应用具有集群性，一个新媒体作品要经过许多环节的支持才能有效呈现，它由一系列相互联系的企业、组织按照某种规律组合在一起，形成一个完整的产业，实现新媒体作品的创作和应用。新媒体的应用有强烈的社会应用目的，构成新媒体创作应用实施的过程是一个有机组合体，前置环节以内容创作、技术支持为主，后置环节以运营维护、平台变现为主，他们互相促进也互相制约，技术、数据和盈利在他们之间转换来共同推进新媒体作品的创新与应用，完整的新媒体产业链包括：内容生产环节、技术开发环节、网络支持环节、平台运营环节、推广环节、终端呈现环节、受众互动环节等，是国民经济发展的重要组成部分，下面我们将对应展开阐述。

1. 内容生产环节

新媒体创作者和普通大众都能制作新媒体内容或者提供新媒体内容，他们既是制作者、提供者及用户，通过手机、电脑等数据处理设备编辑发布在平台的一张图片、一段视频、一篇文章、一段笔记、一组视频都是新媒体内容之一，高质量的新媒体内容大部分由MCN机构、传媒公司及部分独立关键意见领袖kol制作。他们大多来自企业主、个人以及广告、影视、新闻类专业制作公司，新媒体内容创作建立在数据技术发展和网络信息发展基础之上。

2. 技术开发环节

新媒体应用过程中处理开发业务、处理资费、集中管理等环节的数据处理及网络资源技术提供，比如北京字节跳动科技有限公司、行吟信息科技（上海）有限公司等，他们以虚拟网络为基础开展运营活动，并为新媒体创作者们提供更新、更具吸引力的创作工具，如抖音的实时AI换脸、基于跨模态匹配原理的“万物成诗”特效等。

3. 网络支持环节

为新媒体应用传播的多场景实现提供网络环境，包括无线网络、固定网络、数字广播网络等，这一环节技术支持提供方主要是国家电信基础设施建设者，如中国联通、中国移动等通信集团公司。有了他们的支持，新媒体作品才能更好的与用户产生实时的互动响应和迅速传播。

4. 平台运营环节

新媒体作品展现平台，为新媒体内容分享、变现交易等互动行为提供网络环境和技术支持的新媒体平台开发运营者，如哔哩哔哩、抖音、微博、微信公众号、小红书等，他们搭建新媒体展示环境、维持和管理新媒体创作者们发布的内容和行为，促进和引导用户在体验新媒体作品的过程中获得有效体验。

5. 推广环节

由于新媒体拥有庞大的用户基数和创作者基数，这一个强大的注意力经济平台的交互能力和传播能力造就了新媒体的变现能力，因此有大量的信息发布需求和营销服务生产力，主要是由广告公司、公关公司等推广，监测机构对推广效果和数据进行分析，比如新抖、新快、新红系列平台等。

6. 终端呈现环节

展示新媒体内容的硬件设备，以前是电脑为主，随着移动互联网的迅速发展，现在智能手机是最为常见的呈现终端。新媒体内容创作也随着终端界面尺寸规格而演化改变，如摄影摄像镜头的16∶9纵向构图、公众号长文纵向的无限延伸等。

7. 受众互动环节

新媒体的用户就是新媒体的受众，受众即是新媒体内容的获取方、信息的接收者，也可以是新媒体内容的创作者。新媒体创作应用离不开互动技术、兴趣测算、用户画像、扫描搜索等技术。新媒体受众的兴趣爱好和关注点会直接反馈到创作者，并影响其创作内容并做出改变和调整。受众的用户行为习惯影响着新媒体界面设计的逻辑和布局，受众用户的兴趣爱好影响着创作者的内容选题，受众用户的互动率影响着新媒体作品传播的流量测算。有别于传统艺术创作的个人性，新媒体对受众技术使用、掌握以及文化素质水平提出了要求，新媒体的受众人群主要是善于操作智能手机的网络人群，因此有观点认为，传统艺术的传播媒介逐渐衰退，传统艺术的受众日渐老去，取而代之的是精力充沛具有强大消费能力的年轻人群。

第三节　新媒体创作应用与艺术创作的相互作用

一、继承发扬技法

新媒体创作与应用基于数字虚拟技术的可编辑性创作，有效继承和发扬了艺术技法的表现形式。以波普艺术为例，波普艺术是“阳春白雪”和“下里巴人”的兼容体，日常大众的参与改变了现代艺术追求的原创性、独特性、意义性，艺术不再有高低之分。波普艺术家们关注通俗文化中的图像，比如宣传图、产品包装、电视广告等。他们反对抽象表现主义的精英思想，赞美日常生活中的平凡之美〔86〕。波普艺术这类风格的创作特征主要体现在造型、情绪、审美、仿真、标新立异的作品创作上，智能数据处理、图形影像智能化平台、即时网络传播数据等科学技术的出现，使得这种创作方式变得便捷与高效。如今，公众号、小红书、抖音、快手上大量地展现普通平凡人的生活之美的作品，与波普艺术的创作精神如出一辙。

在新媒体创作与应用界面中，艺术大师安迪·沃霍尔的拼贴艺术风格随处可见，“撕裂”一张人像、涂鸦几个大标题字、填充一个背景色、装饰几个纹样就能迅速做出一张抖音短视频封面或者小红书笔记图，这是目前最为流行的创作形式。用智能化的新媒体创作技术，将形象解构、调色、变形、夸张起来，这些创作手法源于安迪·沃霍尔（Andy Warhol）的拼贴艺术并通过新媒体创作手段把

〔86〕 邵亦杨.20世纪现当代艺术史［M］. 上海：上海人民美术出版社，2021.

它发扬光大。这与波普艺术创作态度有异曲同工之妙，糅合了多种美学元素，如形式、构成分解和起源等。在新媒体中通过滤镜、特效、贴纸、模板等功能，使创作者轻松一键实现波普效果、莫兰迪调色风格、王家卫艺术镜头等。高度智能化及便捷化的界面设置和应用体验，让创作者和用户们产生想要的效果都能轻松实现不受艺术技能限制的思维感受，从而更着重于“呈现自我”“脱颖而出”的出发点，创造出网红、流量、榜首、红人等效果。便捷化的工具，甚至不用什么艺术上的创作基础，简单打开智能手机前置摄像头，用抖音花旦特效对人脸实时生成的京剧脸谱形象，拍摄一段对口视频，就能吸引无数新媒体用户点击浏览并争相模仿。新媒体的迅速发展使人们打开无限想象力，在足够时间条件下，任何事情都有实现的可能性。

二、丰富创作内容

新媒体为行为艺术提供了新环境，行为艺术丰富了新媒体创作内容。在新媒体平台中曾出现过一类热门视频，内容里有从广西全程步行去西藏的徒步博主、有逛街突然劈叉下腰后空翻的路人美女、有一个人吃掉巨大一盆食物的吃播主播等等。这些网红通过不可思议的行为吸引大众的注意，在虚拟网络世界狂欢是一场巨型行为艺术。行为艺术源起于 20 世纪五六十年代，以伊夫·克莱因（Yves Klein）的《自由坠落》、玛瑞娜·阿布拉莫维奇（Marina Abramovic）的《艺术家在场》为代表，通过行为主体在特定的时间、空间，通过具体行为构建的艺术形式。行为主体和空间在行为艺术中有着同样重要的作用，即便暗淡无内容的空间背景也会传达一种特定的艺术语言。行为艺术在新媒体创作手段中，由于声、光、电、网络和交互技术的介入，对空间、时间、受众、互动进行创新和探索。新媒体使行为艺术场景呈现更加新颖、复杂，行为艺术由其特殊的内容表现形式和标新立异的行为特质，使新媒体内容创作更加丰富和引人注目。安迪·沃霍尔曾预言未来每个人都可以在 15 分钟内成名，新媒体流量的爆红，将这个过程缩至短短几秒。

三、扩展创作边界

新媒体创作应用扩展了艺术创作的形式边界，新媒体创作应用技术的迭代与艺术自身的发展有着相互促进的作用。传统艺术在新媒体平台得到更多的曝光与关注，同时使得作品有强大的传播力。新媒体创作从传统艺术创作中获得经验、技法和审美习惯，为创作出优秀作品而获得有效路径。新媒体创作离不开多环节连接生产，已形成一个具有意识形态属性和文化属性的产业，是非实体化的产业。新媒体具有互动性、泛众性、个体化等特点，是意识形态自由交流的平台空间，因此，新媒体创作相对于传统艺术创作精神情绪交流的作用会更加明显，而不是平台主导的绝对控制。新媒体产业所生产的内容从呈现上来说与文化艺术产品非常相似，有文化艺术产品的基本特征，但没有文化艺术产品的实质。新媒体的创作促进了艺术产品的传播追求和审美追求，又满足了消费者对新媒体产品“情绪价值”的功能性需求，而这种情绪性、审美性、功能性需求在很大程度上也要通过传统艺术创作的经验和方法来满足。

总而言之，新媒体创作不仅依赖于数字技术，还得益于传统艺术创作经验。新媒体创作与传统艺术创作具有相似的主体性、美学原理、感官传递效果，同时也存在差异性，比如在创作媒介、创作过程、存在形态等方面区别较大。新媒体创作是综合性的艺术创作，新媒体创作的发展以科技媒介技术的发展为基础，以传统艺术创作美学为灵魂。在数字计算、信息网络、新媒体平台技术的支持下进行内容创作，带给广大群众不同的体验和感受，新媒体创作的艺术性影响着人们生活中的艺术体验。如果只谈技术创作忽略艺术性，所创作的新媒体作品则缺乏活力与感染力，如果只谈艺术创作而忽略技术数据，所创作的新媒体作品则缺乏传播力与市场竞争力。新媒体创作从传统艺术创作获得养分和灵感，传统艺术创作对提升新媒体创作的美学造诣和共鸣价值有很好的引领作用，为新媒体创作与应用拓宽创作视角。新媒体创作过程将传统艺术创作的手法和呈现方式自然融入，能激发新的创作形式。

第四章　视觉美学赋能新媒体创作应用的呈现形态

虽然新媒体影像图文作品的创作手法来源于传统绘画、电影艺术，但是它并不是简单的艺术创作迁移，而是在传统艺术的基础上，又有着自己独特的影像图文视听美学创作特性。传统艺术优秀创作者并不完全等于优秀的新媒体图文影像创作者。优秀的新媒体影像作品创作者并不一定经过传统艺术创作的训练。下文将结合两者比较分析来阐述新媒体影像艺术创作图文视听之美的艺术特性。

新媒体作品作为当今数字化时代信息传播的主要载体，其视觉美学呈现形态在设计、用户体验和传播方面的重要性愈发凸显。视觉美学呈现直接决定了用户与作品之间的情感互动、信息传递效率以及品牌形象的塑造。

（1）视觉美学提高信息传递效率。视觉美学呈现形态在用户与体验新媒体产品过程中充当了信息传递的桥梁。通过运用各种视觉元素如图像、图形、图标以及色彩等，作品能够以更为生动、直观的方式将信息传达给用户。众所周知，在人类的五感（视觉、听觉、嗅觉、味觉、触觉）中视觉感知能力远高于其他感官，因此新媒体作品创作应用的视觉呈现方式在引导用户的关注、快速理解和深刻记忆信息方面起到了不可或缺的作用。由于人类的大脑在进化过程中已经适应了以视觉为主的感知方式，因此大脑对于处理视觉信息的能力得到了加强，从而使得人们更善于从视觉信息中提取有用的内容。

新媒体作品在创作应用过程中，通过视觉美学设计将高信息密度的内容，美观巧妙地整合到有限的界面空间内，使得用户在一瞬间获取大量的信息，如形状、颜色、大小、距离等。色彩和构图也在新媒体内容中扮演着重要角色，抖音短视频通过色彩的选择和镜头的切换，创造出视觉上的冲击感和情感表达；微信公众号中，色彩和字体的选择，以及排版的布局，能够影响读者的阅读体验和情感感知。这使得用户能够快速地了解作品传递的信息并迅速沉浸在氛围中。视觉信息更容易被记忆和提取，图像、图表和图形能够更有效地激发学习和记忆过程，帮助用户快速的建立对新媒体内容的理解和记忆。

此外，视觉美学在社会交往中起着重要作用。面部表情、身体语言和眼神交流都是通过视觉感知来传达和理解的，这在人类社会互动中具有关键地位。这也是大量的新媒体创作者会高频使用近景、特写、大特写的原因，比如美妆类主题和剧情吐槽类主题。

（2）视觉美学促进情感互动，提升用户体验。视觉美学呈现形态直接影响着用户与作品之间的情感互动和认知体验，色彩、形状、排版等元素的巧妙组合能够引发用户情感的共鸣，可以直接影响人们的情绪和情感，从而建立情感纽带。通过创造舒适、愉悦或者刺激的视觉美学体验，新媒体作品能够增强用户的情感参与度，有助于理解复杂的概念和故事，提升用户对作品的认同感和喜好度，从而实现更好的用户黏性和用户满意度。好的视觉美学呈现形态在提升用户体验方面发挥着关键作用，通过精心设计的视觉元素，如流畅的过渡动画、直观的操作界面等，作品能够使用户在使用过程中感受到流畅、自然的交互体验。视觉美学呈现不仅能够减少用户的学习成本，还能够降低用户的操作错误率，从而增强用户对新媒体作品的满意度和忠诚度。

（3）视觉美学促进品牌形象的视觉塑造。在商业背景下，视觉美学呈现形态对于品牌形象的塑造至关重要。通过视觉美学选用恰当的色彩、字体、图标等元素，来有效地传达品牌的价值观、文化特点以及市场定位，建立符合企业品牌自身气质的视觉形象。通过新媒体作品所呈现的视觉美学的广泛传播和感染力，一致的视觉风格能够增强品牌的识别度和差异化，从而在竞争激烈的市场中赢得消费者的认可和信任。

综上所述，新媒体作品的视觉美学呈现形态在信息传递、用户情感、品牌形象和用户体验等方面发挥着不可替代的作用。对于创作者而言，深刻理解视觉美学的重要性，能够在设计过程中更加注重视觉元素的运用，从而实现更好的用户体验和传播效果。同时，从学术角度来看，对于新媒体作品的视觉美学呈现形态进行深入研究，能够为数字化时代的设计和传播提供更加有深度的理论支持和实践指导。

第一节　视觉美学赋能新媒体创作应用呈现形态的类型特征

随着数字技术的飞速发展，新媒体已经成为信息传播和创作的重要渠道。视觉美学呈现形式作为一种重要的内容传达方式，在吸引受众、传递信息、创造情感共鸣等方面发挥着关键作用，以抖音短视频和微信公众号两个平台的视觉美学呈现形式差异化最具代表性。

根据对各大平台的信息检索整理和观察研究，新媒体影像平台、图文平台在类型主体趋同的情况下又有着各自的艺术特点和应用特点。

第一类，以影像艺术为主要视觉呈现形式（表4）。

表4　以影像艺术为主要视觉呈现形式表

视觉美学	抖音	快手	哔哩哔哩（B站）
创意表达与内容类型	强调创意性，特效、滤镜和剪辑等技术的应用	注重真实感，强调日常生活细节	多元内容，强调ACG文化、动画、游戏、创意短视频等
视觉效果和特效应用	多样的特效和滤镜应用，增强视觉冲击力	强调原生态影像，相对较少特效应用	动画、游戏元素融入，展示多元创意和视觉效果
内容主题和风格	强调娱乐性和时尚感，内容多元	强调生活方式和真实情感，注重记录生活	动漫、游戏、影评等多领域涵盖，强调创意与ACG
用户互动和社交体验	用户点赞、评论、分享等互动方式，强调社交体验	用户点赞、评论、分享，鼓励用户创作回应	弹幕互动、评论、点赞，用户参与讨论与创作交流

注：ACG为动画、漫画、游戏的总称。

第二类，以图文艺术为主要视觉呈现形式（表5）。

表5　以图文艺术为主要视觉呈现形式表

视觉美学	公众号	小红书	微博
创意表达与内容类型	注重内容深度和专业性，文章为主	强调时尚、美妆、生活方式、旅行、购物等	多样内容，新闻、娱乐、生活、时事等
视觉风格	注重排版、配图，强调内容呈现和可信度	强调图像和短视频，以美观为主	图片、短视频为主，突出视觉冲击力和情感
图片和视频使用	图片、图表等，以文字为主	图片、短视频，强调美感和视觉冲击	图片、短视频为主，展示内容和情感
创意视觉效果	较少特效应用，突出专业性和信息呈现	图像处理、滤镜、美化效果等，强调美感	图片和视频处理，强调冲击力和感官刺激
内容主题和风格	专业知识分享、媒体报道等多领域涵盖	时尚、美妆、生活方式等多元内容	新闻、娱乐、情感、生活、时事等多领域涵盖
用户互动和社交体验	评论、点赞、分享等互动方式，强调内容传播和互动	评论、点赞、收藏、分享，强调社交体验	评论、点赞、转发等，用户参与讨论和社交

一、美学呈现形式多元且互融特征

新媒体创作在视觉美学呈现形式方面呈现出多元化的现状。不同的平台、领域和受众需求导致了新媒体创业应用时视觉呈现形式的多样性，创作者通过丰富的创作手段和技巧，不断拓展创作的边界，提供更丰富多样的内容体验。比如抖音短视频和微信公众号作为新媒体平台，分别强调短视频和平面图文的特点，同时又兼具即时交互属性，为创作者提供了丰富的媒介选择，以适应不同内容类型和受众需求。在新媒体平台上，不同的媒介选择为创作者提供了多元的创作空间。从图片、图表、视频到动画等，创作者可以根据内容特点和受众需求选择适合的媒介进行视觉呈现。例如，微信公众号则更适合以图文并茂的方式呈现长篇知识性内容，创作者通过图片和文字的组合，将知识传递得更生动有趣。

在不同的创作主题赛道、不同领域中的创作要求也促使视觉呈现形式的多样化。在广告与营销领域，创作者注重通过色彩、构图和排版等手法，吸引受众的目光，传达产品特点和品牌价值。在美妆日化快消领域，创作者更强调通过镜头反差、前后对比的镜头，结合详细参数的图文来更直观地展示产品效用和成分。在教育与传播领域，创作者更强调通过图表、图像等辅助展示，帮助受众更好地理解和掌握知识。文化与艺术领域则强调通过色彩、构图和图像的选择，传递情感和艺术体验，创造出丰富多彩的视觉效果。不同领域的创作要求促使创作者运用不同的视觉元素，创造出多样化的视觉呈现效果。

受众的需求和使用习惯也在一定程度上影响着视觉呈现形式的多元化。年轻一代更喜欢快节奏、富有创意的内容，因此创作者在抖音短视频等平台上更注重通过动感的画面和音乐，创造出轻松愉悦的视听体验。而一些知识性内容更适合通过微信公众号等平台进行呈现，创作者可以通过图文的方式深入解析和讲解，满足受众的学习需求。

新媒体创作过程中视觉美学呈现形式的多元化在现实中得以充分体现。不同的平台、领域和受众需求，使得创作者有更广阔的创作空间，能够通过不同的视觉元素和创作手法，为受众提供更丰富多样的内容体验。在未来，随着技术的不断进步和受众需求的变化，新媒体创作的视觉呈现形式将继续呈现多元化的趋势。

二、多模态融合的创新特征

新媒体内容的视觉呈现形式常常与其他媒介形式进行融合，如抖音短视频中融入音乐、特效、360 全景、增强现实等，微信公众号中融合图像、文字、视频、超链接等。创作者也在不断尝试新的技术和手法，如增强现实、虚拟现实、元宇宙等，以提供更丰富的体验和作品展示。在新媒体创作领域，视觉美学呈现多模态融合创新的现象愈发显著。创作者们借助跨界多媒体元素的融合，以及创新的呈现手法，为受众带来更为丰富、生动的视觉体验。

多模态融合创新的案例在抖音等短视频平台上，体现为创作者经常将图像与文字相结合，通过在视频中插入文字说明、标签等，增强内容的信息传递效果。这种图文结合不仅使内容更具可读性，还为受众提供了更深入的理解和互动的机会。在视频中融入音效、音乐或配音，以增强情感的表达。这种声音与视觉的交融，能够在视觉美学的基础上，通过音频元素传达更为丰富的情感和氛围，提升内容的情感共鸣。在一些新媒体平台上，创作者将视觉美学元素与互动性的设计相结合，使受众能够参与其中。例如，通过滑动、点击等操作，观众可以改变内容的展示方式，创造出更加个性化的视觉体验。许多新媒体创作者尝试将虚拟现实技术融入创作中，创造出虚拟与现实相结合的内容，比如创壹科技公司创作的代表 IP，一个会捉妖的美妆达人“柳夜熙”，其发布的第一个新媒体作品上线 3 天涨粉 800 万，其视觉美学呈现融合了中国山水画东方美学中国元素、科幻电影赛博朋克的质感、悬疑神秘的文学设定，瞬间吸引大众的目光和注意力。“柳夜熙”走红不仅是形式创新，还有她似乎找到了连接现实世界与二次元世界的入口，展示了未来元宇宙的虚拟人物与现实世界的交流模式，也打开了用户对用短视频构建元宇宙的想象力，让人产生无限遐想〔87〕。通过虚拟现实技术，创作者可以为受众呈现更为沉浸式的视觉体验，创造出更具创意的内容。

多模态融合创新也产生了一定的价值和影响，通过结合不同的媒介和元素，创作者能够创造出更丰富、生动的视觉体验，吸引受众的注意力，多模态融合创新使得内容的视觉呈现更加多样化并丰富视觉体验。受众不再是单纯的观众，而是可以参与互动的主体，从而更加深入地参与内容的创作和传播。多模态融合创新激发了创作者创意的发挥，创作者可以通过不同的元素和手法的组合，探索更多的创作可能性，创造出更具创意和独特性的内容。与此同时，多模态融合创新使得创作者拓展创作边界，不再局限于传统的创作方式和形式，在创作中尝试不同的媒介、技术和手法，开创出全新的创作领域。

新媒体创作过程中视觉美学呈现多模态融合创新，随着科学技术的飞速发展，这一现象日益显著。创作者通过图文结合、声音交融、互动性设计和虚拟现

〔87〕 荀春．对话“柳夜熙”幕后创作团队：虚拟与现实之间 追寻“元宇宙”的哲学与人性［OL］．(2021－12－17)［2024－02－01］．https：//new.qq.com/rain/a/20211217A0BTGA00．

实等手法，为受众带来更丰富、多样的视觉体验。这种多模态融合创新不仅丰富了内容的表现形式，还提升了受众的参与度和体验感，推动了新媒体创作的发展。

第二节　新媒体创作应用的视觉界面美学设计模式

大众通过具有清晰性和功能性的新媒体视觉界面获得直观的内容信息，随着新媒体创作应用的交互性发展，新媒体平台界面设计的美学效果和流畅程度将直接影响用户的使用体验。新媒体作品体验过程包含了时空维度和界面交互布局，界面设计决定了用户体验作品的顺序和连贯性，在视听感受、动作行为、呈现形式上有一个综合性体验。界面内容呈现形式整体化是目前发展的常态，新媒体内容的视觉呈现形式通常强调简洁、直观和互动性。抖音短视频因时间限制，需要在短短几十秒内传递核心信息；微信公众号中，简洁的排版、醒目的标题能够引起读者的兴趣，而互动式内容能够增强读者的参与感。界面设计是指对软件的人机交互、操作逻辑、界面美观的整体设计，也被称为 UI 界面设计〔88〕。主要包括三个部分：交互设计、用户研究、界面视觉设计。就新媒体而言，新媒体内容与界面是一个融合且不可分割的整体，对界面的设计是为了更好地契合作品内容，界面不是一个独立层面〔2〕〔66〕。要想改善用户体验感、提升设计效果，UI 界面所呈现的图形艺术性和交互性非常重要〔89〕。新媒体平台不断更新迭代，每个平台内容都有着自身定位特点，形成自有的视觉特征以便于用户操作，有效的界面设计能通过合理的视觉交互使得用户获得沉浸式体验。界面美学设计是引发用户好感并产生关注行为的重要因素之一，是新媒体应用的重要环节。此处我们不讨论新媒体平台的运行操作逻辑，我们主要讨论基于用户使用体验感受新媒体作品展示的界面视觉设计的图形艺术。在新媒体产品应用的过程中，一个便于操作、容易阅读、使人沉浸的界面能让用户在使用的过程中获得松弛的愉悦感，更好的呈现内容，好的使用体验能吸引用户关注并产生评论、转发等行为帮助新媒体作品广泛传播。界面的图形艺术并不是简单的美术绘画修改图片，它的设计过程是理性科学与感性艺术的结合，需要充分分析新媒体内容定位特色、了解用户

---

〔88〕 华江林．格式塔心理学在手机 App 界面设计中的应用［J］．美术教育研究，2021（24）：96—97.

〔89〕 孙童，王晓辉．新媒体环境下 UI 界面设计的发展与应用［J］．美术教育研究，2022（17）：112—114.

行为习惯、配合软件实际控件操作来完成一个有效的设计。新媒体界面设计的作用是更好的展现新媒体作品内容，为用户提供更好的产品使用体验。

2021年北京市无障碍环境建设专项行动专班办公室、市政务服务局联合市通信管理局印发《北京市互联网应用适老化和无障碍改造专项实施方案》[90]，加快网站App适老化无障碍改造，开启智享养老的美好生活。抖音在界面升级设计时，为解决老年人看不清、不好用等问题，优化了一版"银发族"UI界面，重构了控件按钮、字符尺寸、交互逻辑和响应方式。界面设计美学不断探索的是人类行为、媒体内容与界面呈现的最优关系，这个美不仅仅是艺术审美，还是用户习惯与界面布局的搭配、人机互动的无障碍沟通、精神体验的审美与追求。新媒体应用过程中通过界面结构的视觉信息语言，在实用主义美学功效的原则下，充分展现作品内容并给用户高效愉悦的体验。如今新媒体界面设计与用户之间不仅是简单的操作应用，优秀的界面设计是功能上的人文体验，通过视觉感受和互动行为实现情绪唤醒，以用户为主体现"以人为本"的原则，探索与用户产生精神情绪传递的美学路线，不仅提升了人文内涵，还增加了用户黏性。新媒体的界面设计是将应用功能和情感传递清晰有机融合的美学艺术，根据内容的特性打破传统界面设计逻辑，实现精神情绪的互动，形成数字科技时代中的新媒体界面语境。

一、影像艺术的界面设计模式

（一）被动式触发模式

新媒体影像类平台的界面设计与新媒体图文类平台的界面设计最大的不同在于视频类平台的主界面会直接展示单个视频内容，如抖音、视频号，界面中的导航栏等控件被弱化并精简至边缘位置。而图文类平台的主界面是以封面图结合标题的陈列馆式分布为主，如小红书、公众号等，在一个主界面可以预览多个已发布的内容。

在以抖音、视频号为代表的新媒体视频平台的交互界面设计方法为被动式触发。打开对应的App应用，不需要用户进行任何操作即可主界面自动全屏播放视频内容。界面以视频画面为主体，软件的操控按钮被简化在底部和右下方，视频标题和说明文字在屏幕的下方镂空浮于镜头画面。这样的界面设计，实现开屏

[90] 赵鹏．网站提供全程键盘和特大鼠标APP禁止设置诱导式按键　本市加快网络APP适老化无障碍改造［OL］.（2021－11－19）　［2024－02－01］．https：//www.beijing.gov.cn/fuwu/bmfw/sy/jrts/202111/t20211119_2540235.html.

即用的效果，减少了用户预览并点击的操作步骤，依托强大的数据算法逻辑将匹配视频推送给用户，使用户瞬间进入短视频视听环境并持续停留。如果用户看完视频或者不喜欢，则只用简单地上下滑动，即可切换到新内容。随着抖音带货能力的提升，为了便于账号创作者带货、便于用户购买视频内推荐的商品，抖音在界面功能升级过程中将视频标题文字的上方增加了一行“小黄车”的控件区域。这个控件区域有效地增加了用户的购买行为并提高了视频经济转化率。

（二）主动式触发模式

与抖音、视频号界面设计不同的是，快手、哔哩哔哩是先让用户预览并选择后，再进入视频画面，由用户主动式触发平台行为。快手是列表式设计，哔哩哔哩是陈列馆式，这些都是主动式获取内容的方式。快手平台的界面使用了列表式设计，通过列表形式将各个作品展现给用户，为了避免破坏用户沉浸体验的整体感，快手将界面内导航栏简化。为了更好的帮助用户发掘自己感兴趣的视频内容或者快手号，在界面优化过程中，快手在左边的侧栏中加入新功能以及发现新内容的控件，将“热榜”“猜你认识的人”“发现”入口放在了右边搜索边框侧。快手推行的是社区信任社交，鼓励粉丝多与熟人和创作者们沟通互动形成强黏性，在界面设计时有意弱化了其他作品的干扰性。哔哩哔哩的界面变革不大，是典型传统的让用户主动式触发的界面设计方法。哔哩哔哩使用的陈列馆式视觉效果与它在电脑端的界面布局类似，界面被分割成多个小方块区域，每个小方块内有一个视频的封面图，图的下方是发布者名字、时间及发布标题等详细信息。

值得注意的是，界面视觉与产品属性不会一成不变，科学技术在发展、人工智能算法在迭代、用户行为习惯在改变，各个新媒体平台的界面设计会随之发生变化。

（三）字幕和封面模式

前面我们讨论过，视频类新媒体平台的界面控件都会设计为没有背景颜色的镂空形式覆盖在视频画面上，设计目的是使用户有更好的观看视频体验。尽管界面设计师已经尽量将干扰控件淡化隐藏，但它还是会存在于画面中，会引发出一种错误设计。比如为视频添加字幕时，在剪辑软件预览时字幕清晰明了，但是一旦发布后，视频播放过程中字幕总是被标题文字挡住看不清，用户观看视频的愉悦感被严重破坏。产生这一问题的设计误区在于视频内容解说词的字幕位置刚好与发布后的标题说明文字在同一位置，这种现象在作品发布预览环节容易被忽略，而当发布后再查看时才会被发现。所以在创作应用时，界面的交互性与内容实现融洽的配适度，是使得作品信息有效传递的重要部分。

在垂直类主题系列作品中，进行视觉界面美学设计时进行统一视觉风格的封面设计，这种模式能促成观感上的美学印迹并产生强烈的个体特色风格，同时这种视觉设计元素在界面中重复出现能深化用户感受。以汽车测评类短视频账号为例，当用户被随机流量推送看到某款20万元轿车性能测评的视频，随即对汽车测评产生兴趣后点击用户头像进入该账号的主页面。账号主页会以陈列馆形式，将该账号发布的所有视频进行小图展示。面对如此海量的视频展示，用户接下来需要做的就是选择其中一个感兴趣的视频并点击打开。设计师预先模拟情境，预设用户看到这些预览图后将采取的选择行为，以及快速找到感兴趣的内容的路径。从人的用眼习惯上，首先快速扫览图片再是文字。有效的视频封面图设计，将每期视频的重要信息有规律地展现，就能很好的帮助用户进行选择决断。因此，汽车类内容的新媒体作品封面图都在画面里用文字标明车型、款式、价格，以便用户通过读图快速获得有效信息，并做出判断选中感兴趣的视频观看。此外，视觉效果统一的视频封面是有效提升用户的信任感的助推器，展现账号作者认真创作的态度和能力。

二、图文艺术的界面设计模式

（一）建立视觉形象模式

建立良好的视觉形象模式是新媒体作品内容有效呈现的前提。新媒体账号对用户缺乏吸引力的原因，除了内容质量不足以外，另一个因素就是界面美学视觉设计欠缺，图文版式混乱不清、布局乱七八糟。界面视觉效果的不足，会直接破坏用户的使用沉浸感，降低用户收藏、转发、分享的欲望，甚至半路滑走视频或者关闭文章。新媒体创作有效方式是从用户角度出发，在做好优质内容制作的同时，通过优秀的界面视觉效果将内容更恰当地呈现在移动端阅读。

富有特色的界面视觉效果，能有效地强化账号品牌在用户心中的形象。以估值2亿元人民币的网络IP“同道大叔”为例，同道大叔的微信公众号是专做星座性格分析与预测内容，主要受众是喜欢研究星座的年轻人群。这群年轻人的共同特点是喜欢星座并且喜欢漫画。“同道大叔”所有发布的公众号推文内容配图全是以卡通形象来展现，这些卡通形象固定且反复出现在该账号的界面视觉中。其公众号的头像、导航栏、标题等配色也是与卡通形象呼应的纯色系颜色，并延续这一视觉特色风格稳定持续的输出创作。用户在持续阅读“同道大叔”公众号的内容过程中，获得了轻松活泼的视觉体验，在用户心中潜移默化地建立了活泼亲切的公众号品牌形象增加了交互黏性。

有效的视觉形象设计不仅能突出展现主题内容，还能提升新媒体作品的整体气质。比如小红书分享笔记就具有显著特征，尤其是居家分享类内容创作。在居家分享类账号的主界面，展示的是图文搭配精美的居家分享笔记，这些笔记的版式布局巧妙地展现了非常具有质感和光感的家居图片。这些高质量的图文气质会给浏览的用户一种潜在心理暗示，即相信这个小红书博主是一个具有高级审美和品位的人，他/她的笔记分享的好物也是高品质的。一旦这种心理暗示成功，就能建立用户对博主的强信任感，用户会愿意相信博主推荐的商品和经验并持续保持关注。与之对应的，如果这位博主发布的内容不变，但是呈现的视觉效果配色难看、版式潦草，则会使用户对其能力产生怀疑并质疑博主的推荐。所以，界面视觉无论何时都要根据定位来设计与之匹配的界面效果。

（二）图形的选择模式

在海量的信息浏览过程中，外表颜值影响着用户是否点击全文了解“灵魂”的决定。如果将新媒体作品比喻成一个人，优秀的文字内容是有趣的“灵魂”，优秀的界面图文设计就是展示灵魂的美丽“外表”。作品视觉呈现的设计和布局是要重点解决的问题，也就是界面设计。目前内容的呈现形式主要是文字、图片、音频、视频、直播及它们的各种组合形式。从制作生产环节来看，相较于视频，文字的制作成本不高，因此选择这种形式来制作新媒体内容的人多且成品量大。如果一篇推文，无论是发布在微信公众号、小红书还是微博，如果是长篇幅的纯文字对用户来说刺激感相对较弱，视觉形态会稍显单调，使得用户阅读时产生疲惫感。增加界面层次，并辅助文字所描述的内容展现，增强表现力吸引用户喜欢，在合适位置插入图片是有效的解决方式，同时加深用户心目中的品牌形象。

人眼对大面积色彩更为敏感，图文类是首页推荐型界面，视觉呈现上最抢眼的是图片，其次是文字。微信在优化界面设计后，将公众号信息折叠在订阅号的子界面里面。用户通过点击订阅号，进入公众号展示界面，用户上下滑动来选择自己感兴趣的推文并点击进去深入阅读。此时，影响用户选择的就是各个公众号所展示出来的一两条“图片+标题”的封面选框，这个图文必须足够特别才会引起用户兴趣。在小红书的主界面中，更是注意到，在预览界面中图片被作为主体呈现，而标题文字很小且只有三行左右的现象频出。用户在小红书主界面中第一眼看到的是封面图再是阅读标题文字，因此封面图是否突出和吸引人，影响着用户的视觉焦点和操作行为，影响着图文作品的阅读量及点击量。所以，并不是每个图都适合做封面，掌握有效的图文搭配方法，做好封面图文，才是吸引更多用户从而做出爆款推文的关键。常见的封面图文搭配方法有两种，一种是精选一张代表图的封面，另一种是体现对比或者氛围感的多图封面。在该模式下，图片的选择以素材获取阶段实拍的图片，或者是经过版权购买的图片为主。新媒体创作者专业度良莠不齐，时常发生创作者从网上随便下载一张图就作为配图而产生的侵权行为，随着国家近年来日益加强的版权保护力度，创作者要时刻注意避免侵犯别人的图片著作权。在账号内容创作的过程中，定期总结各自账号内容的图文版式规范，以实现在多人运营的情况下仍然能够持续稳定地输出风格统一的创作内容。

1. 一图封面模式

精选一张图代表封面，对图片审美鉴赏能力要求较高，图片不仅要与主题紧密切合，还要有较好的视觉美感，要有典型代表性，才能从众多封面图中脱颖而出，吸引用户点击。比如小红书上旅游主题类的作品中热度很高的重庆洪崖洞夜景图片、长沙的茶颜悦色奶茶、西双版纳的傣族服装照等，都是用一张非常具有当地特点的图片作为封面。这种类型的封面图本身就已“一图胜千言”，就算不细看文字标题，用户也能大致了解作品内容并被图片的“高颜值”吸引。又如经验分享类的内容，在图片选择上是能体现关键操作或者典型产品的图片内容，从操作工具、产品包装、用户体验等角度出发，通过道具布景来制作优质封面；瘦身美食类的图文主题，封面图选择干净桌布中摆放的餐具厨具食材的图片；新能源汽车类的主题，封面图是某一款热门新能源汽车展品图或者概念图等。

精选一张代表图的封面，特点是图片简洁明了，并与文章的主题相关。比如我们执行“打卡网红近郊露营景点”内容创作过程中，当时有许多静物、人物、风景的图片素材，我们在众多图片中最终选择了人物在现场露营的场景图片，如果是放森林植物的图片虽然也是与露营相关的景物，但是对露营场景的呈现效果较弱。如果是新闻事件类“消防员勇救落水市民”的主题，选图则以事件关键情节点的呈现为最佳，比如消防员扑救抓住落水市民的瞬间图片，如果是仅仅放一个消防员的人物照片作为封面虽然也是与主题相关，不仅缺少对这个事件的关键信息的展现，还消减了救援事件本身的紧张感和迫切感。

2. 氛围感多图封面模式

体现对比或者氛围感的多图封面设计呈现的视觉状态是以两张或两张以上的图片拼贴而成，多图的视觉效果通过图像处理软件抠图合成或者原图拼接。多图封面比一张图的封面包含的视觉信息更多，用于配合“汇总”“对比”“前后”“集锦”类标题。用户通过图片会感觉到正文内容有大量干货，随之产生想点击的冲动和好奇心。在美妆类和测评类主题内容是这种方法设计封面的常见类目，

“×××化妆品妆前妆后对比”封面是素颜和妆后的脸部对比图，“使用×××产品后的第20天，我的×××这样了”封面是使用产品前后的对比图，“盘点2022年热门口红色号”封面是将各个热门口红抠图合成到一张图片中。同类型的使用方法，也在影视剧盘点、运动效果对比、综艺高光时刻、零食测评、穿搭测评展示等出现。用多图做封面合集图能营造热闹丰富的视觉感受，让用户产生此主题内容是经过多方验证后的结果，用视觉设计来营造氛围提升可信度。用多图做封面对比图能有效强调某产品或者经验使用的前后反差，从而引起用户的期待，期待自己按照文中的方法也能获得如图同样的结果。这样的期待促使用户对推文进行收藏和点赞行为从而增加曝光率。

3. 设计趋势特点

新媒体界面的美学效果优劣，主要来自内容创作者和平台运营者的主体审美水平影响，而平台技术开发主要影响其交互性能。在实践过程中，新媒体创作时常需要紧跟时效迅速完成创作，虽然套用平台的界面设计模板能提高效率，但难以凸显自身内容主题的风格定位。要注重对视觉所呈现的基本元素的美学进行分析，才能实现具有美感吸引力的新媒体界面效果。从目前的行业应用来看，现今的新媒体界面美学设计趋势有以下特点：

（1）极简风格：从早期苹果手机ios系统的拟物风格到现在的扁平化极简设计风格变化，是适应快节奏、海量信息下的新数字化自媒体时代的视觉语言构建界面。在新媒体界面中，将导航栏、控制栏、搜索栏等操作控件进行简化、镂空和折叠，将有限的屏幕留给更多的创作内容。这一设计理念既来源于实际应用的交互需要，也受益于包豪斯设计理念。艺术设计史上著名的包豪斯设计理念，在20世纪兴起“极简主义”，强调形式的简约突出功能的表现与应用。在新媒体界面的美学设计时，也延续了其去繁留简的设计思考，更加聚焦于交互操作的流畅性、内容应用的务实性，追求技术与艺术的和谐统一。

比如通过极度简化的界面创造了“沉浸式娱乐”的新媒体平台抖音，它的界面将传统布局去掉采用霸屏阅读模式，强化了内容呈现的空间并减少了用户注意力被转移的概率，因为界面内控件越多越会形成干扰并增加用户的选择难度。在内容展示时，抖音的应用界面没有自然时间提示，直接弱化用户的时间感来获得更长的停留行为。在界面中将大量的按钮控件进行简化和折叠，必备的按钮设计也都放在主界面的侧边位置等候响应，响应行为大多发生在主界面内，避免用户跳转到子界面而中断沉浸式体验。为了将界面元素极简化，抖音将四个方向的滑动手势，配置到最常用的动作上，这些自然交互手势简单易懂对许多年长用户非常友好。

新媒体视觉界面的美学设计风格目前有着一定规律，为了有效引导用户行为、准确呈现内容信息，控件色彩效果以高饱和度的纯色扁平化效果为主，拟物化的材质、投影、光感等复杂效果不多，突出主体文本或者图像。界面结构采用“留白”的创作手法简化视觉语言，提供想象空间，增加体验层次。简约而不简单的极简元素设计从形式上看是简洁明了，但是需要对空间和构图有着较高的美学把握，才能有效地让界面既具有交互功能性又能将用户注意力放在内容信息上，通过用户视觉感官建立个体印象。科尔伯恩在《简约之上：交互式设计四策略》中提出：“如果你也想设计简单的产品，记住要为主流用户而设计〔91〕。”新媒体创作和应用要重视用户的情感诉求，用户并不希望被繁杂的次要控件所打扰。

（2）卡通视觉符号

数字化时代下，移动互联网使用习惯与流行语言逐渐形成，各大新媒体应用平台为了更好的呈现新媒体内容，实现内容与用户之间的良好互动，在界面设计时不仅会使用简洁化结构设计，还会使用卡通视觉符号的设计语言来增加趣味视觉元素以改良用户体验，增加新媒体内容体验兴奋愉快的感受，实现娱乐互动与内容体验的有效呈现方式。新媒体界面设计过程中，所使用的几何图形元素、色彩构成元素、文本样式布局等内容都是趣味性设计的载体。通过界面设计的有效美学传递，实现新媒体应用交互体验的功能美与艺术美的结合，通过界面视觉与内容创作的双重作用，吸引用户注意力，留住用户沉浸时间。界面设计的视觉符号艺术美学效果，能有效增加平台亲和力，比如哔哩哔哩界面的粉红色卡通电视机界面按钮元素、抖音的撞色音符界面启动图标元素，充分展现了新媒体平台内容的特点，并增加用户体验好感。

有效的卡通视觉符号的设计语言能建立轻松愉悦的操作体验，使得人机交互具有温度和情感，不再单调和枯燥，是对用户深层情感诉求的直观满足。各大新媒体平台在主界面导航栏、用户设置界面、特效应用和贴纸表情包控件等界面结构中，以圆角形状、明亮色彩、层次分明的控件元素、趣味视觉画面等，吸引和刺激用户点击和体验新媒体内容，用界面的卡通视觉符号设计语言引导用户对新媒体内容进行互动行为。

---

〔91〕 Giles Colberne. 简约至上：交互式设计四策略［M］. 李松峰，秦绪文，译．北京：人民邮电出版社，2011.

有效的界面设计美学语言能升华人机交互美学感受，还能增加用户对新媒体内容的亲切感，实现持续传播与应用的目的。尊重用户对平台内容的基本应用需求，实现流畅互动，并通过卡通视觉符号的设计语言让用户潜在感受到品牌文化的风格，实现界面设计的美学魅力。

卡通视觉符号最大的作用是增加人机交互的趣味性，通过夸张的造型、丰富的想象力和创新形式引起用户使用兴趣。如抖音平台的界面设计借用红蓝撞色的卡通音乐符号作为控件按钮和启动图标，不仅展现了其内容作品娱乐化、时尚化的风格特点，还能在操作过程中有效对用户进行行为引导。该平台的主流用户为80后、90后人群，他们个性鲜明、富有活力，对枯燥事物没有耐心，因此在抖音界面应用中常见逗趣搞笑的视觉特效功能设置和极度简化的操作平台。再比如热门图文新媒体创作平台小红书，在界面设计中嵌套了红色的简笔画书本为视觉符号元素，营造了一个更为沉浸、灵活、情感化的平台体验，从而形成与其新媒体内容相匹配的温暖感、分享感的界面设计效果，带给用户与众不同的使用感受。更好的拉近了与年轻女性用户人群的距离并建立认同感，这同时也影响着用户对平台内容的兴趣度，对平台发展有着重要现实意义。

第三节　视听之美的选题特性

新媒体影像创作主要以 15 秒至 2 分钟的短时间视频片段为主，既可作为唯一主体展示，也可作为交互内容与图文结合展示，其主要的创作手法来源于传统艺术中的电影。许多人认为新媒体影像艺术就是时间短的传统电影艺术，这种观点过于片面。新媒体影像视频作品受其呈现媒介的限制，具有强市场性和实验性，在实际应用过程中通过艺术手法提升作品质量来吸引群体的兴趣和关注，从而获得流量传播和经济效益是最终目标。

任何优秀的影像艺术作品都有着深入人心的故事情节或者能引发观众情感共鸣的元素。一个好的选题立意策划是在短时间内吸引观众，并让他们产生共鸣的关键。与此同时，无论是短视频还是电影作品，都需要令人信服的人物角色，并关注角色的情感和内心世界。立意选题可能涉及角色的情感变化、成长，以及与其他角色的关系。这些角色设计有深度、动机和成长，以吸引观众的兴趣并推动故事发展。合理的故事结构和紧凑的节奏，可以保持观众的注意力，同时通过引入高潮、转折和扭曲等情节设计视听语言来提升故事的戏剧性和张力。优秀的影像艺术作品，无论作品长度如何，都有清晰的主题和传达的意义，也就是立意，通过这些设计有助于赋予作品深度和观众思考的空间。立意选题的核心特征是能够触发观众情感和共鸣的话题，让观众能够在情感上投入。无论是新媒体短视频还是传统影视作品，都追求引发观众的情感共鸣。尽管在时间限制和叙事方式上有所不同，但两者都在一定程度上有对社会问题和人性议题的探讨。传统影视作品在较长时间内能够深入剖析问题，而短视频则更倾向于点到即止，但都试图引发观众的思考。

虽然有诸多相似性，但是在创作与应用过程中，新媒体影像艺术创作有自己的选题创作特征。

一、极限时间压力

科技发展让人们获取信息变得随手可得，也使得人们阅读停留时间越来越短，“时间就是黄金，一秒定生死”。现在的新媒体影像的选题设计呈现出以直切主题为主的特点，对时间的把握近乎苛刻，摒弃了传统电影艺术缓缓推进的剧情风格，满足快节奏时代用户行为特征，观众需要立刻知道答案或者得到结果，并只关心他感兴趣的。创作者需要在有限的时间内有效地传达故事、情感和主题，同时保持故事的简洁性、吸引力和共鸣效果。有效地利用时间，创作者能够创作出引人入胜、有影响力的短视频作品。

由于传播平台的不同，使用移动互联网平台观赏新媒体影像作品的用户习惯有着极低的等待阈值，3 秒就会判断对作品的兴趣度并决定是停留观赏还是 1 秒划走。新媒体短视频受时间限制，因此选题会更加紧凑，强调在有限时间内传达信息或情感。传统影视则有更长的叙事时间，可以更详细地展示情节和角色发展。视频结构如何设计，开场前 3 秒能否留住观众，第几句文案吸引用户看到最后实现完播率，这都需要精心设计，好的新媒体影像内容基本都符合这个要求。随着新媒体产业的爆发式增长，运营账号千百万个，同类账号竞争在所难免，创作者所在的选题领域是否有头部创作者已经在做了，有没有形成广泛效应，甚至是不是已经过了热门期。选题内容与其他优秀创作者已经发布的作品是否有足够的差异化来增加粉丝的兴趣和黏性。在新媒体创作迭代迅速高产输出的极限时间压力下，新媒体影像创作过程中选题效率要优先于剪辑工艺的完美度，然后根据实践经验或在不断地的尝试和犯错中找到最佳的创作组合形式，并迸发出无限创意和新视觉效果。

其次，时间的限制性还体现在自然时间周期，新媒体短视频选题更容易受到时下的流行热点、网络挑战和潮流影响，选题内容和表现形式会伴随自然时间周期更频繁地与这些热点联系，传统影视艺术创作则相对独立于短期的流行选题影响。在故事深度和情节发展方面，传统影视由于时间更长可以深入展开复杂的故事情节、角色发展和情感变化。而短视频因时间有限，可能更注重情感瞬间和关键信息，以及红极一时的热门主题、词汇、观点等，此处“时”的跨度一般为1天、1周、1个月。

在这样的极限时间压力下，新媒体创作过程遵从拍摄从简的原则。比如纪实类视频创作，不仅设备选用轻巧，还要考虑拍摄对象的接受度。最典型的就是探店短视频、路采短视频等这些需要素人出镜的镜头素材，有别于传统电影艺术的预演彩排，新媒体创作具有随机性，过于庞大的摄制现场会给素人环境造成心理上的恐惧。因此从简的拍摄环境是对素人心理感受的体恤，帮助其自然面对拍摄群体。在实际操作过程中我们曾遇到，这些素人面对镜头和摄制团队会感到紧张并出现表达不自然甚至不愿意配合拍摄的情况出现。所以在策略选择上要有所考虑，既要实现拍摄活动的顺利进行，又不能因为摄制团队而给现场情境带来麻烦，这很有挑战性。

二、用户优先的选题

新媒体短视频平台支持观众评论、点赞、分享等互动，选题则要考虑观众的反馈和建议，而传统影视作品的互动性相对较低。选题内容制作出来后，建立的是与用户的同理心，与目标受众看后是否能产生共鸣或者引导他产生相同情感。短视频创作的选题点不在于导演想说什么故事，而是用户或者粉丝想看什么，这个选题的出发点是粉丝本人的同理心，还是教育粉丝经验传授的出发点，抑或是客观第三视角。比如抖音大号“房琪 kiki”，发布的视频多是站在年轻女性的角度进行旅行景点选题创作，通过共情故事讲述的方式给粉丝带来情景交融的感受。观众在看完视频后的行为动作是创作应用过程的关注点，观众的行为是义愤填膺、伸张正义，还是吐露心声谈自身感受，或是提出某种疑问寻求答案，或是实施购买行为、转发行为等。在内容立意上如果只是经验传授型选题，要考虑观众粉丝的接受度，视频画面展示过程则注重好学易用。

商业合作是移动互联网时代下新媒体作品创作的重要部分，在选题时会融入品牌和产品。传统影视中虽然商业合作的广告也存在，但不影响剧情选题，仅作为个别镜头的道具点缀甚至一闪而过的背景。在新媒体作品创作时想要通过作品内容来引发观众的点赞、转发、留言、购买行为，必须要考虑满足目标受众的需求和兴趣的点。以新媒体传播原创短视频作品《五美望城》为例，我们团队在以望城地区为对象进行文旅影像创作时，在《五美望城》作品创作过程中不仅要考虑影像呈现的艺术性，还要考虑受众的接受能力和兴趣点。创作内容选题不能过于晦涩和冷门，要考虑吸引更多粉丝获更多流量，所以选题内容最好来源于近期热门话题或者针对目标用户的大众感兴趣的话题，而不是仅满足创作者个人兴趣。

图 7　新媒体传播短视频作品《五美望城》（盛雨粟、胡德佳 摄）

随着望城文旅景色推广项目作品的持续发布，千篇一律的内容已经可以预判到无法满足粉丝的胃口，我们另辟蹊径，从单纯的景色展示变成了讲述一个职场女孩穿越的故事，从而获得了非常好的传播效果。在这个阶段，需要提升创作内容来持续吸引留住粉丝，避免审美疲劳。同时，创作者需要考虑选题的亲和力，受众可能会产生两种感受，一种是内容太难受众会看不懂，另一种是太简单受众则会认为是在糊弄观众并转移注意力。不仅如此，还要从自身团队的创作实际出发，挑战性的选题是否能做出预期效果并持续输出被观众接受。在创作实践中为了能实现预期效果，对《五美望城》的影像作品脚本进行了多番修改，同时分析其他热门视频文案并整理成册以备不时之需。在新媒体短视频创作中，设计开头几秒钟留住粉丝注意力，因为这影响到完播率、用户留存率、转发量、点赞量等进行流量推送的关键因素。

创作者的主观认定只能体现他个人的判断，而不是观众的。新媒体创作过程必须深入分析粉丝和用户的性格特点、爱好、兴趣等，尤其是电商类和经验分享、好物测评类视频作品。什么内容是贴近大众的内容，不以创作者的意志为转移，而是观众粉丝认为喜欢、还愿意看才是好内容。有效实现用户优先的选题，可以发动粉丝在留言区对创作内容提出需求。比如旅游类博主会要大家讨论对某个景点最期待的是什么、旅行最怕遇到什么困难、交通及餐食是否方便等，然后总结成下一期视频的选题。而美妆类博主则会问粉丝最想看他测试哪个品类的化妆品、示范内容是不是易学等。

通过对热门新媒体影像视频作品常用的文字脚本句式案例分析发现，无论什么主题的视频都遵从了用户优先的即时感受，这些设计主要从窥探欲、激发好奇心、探索八卦心理、寻求同理心等大众心理出发来预期受众感受。符合时宜的文字脚本是决定视频效果的重要因素，海量的热门短视频作品看似毫无规律但也有迹可循。有效的文字脚本设计可以多借鉴那些已经被验证过的优秀脚本应用句式，在不断实践的过程中，还要不断总结分析和创新，才能做出更多被大众所喜欢的视频。为了有效提高制片效率，我们团队成员前后五次往返拍摄场地进行选景和策划，项目创作在开拍执行之前做好了新媒体影像视频作品的脚本设计、文案设计、机位图、分镜头表，其中分镜脚本要标出拍摄镜头的景别、机位运动、构图等。脚本是创作执行的设定范本，所有创作过程都会按照脚本进行执行。此外，拍摄的画面对剪辑师而言在技术上便于组接也是关键因素，比如同一场景的选用镜头时的机位、光圈、色调、距离、焦距、景别是否匹配，复杂镜头内所有平面的聚焦都是否合理等，确保最终作品尽可能完美，所以在脚本创作时要通篇考虑，并在拍摄剪辑时具有可执行性，并预判观众可能产生的感受。新媒体影像视频作品的创作是一个牵扯到多个工序的团队活动，尽管现在有些优秀创作者发出的视频是其独自完成，但视频影像制作的每一道工序仍然存在。影像艺术创作绝非易事，失误难免、压力巨大、客观条件变化等变故都随时可能出现，分镜脚本、文字剧本、文案等前期策划能有效增加对不可控因素的掌控，执行前做好充足准备，对视频的内容创作充分理解才能有效建立观众的即时感受。

综上所述，虽然新媒体短视频创作的选题立意在某些方面受到传统影视创作的影响，但由于平台差异和叙事限制，两者在选题立意上仍有显著的差异。选题会在平台特点和观众喜好的互动基础上进行调整，以适应不同的创作环境。

第四节 视听之美的镜头塑造机制

一、身临其境且运动变化之美

影像艺术从电影诞生起就已发展百年，它创造了视听交融、时空交错、写实与虚幻交互的综合艺术。新媒体影像本身是建立在计算机数据编辑传播的基础上，所呈现的是虚拟的“实体”影像。在移动互联网蓬勃发展的今天，电影、电视剧、短视频、新闻报道等任何主题的影像内容都随处可见，唾手可得，培养出了大量的有丰富观影经验的用户群体。研究者们和创作者们对影像的美学特征有着各自的观点态度，有的人认为戏剧夸张吸引人眼球是新媒体影像艺术的主要美学特征，有的人认为对真实生活的还原重现是影像艺术的主要美学特征，有的人认为持续变化的运动内容是新媒体影像的主要美学特征。尽管这个问题没有标准答案，但反映出一个问题，对影像特征的不同认知会直接影响创作者的创作观念和创作手法。当观众具有充足的观影条件，每次观影都是反复训练，训练理解和解码影像创作的各类镜头和元素的各种组合。也就是说，大众虽然不会利用镜头主观表达，但是他们已具备了解读视频影像的能力，知道某一影像的含义并获得直观的观影感受。通过身临其境的影像美、运动变化的影像美的设计来充分引导观众对镜头的感知能力是新媒体影像艺术创作的有效方式。

1. 身临其境的影像美

影像拂掠于光影，优秀的新媒体影像创作者们通过艺术性的镜头塑造，让用户在新媒体作品能身临其境的感受千种状态百种生活。新媒体用户在体验影像作品时，是通过视听来获得最直接的感官感受。影像镜头直接明了地展现客观世界的视觉特征，音频元素营造真实现场氛围，观众基于生活的积累就能迅速理解影像镜头的内涵，使得影像具有身临其境的美感。镜头在开机关机的过程中，通过设备记录下客观世界的影像形态，展现真实世界的内容情境。比如新媒体创作者李子柒创作的影像短视频作品就是充分运用了影像美学的典型，被超过 1.3 亿人关注。2021 年 1 月，李子柒在海外视频平台 YouTube 获得 1 140 万订阅者，刷新了由她创下的“最多订阅量的 YouTube 中文频道”吉尼斯世界纪录。人民日报曾多次发文称：“因为李子柒，数百万外国人爱上中国。”新华社也一度呼吁：“我们需要更多的‘李子柒’[92]”。她的新媒体影像作品用诗意的镜头，让新媒体用户如身临其境般感受中国农村田园风景。身临其境的影像美学中，减少了音乐和对白，将视听空间留给内容情境，还原真实世界的声音元素细节，通过影像和背景音乐来传递文化、气氛和情绪。在自然山水直观美感的影像场景中，使国内外新媒体用户获得了审美需求的满足。

意大利导演帕索里尼（Pier Paolo Pasolini）认为，电影艺术是最有魅力的艺术形式，是全世界唯一共通的、最“真实”的语言。雷内·克莱尔导演曾说：“一片活动的风景，一只手，一个船头，妇女的微笑……三棵树耸立在天边……不必根据你们语言的武断的规则来给我解释这些形象，我只要看向这一切，欣赏

〔92〕 联合国中文日暨首届海外影像节开幕．李子柒等青年人这样传递中国声音．南方娱乐 [OL].（2021－04－25）．http：//baijiahao.baidu.com/s? id=1697985105517013318&wfr=spider&for=pc.

它们之间的协和的或对比的关系就足够[93]。”用心感受生活、发现生活之美，用影像镜头捕捉时空、韵律与意境的影像美学。在《铜官小镇》影像作品创作实践中，我们反复推敲剧情并详细调研取景环节，通过路线行动组接本地文旅之美（图 8）。此外，新媒体百万粉丝的博主“李娃娃”，她的影像镜头拍摄的是生活中的点滴小事之美，通过新媒体影像艺术记录“人间真实”传播人间真实。通过短视频镜头，让用户们观看作品时仿佛身临其境地体验了不同的生活状态，“凌晨四点的大街”“泰山夜行”“外卖员送餐”并引发大量粉丝带入自己的生活现状进行评论。这些身临其境的影像作品让观众们开始对生活产生不同的思考理解，并传递给粉丝勇于尝试的勇气和力量。在新媒体创作中通过光影镜头捕捉塑造将真实生活场景还原，这些真实有力量的影像镜头通过新媒体流量效应，引发更多粉丝共鸣。

图 8　新媒体传播短视频作品《铜官小镇》（盛雨杰 摄）

2. 运动变化的影像美

绘画、照片、文字是静态的、固定的，与之不同的是，新媒体影像镜头在短时间内具有丰富的变化组合方式，它的内容是可移动的、可变化的，它的组接顺序也是可移动的、可变化的，运动变化是它特殊的影像之美。影像镜头通过组接顺序、景别、角度、场景、空间、特效、造型的转换，实现多种变化的影像效果。这些影像运动形式的结合给观众带来情节、情绪、视觉、听觉上的变化，吸引着观众的好奇心并产生关注行为。在抖音热门的卡点视频、变装视频等，都是

[93] 雷内·克莱尔. 电影随想录 [M]. 木菌，何振淦，译. 北京：中国电影出版社，1962.

通过镜头的组接顺序和时长的变化，结合内容情节和视觉特效等进行创作，所带来的感官体验获得了大量用户点赞转发。

影像的运动变化之美的重要元素是镜头，它起着关键作用。对于镜头的类型有多种定义，镜头是拍摄设备开机到关机之间所捕获的影像片段，镜头是剪辑师剪辑轨道上被裁剪的片段，镜头是观众观影时所看到的视频画面，镜头是视觉信息的最小单位。视频影像是一种故事讲述的表达方式，就像语言一样有自己的语法标准，它没有国界性，不受各地语言民族文化的限制，是全世界所有文化都通用的语言。通过分析现在热门的短视频应用软件抖音国内版与国际版 TikTok，会发现这两种 App 内的视频作品刻画人物、事物以及动作的方式，虽然是不同语言国家的人群，但浏览的观众都能从这些短视频作品中获得趣味和乐趣。需要说明的是，此处说的语法是一种逻辑，是视频影像作品中所呈现的所有镜头塑造视觉效果和表达方式的依据，是呈现镜头信息讲好视频故事的公认方法。用视听语言学习并进行大量影片分析，是提高影像创作能力的有效途径，以期持续优质的作品创作输出。

需要区分的是，新媒体作品制作过程中，摄像机的形态会随着科技硬件的变化而变化，它是一个动态延续的对象，比如摄像机、微型单反照相机、运动相机、手机等设备，也可能是以后的头显、可穿戴虚拟现实头盔等。摄像机从开机到关机过程中捕获的镜头内容是独一无二的，没有两个一模一样的镜头，它是从特殊角度下对角色表演的记录，并且，随着科技的发展，以后可能会成为任何创新的形态。在人物剧情镜头制作时，为了提高拍摄效率，会架设多个不同角度的机位，对角色的表演进行重复拍摄。我们在《铜官窑非遗传承人》拍摄现场多机位拍摄角度，虽然拍摄对象是同一个非遗传承人，但是它的角度、机位、景别、焦距都不一样。尽管拍的是同一个对象在同一时间做出的表演，所得到的影像也会有所差异，甚至完全不同，产生多种变化，镜头运动变化之美能帮助更好的创作。视频影像是既有创造性又有技术性的艺术创作，作品效果取决于观众从镜头中获得的信息量，以及作品能给观众带来多少共鸣。

新媒体影像镜头艺术创作运动镜头特征的实现，是通过拍摄对象动作设计结合镜头运动轨迹，来营造出多种具有视觉冲击力的转场效果。镜头本身可以有多种运动形式，而且镜头与镜头的组合能产生丰富的视觉变化，镜头拍摄对象的运动能催化新媒体作品产生变化之美。摄影机边运动边捕获到的画面，镜头运动方式不同，所展现的功能和表现力也不同。经典的镜头运动形式是推、拉、摇、移、跟、升、降、甩，但是新媒体影像作品受特殊平台和应用场景的限制，在运镜类型上主要采用推、拉、移、跟、甩这几种运动设计，或者固定镜头。虽然摄像机本身不动，但是能通过画面内容的运动而产生变化。

值得注意的是，一味地为了追求视频影像的艺术性，而将新媒体镜头拍摄得过于写意抽象、晦涩难懂，是不恰当的。艺术造诣升华脱离群众，失去了观众阅读兴趣，反而使得用户对作品的消化理解变得吃力。比如，过度追求影像运动艺术的绚丽，来设计过多过于复杂的镜头运动，使得镜头跳动频繁、喧宾夺主等。观众对作品的接受程度是新媒体视频创作者需要关注的重要因素，当视频中的视听语言不符合大众阅片习惯，视频中的镜头使用混乱且缺乏美感，则会导致观众和粉丝们难以对视频作品产生共鸣并降低传播欲望。

二、有限景别突出主体之美

我们在对众多新媒体影像作品分析研究过程中发现，无论是用于公众号、小红书图文内容中的影像客体作品，还是抖音、快手、哔哩哔哩等影像主体作品，在画框景别的选择中，中景和特写是最大量使用的景别。究其原因是为了配合视频播放载体的尺寸大小而做出的适应性改变，在移动互联网迅速发展之前，视频的主要传播载体是电视机和台式电脑，它们的尺寸较大所能呈现的信息较为丰富。在移动互联网迅速发展后，手机和平板成为大众主要观赏视频的主要硬件载体，手机和平板尺寸小且便携，并能随时随地观看。在这样的环境下，中景里的角色占较大画面比例，能突出表演信息，抓住观众注意力，而且中景是最接近人类观察周围环境方式的景别，这两个特点使得中景在新媒体视频作品创作中被广泛应用，并适合在移动平台上播放。每个镜头在有限画框内从不同的角度、透视关系或距离呈现的设计构图，都是对应表演场景下别有心思的取景方法，同时观众们也习惯了从大量镜头角度中观察角色人物之间的动作、神态、语言，以及其他剧情推进细节。镜头景别丰富多样，景别和镜头运动千变万化地组合呈现了多姿多彩的视频影像作品。《电影和导演》一书的作者唐·利文斯顿认为，研究构图要从拍摄角度和画面结构两方面来考虑，其中，画面结构指的是镜头中包括的题材数量和画格内各自位置的配置，它和景别有密切的关系〔94〕。拍摄时运用的视距不同，即摄影镜头与拍摄对象之间的距离不同，可以产生不同的景别〔95〕。新媒体影像视频创作实践过程中，与传统影像艺术不同的是，新媒体影像视频可

---

〔94〕唐·利文斯顿．电影和导演［M］．陈梅，陈守枚，译．北京：中国电影出版社，1983.

〔95〕陆绍阳．视听语言［M］．北京：北京大学出版社，2009.

以仅使用一个或两个景别就完成叙事，并不会用到所有的景别，在不同选题下景别选择有明显倾向性。

被摄对象的大小和摄影机的镜头焦距，画面中包含形态体格多大的人、物或环境的问题也会是影响镜头主体构图的因素。通过中景有效拉近与观众之间的距离，产生类似安全社交距离所观察到对方的舒服感。抖音大号“papi 酱”“刘爱芳的小春花”“维维啊”“无敌灏克”等创作者发布的大量视频都用中景近景呈现主体对象的设计表达。

在经验传授类和测评类的新媒体影像作品中，特写镜头则是关键信息的承载体，它是将特定物品或者角色表情放大，向观众展示它的细节、材质、变化、结构等。比如哔哩哔哩著名数码科技 UP 主“老师好我叫何同学”在某期内容中测评了初代苹果电脑，在 5 分钟的视频片段内就用了 48 个特写镜头和 20 个大特写镜头。在对电脑的组装过程中，如果只拍摄人的组织行动，难以看清他手中拿的电脑零配件。假设观众与他在真实场景中，想要看清零部件的结构，观众会凑到他身边去观察。而在视频影像中，特写为观众完成了凑过去的动作，展现了零件的精细结构，帮助我们观察更多细节。要实现特写镜头的拍摄，可以通过摄像机的位置移动、调整光圈焦距，以及透视关系等都可以拍摄到一个清晰的被放大后的视觉影像。在制作美食烹饪和品鉴视频作品时，有效的特写镜头能很好的强调制作关键技术并突出展现食物的鲜美和口感，激发观众的食欲和兴趣。

从观感刺激角度上来讲，特写镜头的视觉张力，在纪实类、口述类、讲解类新媒体选题的内容中会经常作为主体呈现的设计。但是在剧情类镜头设计时，过早地切入特写镜头却并不合适。在创作设计时将剧情引入镜头放在时间轨前段，在随着铺垫镜头和剧情推进镜头将故事推向渐渐紧张的节奏时，放入特写镜头会起到画龙点睛的作用，推进剧情走向高潮，使观众获得丰富层次的观感。特写镜头能有效使观众从演员放大或虚幻的面部表情中获得更多观影信息，一般情况下，特写镜头时长会在 4 秒以内。由于特写镜头尤其是面部特写是一个非常聚焦且排他性的镜头，观众看不到任何的环境因素，因此它承载的剧情信息具有强控性，会通过面部表达或者悬疑营造带动观众情绪，是新媒体影像创作时有限空间内有效突出主体的设计方式。但是在剧情尚未开始，观众还没走进视频剧情情境时，特写镜头的过早出场会淡化后续情节的开展并破坏原有的视觉效果，甚至导致原本脚本设计的反转情节或者抖包袱情节失去效果。将特写镜头设计过早，虽然并不会改变故事结构和情节，但是会减少观众的瞬时反应。因为观众在观影过程中有所思考，在特写镜头的情绪指向中条件反射地去判断角色心理状态以猜测下一步剧情，从而降低反转剧情或者突发剧情的冲击力。在搞笑短剧、整蛊类、惊喜类、虚构叙事情节类设计中尤其如此。当然也有例外，在纪实类、口述类、讲解类选题的视频内容多会采用中景镜头和特写镜头段连续拼接。

在镜头的组合设计上，同内容、同场次、同对象拍摄了近景、中特写、特写、大特写等许多镜头，选择摄像机更靠近被摄对象的那个为常被选择的对象。眼睛是情绪传递的窗口，眼神的特写在新媒体创作表达中至关重要，观众最易获得表情信息的就是正面特写。在剧情类脚本中，常见多情节线剪辑，需要快速吸引住观众入戏，全身或四分之三的镜头的情绪感染力相对较弱，一般在设计组合时会选择拍摄有人物脸部正面或四分之三的镜头进行呈现，这一定程度上受手机屏幕尺寸的影响。

在创作实践中，旅游类和历史讲述类视频作品创作时由于表达主体的变化，远景穿插使用来展现对应内容主题所在的环境和风景来传递美感。远景镜头具有强大的包容性，它通常在画面中包含更多的环境，观众接收到的是通常从远处拍摄的范围更广的视觉信息。比如用于展现庞大山脉、湖泊、城市、雨林、建筑群等拍摄对象的物理空间关系，并且包含非常多的景、人、物、表演场景信息。此时的创作主体则是山川湖景而不是人类，远景镜头中的具体物品或者人物变得非常渺小，观众无法观察到细节。在这种设计下，环境是远景展现的重点和主体，人在镜头中只是很小的存在，不再突出某一个人或物，而是群像与空间关系的展现。在旅游类新媒体内容创作过程中，设备配置结合无人机进行远景拍摄，在体现时间的跨度和情绪的转变上，在一个更大的空间拍摄用作视频开场情绪酝酿或开始一个新场景的定场，以更广的视角表现空间的转换，如城市、山脉、村庄、荒漠、洋流等，还会用于体现时间的转换，表现昼夜更替、斗转星移、春去秋来、跨古越今。需要注意的是，在新媒体创作应用中景别空间并不是唯一性，创作者带入观众角度思考，观众视觉最想看到的是怎样的画面，什么样的呈现方式，什么样的讲述方式。

三、竖屏美学构图之美

宗白华先生在其书中谈及构图的内涵，认为“美的形式之积极的作用是组织、集合、配置。一言以蔽之，是构图[96]”。根据不同的镜头内容形态，变换视角和角度，使用富有表现力的构图形态，突出被拍摄对象的鲜明特点以产生视觉冲击力。在构图设计中，九宫格构图、中心对称构图、垂直线水平线构图、框

〔96〕宗白华．美学散步［M］．上海：上海人民出版社，1981.

架构图、S形构图、重复构图等设计手法重复出现，以实现突出主体的美感。新媒体影像艺术构图创作不是传统影视创作的简单延伸，在一个类型主题下创作同类型的作品成千上万，新媒体影像创作应用实践过程的优秀作品，使用频率较高且有效，具有美感的镜头构图设计形态，具有自己的特性，这些特性使作品从人群中脱颖而出，给观众和品牌方留下深刻印象。

在首届抖音短视频影像节上，中国著名导演、摄像师张艺谋作为评委，首次提出“竖屏美学”的概念。他认为“人人都可以是导演，很多民间作品非常有创意”；“通常看电影、电视都是横向的，现在竖屏的形式更适合手机，这对未来有更深远的影响〔97〕”。竖屏影像作品的流行与美学探索，一方面是满足多样化艺术创作的需求，另一方面是对移动互联网背景下新媒体应用场景和用户行为习惯模式的匹配。华为推出手机拍摄的竖屏微电影《悟空》、张艺谋的竖屏贺岁系列等，在高质量的竖屏美学构图上进行了有效探索。抖音曾经携手香奈儿、Airbnb、雪佛兰、哈尔滨啤酒等企业，进行了竖屏美学尝试，最终产出三支短视频作品，通过全屏、创意把关、构图设计、精准推送，达到了用户高适应度和高效推广与用户口碑反馈。

对横屏而言，需要导演构建戏剧冲突，从而推动剧情，结合实际情况来看，通常需要利用多个人物制造冲突，然后让观众掌握人物关系；从竖屏来看，画面空间有限制，所以很难融入太多的人物以及呈现比较复杂的人物关系，但竖屏也有一个优势，就是可以突出人物角色〔98〕。竖屏的构图和叙事框架对创作者有更高的要求，它需要更加专业的技术水平、空间思维感知和创新能力；构建竖屏构图的全新的叙事逻辑来充分展现竖屏格式的纵深层次感，是未来发展的方向〔99〕。它区别于普通横向画幅常见的16：9的比例，人的双眼视幅由水平方向宽广视野，变成垂直方向相对狭小的视野。竖屏影像创作中，独特的画幅与构图，成就了另类的视觉奇观。相比之下，竖屏微电影由于垂直方向拥有了广阔的空间，所以创作者拥有很大的创作空间，新设置画面构图、场面调度等要素，以求适应全新的画幅。单个角色拍摄是常见的拍摄对象，摄影师掌握镜头取景时要

〔97〕 人民网．首届抖音短视频影像节 张艺谋提出“竖屏美学”概念［OL］.（2019－08－25）［2024－02－01］. https：//baijiahao. baidu. com/s? id＝1642801003374943971&wfr＝spider&for＝pc.

〔98〕 李永乐，李婧．张艺谋竖屏贺岁微电影研究［J］．新闻研究导刊，2023，14（14）：249－252.

〔99〕 周韵淞，黄瑛．新媒体时代短视频影像表达的艺术探索［J］．长江文艺评论，2020（6）：56－61.

注意九宫格构图、适当取景留白、视线延伸等构图方法平衡镜头内画面构图的均衡感。有效的构图方法可以适用在任何景别和任何对象的拍摄上。比如一辆汽车、一把椅子、猫、一个装满橘子的篮子等，在构图时也是从头顶留白、视线留白、九宫格定律、摄影机角度等方面去进行构思。新媒体影像创作作品除了单人镜头以外，多人镜头的画面里多了若干个被摄主体，在取景构图时的重要因素则取决于角色之间的关系。

新媒体影像创作多角色拍摄场景、角色人物对话构图之美以远景、全景交代角色环境，并展现角色之间的站位。这个景别下的多角色镜头，主要以交代环境为主，以中景、近景和特写交替剪辑体现角色之间的动作细节和互动，尤其是侧面中近景双人镜头在角色对话中的运用时高频使用。侧面双人特写镜头时常会营造出某种特定情绪，这两个角色或亲密，或敌对。王家卫导演的电影中常有男女主角相互对话，但是用了几幅画来营造男女民主角之间逐步增长的浪漫情绪。比如新媒体短剧《众里寻她》中，男女主角通过电话约定，各自来到吃饭的餐厅，一桌两人四目相对安静地吃西餐并进行轻松的交谈。在谈到各自的喜好时，拍摄的侧面双人镜头将画幅收紧，两个角色的物理位置没有变，但是在镜头画面里他们被画幅聚集在一个更小的空间，暗含着两人慢慢增加的情愫使得两颗心越来越近。拍摄时会在某个角色背后的位置取景，将两个角色的身体前后重叠，来进一步收紧画面。在视觉消失点的位置为角色建立视觉上的"好感"，这种构图手法使得角色充分突出剧情中主导地位的角色。

由于新媒体影像作品大多在移动端平台播放，在取景设计时空间有限，创作作品还呈现出将两个角色压缩进同一个景别空间的现象。比如短视频网剧《战神归来》主角找到坏人并与之对峙时，透过主角的肩膀拍摄坏人狡诈的言语表情，通过坏人的肩膀拍摄主角正义凛然的指责劝诫，这样的过肩拍摄交替重现。大量大透视的中近景或特写的拍摄，使这一正一邪的两个角色的脸以一种非常态的方式凑在一起，使剑拔弩张的剧情情绪累积到顶点。这种中近景侧面双人镜头比较适合于双人对峙和对话时体现情绪的增加。

但是在实践中我们发现，这一创作方法有一定的局限性，当多角色之间没有特殊关系或者情绪，要体现客观理性的多角色构图时就不适合用这种方法。比如在做路采项目时，在街头调查采访群众这是一个客观性的镜头，没有合理的情节把两个角色的脸通过特定景别放在收紧的画幅中，这会造成观众误解并影响对采访结果的客观判断，所以会注意两个角色之间的构图距离。这时候拍摄多人镜头时，应该将直接面向摄影机的双人镜头当两个人肩并肩地站在一起，面对镜头时，就能得到一个比较理性的镜头。群众交流谈话、记者发问采访的注意力是对着角色站位的方向或者镜头方向，且保持着安全的社交距离。摄像机取景拍摄了这些角色的脸和身体，但由于虚拟叙事客观拍摄方式的惯例，他们并不直接对着摄影机镜头或是观众讲话，而是看向对应角色物理站位的方向。值得注意的是，这种镜头的取景是一种相对放松的构图且必须足够宽，至少要容纳两个人肩膀的宽度。

在普通的多角色对话镜头中，大景别里的人物各自进行表演，这种多人镜头中，观众可以根据自身兴趣结合情节的发展自主决定，并将注意力落在某一个角色上。但是过肩镜头的取景则不一样，观众没有选择的空间，只能接受导演安排他看的角色。由于侧面双人镜头的物理位置是已经确定了的，角色之间的对话互动透过角色间的肩膀拍摄，实际就是利用镜头构图将观众的注意力集中在主要角色推动情节的表演上。在场景调度时两个角色的物理位置要靠近，这样才能拍摄出预期的多角色镜头，尤其是过肩双人镜头。虽然这种人物间的位置并不会发生在真实场景，因为这样的站位会很奇怪，但在新媒体影像创作中这样的设计却是有效的，因为摄像机构图的视频镜头里观众并不会觉得有何异样。两个角色被圈在同一画面或者二者紧靠，通过构图画面就能感受到角色之间特殊的关系。过肩多角色镜头的取景收得更紧，以便获得更多面部细节。但是要注意适量使用不能过于频繁，总是使画面被一截后脑勺挡住，会使观众产生厌倦感。多角色镜头对话拍摄时会搭配远景、全景、中景、近景这些景别，对中景的使用频率更高，因为它不仅能展现角色体态特征还能实现美感构图，一定的空间留白并保留对话角色视线方向。

四、光既是工具也是道具

虽然新媒体影像创作的视听原理来源于传统影像艺术，但是它并不是简单的创作技能迁移，这一点也在创作过程中的光影运用上两者区别较上有所体现。传统影像艺术的光影实践经验和评价标准对于新媒体影像作品并不适配。创作在实践中除了目的性光影的设计外，与传统影视艺术创作中光影用于环境光源照明不同的是，在新媒体创作过程中，光影元素还会成为道具和交互对象。

影像创作从技术的起源角度上是光投射到感光元件中的所获得的影像，为了保持持续创新的创作能力，光影色调塑造是创作者们开发创新的实验方式之一。创作者通过光影塑造，将剧情重点突出将无关信息隐藏，观众信息的获取量决定了他们的观影沉浸度。光与视频镜头创作息息相关，与视觉美学、色彩情绪传递、镜头光圈、感光元件、故事情节、光比等相辅相成密切联系。

精湛的表演、完美的构图、华美的场景、炫酷的动作，离不开恰如其分的光源布置，对于传统影像艺术创作来说则将会使得镜头效果大打折扣，但是对某一些新媒体影像作品来说光影的作用却有所不同。在实践中所有的光影设计都是为了镜头内容服务，这个度的把握既不能喧宾夺主也不能置之不理，它是营造影片或明亮爽朗，或忧郁沉闷，或扑朔迷离的整体氛围的重要环节。但并不是所有的新媒体作品都具有完整的灯光条件，它们中有的光源设计的是为了完成镜头感光元件对画面影像的获取，有的光源是为了塑造某个角色，有的光源是为了铺垫剧情走向或者其他创意性目的。影像制作过程中使用的光，为了营造恰当的视觉效果，无论是短视频、电影、电视，还是其他形式视频创作的过程，都需要使用合适的光源来帮助实现有效拍摄。光的应用千变万化，创作需要在场景实践中结合现场环境进行有效设计并不断改善。与传统影像艺术不同的是，新媒体创作应用过程中的光影镜头塑造，呈现出自身独有的特性。

1. 无意识自然光影

无意识自然光影是大多数新媒体作品所呈现出来的画面效果，源于大量的内容提供者是普通群众基于生活分享的无意识的创作活动。新媒体平台是开放的具有社交属性的平台，它基础内容主要来自普通用户，其中包括大量的草根创作者，任何人都可以在平台注册并发布内容。这使得新媒体平台的内容创作和用户群体非常广泛，涵盖了各个年龄段、兴趣爱好和背景的人群，而他们在创作过程中所形成的镜头光影，都是无意识的自然光影。自然光影的塑造来源也就是太阳及自然环境光，太阳是无限光源的发射器，不同时段太阳光的强度、色温都不同。太阳运动、地球自转等天体活动，太阳光线变幻的效果实现了光与影的多种组合形式，光线色温由低到高再到低，其中色感由红到蓝再到红光组成。由于新媒体影像创作更多的是展现普通人的真实生活，所以画面中间或出现如光斑、暗影等破坏画面的非必要光影乱入这一现象较为常见。

在望城文旅项目创作时，把握好时间机制，太阳就是最佳的光影设计者，晨光和夕阳是首要选择的光影对象。其次项目执行也会在清晨或者傍晚进行拍摄，此时的太阳光受云雾的影响会逐渐变得柔和，拍出柔和的光线，成像效果比较清晰且映衬得人的肤质很好。摄影的黄金时间是日出和日落时刻，虽然时间短暂但是色温柔美，成像效果最佳。如果要追求质感的硬光、轮廓光，会选择中午太阳光最强烈的时段，此时光线强烈亮度大，被照射的物体投射出清晰的阴影边界，形成强烈的对比反差感。但是人物角色的塑造要考虑人面部与太阳光的角度问题，因为中午光线过于强烈，人眼出于自我保护本能，会不自觉地眯着眼睛而影响画面效果。

2. 有意识人造光影

在剧情类内容内景创作时，人工布光是有限条件下的可控光源。这种布光不是简单地使场景变得明亮，而是在无数次的实践过程中，通过多种设计方式进行多种布光方案的尝试，来提升镜头质量和影像效果。构图中光的创造性乐趣在于，通过硬光与柔光结合选择性地呈现演员和场景。目前行业里视频制作的主要拍摄对象还是以人为主，无论是电影、电视剧、短视频还是新闻。根据执行经验，对以人为对象的拍摄来说，三点布光法是适用于新媒体创作中效果较好的布光方式，此处三点是指位置点，这个位置点是指照明灯而非摄像机位和角色。三个位置分别布置三个类型的光，即主光、辅助光、背景光，各自承载对角色不同的视觉作用。以摄像机为原点，左右 45°的位置安排主光、辅助光，过程中主次之分是关键，主光是对应场景下主要的光源提供者。此外的照明工具的强度都要弱于主光源。普通的镜头拍摄时，一般情况下会把主光源放的高度设置高于角色人物的头顶，纵向或者横向位置角度以摄像机镜头轴线 45°的位置为最佳，当然根据需要也可以以具体场地条件进行匹配。布置完主光源我们观察画面，主光由于是高强度的光源，对角色的暗面会产生强烈的阴影，破坏画面的美感。在此处需要添加一个辅助光，光度弱于主光位置靠近阴影，对阴影的暗面进行光源补充。辅助光用于控制反差光源，基于摄像机在轴线的反 45°方向。通过这两种光源的布置，角色的基本形态就已经能呈现出来，但是角色与场景环境的空间距离没有拉开。要解决这个问题，就需要进行背景光的布置。与摄像机反向在被摄对象的背后放一个背景光，角色的形态轮廓被清晰勾勒并营造光环，角色被清晰地分离出背景起到加强景深视觉的效果。三点布光下的拍摄场景的光亮程度已能够满足拍摄。给被摄人物的特定照明反差称为反差比或光比。反差阴影的大小受主光源控制，但被辅光源增加照明补充，被摄对象在有感光物料的条件下可以通过背景光的补充产生光晕光环。不过要记住，方法论是为了更好的实践，在创作过程中要从实际出发根据具体需求和创意奇想而进行调整。

通过肉眼观察角色两边光的受光程度，要实现高主光平光场景需要同等大小的照明力度的光。低主光场景需要两侧光源强度大反差来营造强烈阴影区的氛围感。从实践来看，光的强度可以通过灯具上的参数按钮结合人眼来进行判断，虽然有手持测光表这一测光工具，但是对于新媒体视频创作来说使用率较少，多用于电影电视剧的工作场景。布光效果会受到硬光和柔光还有角度的影响，所以在实践布光时要予以充分考虑。硬光虽然总是制造出重阴影的高光比，但是它容易被控制、观察、改进，应用来说相对容易。与硬光相反，柔光产生的光比低，边缘不清晰不易被察觉和控制，常围绕在曲面周围。

为了提升镜头画面的美感和营造特定情绪，在情节设计场景中会使用故事光源产生剧情性照明，比如黑夜里的打火机、海岸线瞭望的灯塔、桌前的台灯，空荡客厅里闪烁的电视机、烈日当空骄阳下等。在实际拍摄过程中，呈现的视觉效果要符合场景要素逻辑，画面中的光源呈现应来源于这种假定性的或者是剧情社会中某种真实存在的光源。剧情性光源在影像世界中合适的布局往往也是拍摄灯具需要布景的地方。我们在一场拍摄阖家团圆的年夜饭镜头素材时，剧情光源设计使其来自餐桌上的餐厅灯，在拍摄实践现场布光时带了一个模拟餐厅灯角度和亮度的大灯，将它架设的位置高于人坐在餐桌前的头顶。但并不是只有这一盏灯用于场景，一般还会布置正面光也称为顺光，与摄像机同方向，过强的顺光会使人的面部不够立体。在这个场景下以现有布光条件，与合家团圆的角色一同被拍摄进摄像机的还有角色背后会有一群破坏美感的可见影子。为了解决这个问题，我们将入射角照射的高头灯调高，配合餐厅的模拟顶光，将影子淡化消除。影子一般情况下不会被留在画面里面，对人物表演产生干扰，但如果是用于主题性造型表演来说则不用消除，它是用于叙事的一部分。影子叙事最典型的案例就是希区柯克在《惊魂曲》中浴室惊魂的片段，浴帘上若有似无到逐渐放大的影子营造了紧张悬疑的感觉，但是在新媒体影像创作应用过程中使用较少。

此外，光源设置要根据场景灵活变化。在拍摄一个夜晚路上汽车抛锚的场景镜头时，剧情是一个人站在汽车大灯前面修理前引擎盖发动机，我们设计了视频镜头的光源效果必须有从低角度往上映射人脸的光源。如果角色人物位置是蹲着正对汽车前脸，则给角色的光一定是从车灯角度发射的硬光，实践拍摄时，光的来源不仅仅只有车灯，还可以用同角度的大射灯模拟剧情光源并强化。但如果角色人物位置是站立在车前，则车灯给他面部的光源是散光柔光就不再是射光，这是受剧情场景位置所决定的。

在角色塑造的过程中，镜头表现并不单单只是需要让画面明确、主体清晰，有时需要营造特殊的氛围或者某些刻意的情境。比如在塑造人物正邪交错或者内心挣扎时，可以将光源放在与摄像机呈垂直角度的位置，这种侧面光沿着角色的眉骨、鼻梁、人中、嘴唇中线形成一条清晰的明暗交界线。此时角色的面部是一半明亮一半阴暗的脸，这种光影形态下的人物光影有时也称为阴阳脸，非常具有戏剧性。有些账号为了增加视觉冲击力，不仅使用阴影光，还给光源添加对比色彩令人产生强烈的视觉印象，比如某经验分享账号，为了营造讲述者的神秘感，在人物左边布置偏红色的亮侧光，右边布置蓝色的较弱的环境光。轮廓光有时会辅助强调外造型轮廓的额头、鼻梁、肩膀、下颚骨等转角突出的轮廓。

我们在拍摄望城中国传统文化非遗传承人的影像时（图 9），当时是在传承人的制陶工作现场，为了想要让传承人的角色具有历史厚重感和神秘感，于是将正上方的顶光源调亮，由于人的眉骨是人面部骨骼的高点，发射于正上方的强顶光是直线光，照到眉骨则无法照亮眼窝，便会使得人的眼窝处于眉骨的阴影之下。眼睛是人物情绪传递的重要窗口，一旦眼部处于暗面，观众无法获得角色的真实情绪传递，于是便产生了无法揣测的神秘感。这种用法的典型镜头我们可以在经典电影《教父》中看到，老教父坐在书房里接待会面者，顶光源下来人物眼眶是深深的阴影，老教父的情绪和态度让属下捉摸不透。中国著名导演姜文在《一步之遥》的开场镜头中亦重现了这一经典布光场景。

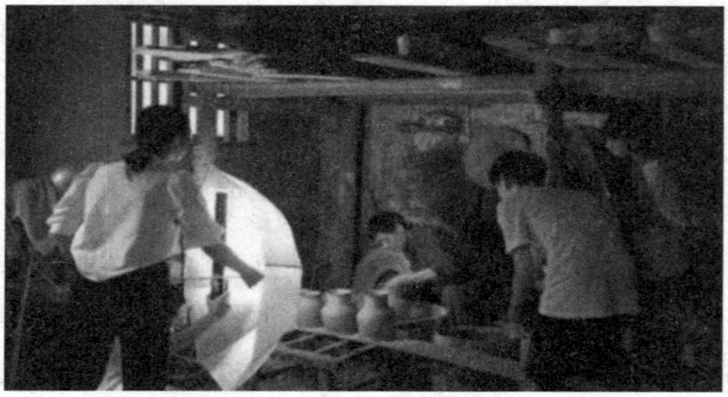

图 9　非遗传承人影像拍摄现场（曾燕 摄）

一个镜头内容质感的提升除了精美场景搭建外，光也起到了升华的作用。除了角色用光需要精细设计以外，场景也需要一定的光源补充，比如春季鲜花浪漫的场景经过布置后，在鲜花区域添加柔和暖光源，给这个剧情布景的深层空间制造额外的三维效果，可以使现场气氛变得温馨浪漫传递剧情唯美的基调并将这种感受传递给观众。在电视剧《知否知否应是绿肥红瘦》中，剧组不仅搭建了实景庭院，在拍摄室内夜景戏时，特意使用大量的蜡烛作为光源的营造体布置在室内环境的各个角落。中景里蜡烛映衬的光线与较暗的背景之间分离出层次上的距离，蜡烛群给角色群像进行光源补充，使角色在夜景或较暗室内环境等类似镜头中从较暗的背景中分离出来。这样的布光设计温和而雅致，一方面是为了还原中国古代人真实的生活场景，另一方面传递了本剧含蓄克制的整体风格。

环形补光灯虽然是许多新媒体影像创作者初步进行创作的选择，但是它对实现具有美学设计的镜头效果作用却收效甚微。色彩与灯光的结合，是视频制作过程中非常有效的创意工具。这些实践组合是艺术、技术、科学工艺的最佳组合的不同模式。光源色感在新媒体影像创作过程中，被用作辅助角色叙事的单一光源。比如角色感到孤独无助时，是清冷的光源色调里，在一个空旷的景别下一个人物角色的剪影。当他陷入回忆穿越到过去时，他在一个穿梭时空的场景里情绪是平和的或者甜蜜的，此时会布置暖色光源环绕他周围，产生抽离真实的光晕效果。在作品创作时要体现不同人物的平行时空剧情上会采用这种设计方式，另外在抖音创作头部账号“慧慧周”的剧情创作中，当角色要进行时空穿越时，就使用到类似的布光手法。

3. 光影交互道具

与传统影视艺术创作中光影用于环境光源照明不同的是，在新媒体创作过程中，光影元素更是成为道具和交互对象。在抖音中不乏将光线作为道具或创作元素的热门活动，以吸引用户参与和创作内容。像“光影挑战”这种类型的主题通常要求用户在不同的光线条件下创作短视频，展示光线变化对场景、人物和物体的影响。用户在日出、日落、阴影等情况下录制视频，以突出光线的美感和创意。各平台还会结合社会热点发出比如“光影舞蹈挑战”“发光物体挑战”“灯光秀创作”等。“光影舞蹈挑战”是一种要求用户结合光影效果创作独特的舞蹈或表演挑战，用户利用灯光、投影等元素，将光影与舞蹈动作融合在一起，呈现出独特的视觉效果。“发光物体挑战”鼓励用户使用发光物体（如荧光棒、LED 灯等）作为展示道具加入创作内容，在黑暗环境中光影成为角色互动的主体，创造出独特的视觉效果。“灯光秀创作”这种创作活动要求用户使用各种灯光和投影来创作具有创意的灯光互动影像，运用不同颜色、形状和动态效果的投射，将灯光作为创作的重要元素。

五、视角切换引导情境

为了体现视觉感官上的差异性，在新媒体影像视频创作时会选择特殊视角进行处理。角色对着镜头进行阐述或者表演，将镜头当成观众来建立直接联系。以主观镜头的方式模拟观众的眼睛去获取有效信息并与角色建立联系，是新媒体影像创作的高频方式，让画面中的人物直视镜头并对观众讲话或表演。抖音著名大号“老爸测评”的视频内容是典型代表，内容创作模式都以测评员对着镜头开始讲话，如：“你的洗衣机真的洗干净了吗？今天我们拆开四台洗衣机……”“你是不是还在给孩子用这款……它已经被公认是最……”通过镜头拆解分析，可以看到画面中人物眼睛直视着镜头就像银幕里的人直接对观众讲话，这种直观的方式能有效拉近与观众的距离并产生类似于真人社交的信任感。这种手法也高频出现于直播新闻记者、直播主播、脱口秀嘉宾等，都会用画面中的人物直视镜头并对屏幕后的观众讲话。但是，这种主观拍摄并不适用于有剧本的虚构故事片。在传统影像艺术创作中，大多会使用与主观视角完全相反的拍摄手法，即为“上帝视角”。上帝视角不会与视频中的演员产生直接交流，演员不会看镜头或者与镜头沟通甚至不能靠近它，演员与屏幕外的观众没有互动。演员是存在于剧情设计的世界，摄像机是观察者，而不是直接参与者。镜头里所有的人在活动过程中仿佛并没有一个摄像机在跟拍，摄像机这一物体根本不存在。新媒体影像艺术创作作品通过这类视角用于剧情类、纪录片类的创作中，是非常客观理性的镜头，不带有角色情绪及导演情绪，是观众统揽全局观看故事的全知角度。

第五节　视听之美的蒙太奇艺术表现比较分析

目前深度可视化的新媒体环境下，视频影像已呈现出多样化多主题的艺术形式，比如短片、故事片、纪录片、电视剧、网络视频短片、商业片、广播新闻混剪等。电影艺术作为一种长久存在的艺术形式，它的百年历程为新媒体影像创作的崛起和繁荣奠定了坚实的基础。电影艺术在全球不同的艺术家漫长的创作过程中，不仅积累了丰富的技术经验，还形成了一系列影响深远的艺术美学规律，这些艺术美学规律在新媒体视听影像中得以继承和发扬。但是，新媒体影像艺术不是简单的传统电影艺术的迁移，而是基于其自身的特殊性有着自己的特点。它颠覆了传统影像艺术的思维方式和创作方式，拓宽了视觉文化的生存和发展空间[100]。下文将从艺术创作来源、叙事特点、维度分析等角度对新媒体影像艺术与电影艺术进行比较分析。

通过剪辑让影像内容、立意情节产生联想和转换，让画面快速地在地球、太空、人的拥抱、列车飞驰、古代场景、未来科技中瞬间穿梭，并给用户带来视觉刺激、情感传递等感受。根据情节故事逻辑将拍摄的镜头画面有节奏、有目的、创造性地进行拼接组合是蒙太奇艺术的核心，以此逻辑成一个完整的影像视频是具体问题具体分析的过程。新媒体影像创作有着自己的剪辑特点，是一个创新创作的过程，剪辑逻辑和实践准则来源于电影语言语法，但演变于用户行为习惯。目前行业生产量来看，短视频是成片率最高的影像艺术创作方式。

蒙太奇作为所有影像艺术叙事的重要手法，无论是电影艺术还是新媒体影像艺术创作，贯穿于每个镜头的呈现过程中。它强调了镜头之间的关系，通过不同

〔100〕周韵淞，黄瑛．新媒体时代短视频影像表达的艺术探索［J］．长江文艺评论，2020（6）：56－61.

镜头的衔接来创造出更大的意义和情感共鸣。镜头的选择、顺序、节奏以及视觉效果的安排设计都离不开蒙太奇手法。当我们分析镜头的视角、焦距、时间长度时，实质上也在讨论创作者的意图、情感状态、评价观念以及创作灵感。每个创作决定和设计都承载了创作者的情绪、态度和创意。视角的选择展示了创作者对故事世界的理解和呈现方式，焦距的变化可以强调或模糊特定元素，时间长度的设定影响着情节的张力和节奏。从视听语言、蒙太奇手法、镜头角度来看，整部影像艺术作品早已注入了创作者的心血与匠心。这些看似微小的镜头，实质上承载了创作者的智慧和创意，为用户呈现出一个完整、感人和引人深思的故事世界。

一、供给者与受益者

电影艺术成为新媒体影像艺术的创意源泉和技能基础。电影艺术作为一种长久存在的艺术形式，它的百年历程为新媒体影像创作的崛起和繁荣奠定了坚实的基础。电影艺术在全球不同的艺术家漫长的创作过程中，不仅积累了丰富的技术经验，还形成了一系列影响深远的艺术美学规律，这些艺术美学规律被新媒体视听影像学习、吸收，从中得以继承和发扬。新媒体影像艺术发展受益于电影艺术的积累、创新以及与现代数字技术的结合，以短视频、中视频、AR互动视频等为代表的新媒体影像艺术，有效传承借鉴了电影艺术的影像语言的视觉美学、叙事结构、声画用法、情感共鸣及技术合作，使新媒体影像艺术创作应用能够在移动互联网时代蓬勃发展。

电影艺术其本质是一门影像语言，通过镜头、剪辑、音效等手段来传达信息和情感。电影影像的创新，如主观视角、跟踪镜头、特技效果等，启发了新媒体创作者不断探索新的影像语言，使其更具创意和感染力。电影艺术有一个显著的特征就是用具象化的视听手段传递触动观众的情感思想。这得益于电影艺术的蒙太奇手法，通过多样化的叙事结构，如线性叙事、非线性叙事、回忆叙事等，深刻塑造角色、推动情节，引发观众的共鸣和深思。这些实现情感共鸣的叙事方式不仅为电影艺术创作提供了灵活性，也为新媒体影像艺术的编排和叙事方式提供了丰富的参考，灵活运用这些叙事结构，以更吸引人的方式在短时间内讲述故事或传达信息。新媒体创作者努力通过精妙的情感表达来打动观众，与他们建立情感联系、实现情感共鸣。

从黑白电影时代到如今“8K+5G”超高清、3D和虚拟特效技术，电影艺术注重画面的美学和艺术表达，它持续拓展着影像视觉的边界。电影艺术美学的发展推动了摄影、视觉效果和视觉美学的提高，培养了观众对高质量、高水准影视内容的需求。这种对视觉美学的极致追求，既促进了创作者的专业提升，也培养了具有高审美能力的观众，促进了新媒体创作过程对画面的构图、光影效果和视觉吸引力的追求。这些进步渗透到新媒体影像艺术领域，使得新媒体影像艺术受益于电影的视觉美学原则，迁移传统电影艺术中高质量的影像技术获得更具吸引力的画面，来满足观众对精良制作的期待。许多传统影视从业者纷纷入场新媒体影像创作，带来了丰富的制作经验和资源，并转化为新媒体创作者的知识库。电影产业的数字化和在线传播加速了社交媒体和数字平台的兴起，这为新媒体影像艺术的发展和二度创作提供了资源和平台。

二、颗粒化叙事与深度叙事

人类观看电影艺术的行为已持续一百多年，近几年市场发布的电影艺术作品镜头量设计已达到500～1 000个镜头。在沉浸式观影的90～180分钟的时间内，每个镜头都是影片叙述的一部分，承载着特定的景象、视角、时间长度和运动形式。这些镜头通过巧妙的组合和剪辑，以及画面与音响的精准搭配，形成了电影艺术深度叙事的整体架构。与移动端碎片化观看新媒体作品不同的是，电影艺术则更注重故事的铺陈、情节的展开和角色的发展，需要通过更丰富的细节挖掘深层次的主题和内涵。电影艺术的体验主要是在电影院等封闭环境，时间通常为数十分钟到数小时不等。这种封闭环境和时间长度赋予了电影艺术创作更大的叙事深度和复杂性，可以有更多的情节发展、角色心理描写以及多重主题的呈现。由于时间较长，观众能够深入地了解角色、背景和情节，它的故事展示更为立体，情节之间可以有更多的交织、回溯和反转。同时，电影通过深度化叙事更好地展示主题和思想，给予观众更多的情感体验和审美享受。

与电影深度化叙事不同的是，新媒体艺术需要在有限的时间内快速吸引观众，因此更强调创意和内容的瞬间表达。新媒体影像是时长非常有限的颗粒化叙事，通常在几十秒到几分钟之间，对创作提出了很高的要求。中国著名电影导演陆川、李非在首届抖音短视频影像节上表示："短片某种程度上比长片更难拍，因为它'惜字如金'，情节、反转、桥段的设计都很有难度。"

新媒体影像的颗粒化叙事体现在，在极限时间压力下，集中呈现一个简短、具体的情节或者观点，以迅速吸引观众，在极短的时间内传达他们想要表达的信息和情感。由于时间有限，情节和角色的发展通常比较简单，叙事更偏向直接、线性，强调情感冲击和刺激。创作者需要尽快抓住观众的注意力，颗粒化叙事注重开头的吸引和结尾的意义，而叙事的过程相对简短。虽然表现受限，但它可以通过创意和特效展现艺术性。

新媒体影像不像电影那样有复杂的情节和角色发展，它们是简单、直接、紧凑的叙事结构。颗粒化叙事使短视频的故事、信息、情感等元素通过蒙太奇手法切割成小碎片，每个碎片都能独立传达某种思想或情节，从而达到新媒体影像仅使用4~5个镜头就实现的强烈传播效果。新媒体平台社交属性较强，这些平台有快速消费和分享的特点，因此，颗粒化简洁而强烈的镜头叙事能有效吸引用户，每个镜头必须贡献最大的信息量，以便快速传达故事或信息，以获得更多的分享和关注。

颗粒化叙事借助蒙太奇手法剪辑设计关键镜头和画面的顺序，以确保信息的逻辑传达和情节的连贯性，比如使用交叉剪辑、快速切换、镜头缩放等蒙太奇技巧，将这些画面有机地拼接起来。为了增加视觉冲击力，使用过渡效果，如淡入淡出、横向推进、旋转等，使镜头之间的切换更加流畅和吸引人。具有冲击力的音效和背景音乐，让声音与图像相辅相成，直白地表达短视频的氛围和情绪。通过特殊效果、延长镜头时间等手法突出重要信息或情节。将更大胆、更活跃、更刁钻的镜头角度、视觉效果和镜头运动方式组接起来，为每个碎片创造多样化的观感。短视频需要通过极少的镜头传达情感和信息，这意味着在极短的创作时间内，每个镜头都要经过精心设计，以确保有效地表达所需的情感和信息。大量使用对比蒙太奇、交叉蒙太奇、平行蒙太奇等镜头组接逻辑，以实现快速传递信息、表达情感、吸引眼球的目标，而不是通过复杂的情节发展来叙事一个复杂庞大的故事。在剪辑特点上，每个镜头都要迅速、清晰、直白地传达信息，以确保观众可以快速理解视频的主旨。这种创作特点，主要源于现代社会大众获取信息的耐心越来越短的行为习惯，和对于信息快速传达和简短、精华叙事的偏好。易观智库大数据研究员马世聪曾对此进行讨论，视频观看时间从5分钟到15秒的变化历程，实际上是受众从PC端到移动端的变化所致。他认为，在移动互联网环境下，人的时间被切割开，注意力更难集中，网络上的内容也相应开始碎片化。他还说，"'短视频成瘾'正在成为一个社会话题，相较于其他典型泛娱乐消费领域，用户碎片化的使用习惯和丰富的优质内容提供共同促成了用户在短视频平台停留的时间越来越长〔101〕"。

在极限时间压力下，新媒体影像艺术创作的剪辑输出也无法达到电影艺术创作的精雕细琢，更多的是通过颗粒化迅速剪辑来实现大量成片。影像艺术作品的

---

〔101〕 央广网．数说短视频：从5分钟到15秒　为何视频越来越短［OL］.（2018－08－06）［2024－02－01］. https：//baijiahao. baidu. com/s? id＝1608030979528176214&wfr＝spider&for＝pc.

剪辑工作完成后需要进行审片，颗粒化叙事相对来说，剪辑过程时间相对较短，但是在中长视频剪辑时，创作者通常会花好几天的时间进行素材剪辑与处理。大量类似的镜头反复剪辑重现，难免会产生视觉疲劳，甚至自动脑补接下来的情节语言和画面。由于这种长时间的大脑沉浸，人的视觉听觉以及鉴别能力很容易被刻板印象化，从而难以对存在的误区进行合理判断，造成新媒体视频影像的出错率要更高的现状。新媒体影像艺术的娱乐性、社交性、互动性等因素，使得它无法完全做到如电影艺术般深度叙事能对整体视频效果进行有效判断，声音画面匹配情况、字幕文案位置、转场交替、景别衔接、时间节奏等会有一个更冷静清晰的判断。这也是为什么大众在欣赏新媒体作品时，会感到出错率高、大部分不够精美、逻辑不严谨等问题。

在新媒体影像创作过程中，因为受制于发布的频率和速度，新媒体创作应用需要高效快速地产出。新媒体创作者们每天要处理好几条甚至几十条视频剪辑，没有那么多时间来转换，因此对剪辑师的剪辑能力提出了更高的要求。而在电影发行初期，会有一个点映活动，邀请一小部分人群观看即将发布的电影，在放映过程中详细记录观众的反应及感受。这样获得的直观反馈，能有效帮助创作者从观众的角度对视频进行修改及调整。新媒体创作者长时间面对视频内容制作和剪辑，难免感到厌倦并受制于自身创作的局限性。可以借鉴电影创作过程中，第三方的人员的客观视角来帮助优化需要改进或者完善的地方，找到片子的突出点并予以强化，结合用户留言和评论有效吸取优质建议并改进。

在新媒体影像艺术创作颗粒化叙事的情形下，使得内容拆解为少量的镜头，作品输出为大量的视频，形成了视频作品种类丰富、百花齐放但又良莠不齐的现象。从而产生出一个新的问题，由于颗粒化的海量创作，监管部门无法如电影审查一般监管新媒体影像作品。为了有效避免违规乱象，除了制定新媒体公约以外，平台还会借助人工智能和真人来进行审核。一般分为三种状态：成功发布、审核中、暂时无法查看。对于大部分常见内容的影像作品，系统会自动扫描内容、识别镜头并允许在平台展现，审片过程仅几秒钟就能完成。一部分特殊影像内容，如游戏录屏、穿着特殊服装、展现特殊动作的视频常常会进入详细审核环节，其视频在平台会显现审核中字样，此时会由平台系统或者平台人工来检查该内容是否违反了视频影像的发布机制。有些作品由于一些原因被下架后，就会显示为暂时无法查看，只有创作者自己能看见，而用户粉丝看不见。作品无法查看的原因分为两种，一方面是创作者自己隐藏了该作品，另一方面，是平台审核不通过于是不予展示。

新媒体颗粒化叙事作品与电影深度叙事作品在作品发布上有明显不同。新媒体影像作品的颗粒化叙事方式，不仅有独立存在的现象，还有组合成连贯的故事，或形成系列连载的现象。这些颗粒可以在不同时间点不同平台分散发布，创作团队以提前备稿（即“累片”），来形成一个连续更新的叙事过程，避免断更保持受众的关注度。通过类似在电影中控制剧情的节奏的理念，来控制发布频率和时间，选择日更、周更或不定期更新，结合即时发生的社会热点来持续吸引更多的用户参与和关注。强调利用平台榜单上的热门话题、简洁有吸引力的文字描述等，以获取平台流量支持，并更注重短期内的曝光。得益于平台交互性的功能，受众可以在短时间内迅速看到作品并提供反馈，创作者可以根据对下一组颗粒叙事进行快速调整和改进。新媒体影像主题创作的镜头首要效果是真实，过度干预和引导拍摄对象会破坏天然性，拍摄的动机是观察和记录，公开发表视频之前要获得被摄对象的同意或者对其打上马赛克，尊重不出镜人群的个人隐私。

而电影深度叙事的作品，是经过精心打磨的整体剧情，有深度、连贯的故事情节，每个场景、每个片段都贡献于整体故事。它的作品发布是需要精心策划、审时择机的，要经过长时间的制作和准备后才上映，这与新媒体的快速、短周期颗粒化发布截然不同。它的策略更复杂、长期，涉及预告片、海报、媒体宣传等，更侧重于整体影片的品牌建设和长期宣传。受众的反馈相对较长时期内显现，多在影片上映后的一段时间内，创作者的反馈接收周期较长且滞后。

综合而言，无论是新媒体影像艺术还是电影艺术，他们的创作本源都离不开蒙太奇。电影艺术通过蒙太奇开展深度叙事，展现精密完整的故事、传递丰富层次的情感。新媒体影像艺术通过颗粒化叙事，利用蒙太奇创作手法在极短的时间内产生强烈的影响和传播力，借助移动互联网和社交属性实现最大的传播效果。新媒体颗粒化叙事形成大量持续长时间的稳定输出，来获得较好的影响力。它更侧重于短时、频繁的叙事，通过拼凑和组合各种颗粒来达到连贯的故事效果。电影深度叙事蒙太奇手段则是对长时间制作、高品质、整体剧情深度的追求，更注重整体叙事的品质和影响力。不同叙事模式的选择取决于创作者的需求以及受众的特点。

三、传播广度与影响深度

影像艺术作品，无论是传统的电影艺术，还是新兴的新媒体影像艺术，由于他们都具有一定的社会影响力和传播力。它们易于传播主要是因为其多感官刺激、生动直观地呈现，并具有受众广泛、易消化、与现代快节奏生活契合等特点，这与现代社会信息传播向娱乐化和群体化方向发展的趋势密切相关。世界著名的媒体文化研究者和批评家尼尔·波兹曼曾在《娱乐至死》中提出，现代社会信息传播的方式趋向于娱乐化，影像作品正是娱乐化信息传播的代表；电视和现代媒体将大部分信息呈现成娱乐形式，观众更愿意接受这种轻松愉悦的传播方式〔102〕。以抖音快手为代表的新媒体影像艺术作为现代娱乐形式的延伸，进一步体现了这种娱乐至上的特点。

如今，新媒体平台成为了大众获取信息、观点和新闻的重要渠道，在人们意识形态传播和社会观念的改变下，通过短视频便捷地接触到多样化的意识形态、文化和观念，对社会事件有更快速、直观的理解。此外，各大新媒体平台都陆续推广的知识科普扶持行动，促使新媒体影像艺术已成为社会背景下知识普及的工具，它简洁、生动的视频内容有助于提高公众对科学、历史、技术等领域的认知。

短视频以其快速传播、易分享的特性，在短时间内能够迅速传播给大量观众，产生广泛的社会影响。它能够快速传播关于社会问题、人居环境、突发事件、新政推行等议题的信息，迅速引发社会对这些问题的关注和行动。但是，由于短视频的内容往往注重娱乐、时尚、轻松的氛围，其社会影响力有广度，但缺乏深度。它能在几个小时内迅速引发不同人群对同一事情上千万次的热点话题讨论和临时关注，随着新内容的涌现，旧内容很快被遗忘，虽然有广泛的传播力，但社会影响的深度会相对浅显且短暂。这些新媒体影像需要在平台上持续保持话题性，它的深远度相对较低。否则，由于其内容瞬时性和时效性强，当下产生的热点很快就会被第二天的热点所取代，也被定义为“速食社会的快餐文化”。

但正是由于新媒体影像艺术上述的特性，在社会深度影响方面，与电影艺术相比却有所不足。经典电影作品具有长期的社会影响力，电影艺术可以深入探讨社会议题，唤起观众对人权、社会不公、种族、性别平等等问题的关切。电影作为一种艺术和表达形式，通过故事、人物和主题传达深刻的社会观念。但受制于观看场景和传播渠道，电影艺术的传播广度却不及新媒体影像艺术，而是在社会影像深度方面体现得较为明显。经典电影作品往往挑战传统观念，推动社会对诸多议题的思考和讨论。教育性电影可以通过故事情节传达知识，使学习更加生动、吸引人，激发学生学习的兴趣。它们可以影响文化、社会观念，甚至塑造人们的价值观，比如香港电影黄金时期对海内外青年人的热烈追捧，其间产出的大量独立、拼搏、不屈的时代人物影响了 80 后、90 后观众价值观的树立。它们可

〔102〕 尼尔·波兹曼．娱乐至死［M］．章艳，译．北京：中信出版社，2015.

以通过时间的考验，影响多个世代，成为文化、社会、思想甚至政治方面的经典。电影的叙事深度、复杂性以及能够深刻触及人心的主题使其具备持久且深远的社会影响。电影作为一种艺术形式，能够长期地影响观众的思想、情感和理解，留下深刻的烙印。

第六节 视构之美的新媒体图文艺术创作规律

图文艺术的美感设计是提升新媒体作品的质量和阅读体验的必要路径，微博、微信公众号、小红书等都是以图文艺术创作为主体的新媒体平台。图文结合的艺术审美性，对用户要不要点进来、要不要欣赏这一新媒体作品的行为产生引导干预。正文内容的呈现节奏和质感，影响读者用户的点赞、转发、收藏行为。链接的编排方式和设计，影响用户购买行为是否便捷、图文作品有没有转化率。在人工智能算法的推荐机制下，图文艺术的高审美性能有效增加互动率和阅读量，从而有效促进作品被平台推送到更大的流量通道获得更多关注。因此新媒体创作应用中的图文艺术创作兼具了强商业、强引导的互动作用，不是简单的传统视觉设计的沿用，本节将两者比较分析来阐述新媒体图文艺术创作视构之美的艺术特性。

一、视构之美的节奏与韵律规律

康定斯基在《论艺术里的精神》中说道："色彩好比琴键，眼睛好比音槌，心灵仿佛是绷满弦的钢琴，艺术家就是弹琴的手，它有目的地弹奏各个琴键来使人的精神产生各种波澜和反响[103]。"在使用之初，韵律节奏是对音乐形式感受的描述，但是已广泛应用于新媒体图文艺术创作中，是创作者在有限平台空间内对美学艺术追求的体现。有效的节奏与韵律设计，对视觉图形文字通过对点、线、面、形、体、色等视觉构成元素在色彩、大小、造型上的重复、渐变、放射、聚散等不同组合设计，将枯燥呆板的图文内容以富有层次和活力的形象展现，给人以具有视觉审美的阅读沉浸体验。在新媒体图文艺术创作中，不同的设计形式组合体现出内容的个性和特点，用视觉构成的节奏和韵律使得静态图文产生动感。

在音乐中节奏与韵律，是用强弱组织起来音的长短互相拼接的组合。视觉构

〔103〕瓦西里·康定斯基．论艺术里的精神［M］．吕澎，译．上海：上海人民美术出版社，2020.

成艺术创作中，画面中将形状、颜色、布局形式在视觉呈现上设计为连续出现或重复出现所产生的变化节奏，这些变化节奏按照一定的规律展开并呈现视觉上的流动感，从而呈现出韵律之美。在新媒体图文艺术创作中，对作品内容的图形文字按照比例、距离、色度等交替排列组合，这些有所对应且规律的序列在视觉欣赏过程中产生相应节奏韵律感。产生节奏韵律有两种方式，一个是用视觉反差对比设计，另一个是按一定规律重复。为了避免视觉单一造成阅读疲劳的感受，创作者们对内容主题和视觉效果进行呼应设计，多层级变换的节奏韵律感，能更好的呈现作品内容并实现错落有序的设计感和丰富度，以吸引用户持续关注。

例如在中国著名绢本设色山水画《千里江山图》，在一幅整绢成画的作品中，画卷构图周密，色彩绚丽，用笔精细，成功地采用了散点透视法，将主题分成六段，各段均以绵延的山体为主要表现对象，自然而连贯，或以长桥相连，或以流水贯通，使各段山水既相对独立，又相互关联，巧妙地连成一体，灵活地体现了“景随步移”的艺术效果，将不同视点的印象统一起来，巧妙地组织了空间[104]。与之相似的是，在著名公众号“知书先生”的推文中，也有相似的节奏应用。其图文形态通过重复形状、渐变颜色、调节明暗等形成节奏感，配以图文排列的大小、粗细、疏密、远近形成整体韵律，在组合下产生了丰富的美感变化，是视觉构成中韵律与节奏的典型体现。作品内饰加入了粗细不一的浅灰色线条作为装饰，文章正文上面用一个中灰色渐变至透明的扇形作为开篇。引用句内容在左侧加入粗短的灰色装饰线条，界面内所有的灰色形状的色彩明暗度保持一致，但形状大小变化不一，产生节奏感。正文篇章用罗马艺术字体进行设计并以数字标号，每个小标题的线粗细、阴影、色调的形状装饰重复出现，并配以正红色小圆形予以节奏点缀，这些线条、色块，以及出现的频次细节设计，使得阅读在视觉中产生节奏韵律感。

1. 色彩的节奏与韵律

文章内容文字颜色相互交替形成节奏韵律的轻重缓急变化。色彩在小红书和微博平台的作用较弱，但是在微信公众号的图形作品中起着重要的作用。在色彩选择上，大面积高饱和度配色如亮黄、玫红、宝蓝等颜色要谨慎使用，人眼过多地观看高饱和度颜色久了之后会产生不适感，从而增加用户从界面滑走的概率。

色彩的恰当运用体现了作品的性格特点，以一个主色调配以两个辅助色，不使用复杂的色彩。主色使人对新媒体内容产生强烈的心理印象，比如看到蓝色就

〔104〕刘学惟．北宋画院与王希孟《千里江山图》[J]．文艺争鸣，2010（24）：61－62.

会让人对应到支付宝、银行、金融等行业，看到绿色就会让人对应到能源、公益、旅游等行业。在母婴类图文创作中，粉红色是使用的高频颜色，粉紫色、粉黄色、粉蓝色辅助交替出现，营造温馨和谐统一的色调。这样能使用户在阅读的过程获得色彩所传递与正文文字内容相同的情感。乱七八糟的用色会破坏视觉的整体性，并显得账号运营者不专业和不严谨，使用户的阅读体验产生乱糟糟的感觉。但是有一种情况除外，就是故意走凌乱的土味风格，此处最典型的就是深圳卫健委的公众号推文用图。在深圳卫健委的公众号推文的封面图和正文图中，为了拉近与大众的距离，营造活泼接地气的形象，公众号视觉构图设计反其道而行之，推文大量地使用了土味表情包和撞色配图。

2. 图文的节奏与韵律

在不同平台和内容情境下，图文设计方法有差异性。微信公众号推文中较少见在辅助图片上添加文字，而小红书等平台常用于购物经验分享来标注商品相关信息。封面图文将用户吸引过来打开了正文阅读界面后，除了引人制胜的文字内容外，与文呼应的配图也起着至关重要的作用，它能对文字内容起补充作用以强化用户的视觉记忆。图片在设计时要注意服务于正文内容，风格选择上要与文字营造的阅读情感保持一致。比如正文是探讨母婴育儿主题时，选择的配图则以温馨、柔美、充满爱意的风格为主，冷酷、理性、杂乱的风格配图则会对内容的输出产生破坏效果。这是由于阅读母婴育儿主题的用户，多以刚刚生产完的女性用户为主，处于对婴幼儿新生命爱意萌发的阶段，在阅读正文的过程中更温馨甜美的配图能辅助拉近用户与作品之间的心理距离。其次，配图的设计风格与封面图的风格呈现一致性。比如封面图是轻松搞笑卡通风格绘制的水墨人物，为了保持视觉效果的一致性，正文内容的配图也应该是活泼搞笑的水墨画人物角色，如果配图突然变成油画人物则会产生前后不一的混乱感，微信公众号“小林叙事”的封面图和配图风格很好地做到了这一点。配图与封面图内容呼应，体现设计特点，尤其是在多图封面的情况下，对配图的内容和封面图的内容的一致性要求更高。比如，多图封面中盘点了四款热销的蓝色新能源汽车，并用抠图合成的形式将四款汽车的展示图合成到封面里来吸引用户阅读详文。正文的配图设计，实现前后呼应的效果，给用户好奇心的答案，正文文字在详细阐述这四款蓝色新能源汽车时选用的配图就一定要是封面图中所用的同款同色的新能源汽车。

现有的设计应用显示，微信公众号平台内容常在封面图上加入文字设计，小红书平台内容创作者有时会在辅助图和封面图上都加入文字说明。除了推文正文有文字外，在图形上也会设计文字。此处的图片文字设计具有简洁并突出重点的特点，它是文案的精华体现。封面图负责将主题核心词突出显示，核心词可以是热榜话题词或者内容主题词，包含在标题里合成在图片上。不仅在画面上突出核心词，还会增加一些吸引眼球的词语，如小红书热门笔记中的封面图往往会出现“秘密、揭秘、不得不、后悔没有早知道、吐血整理、踩雷、亲妈测评”等词语。辅助图片上添加文字的设计方法在微信公众号推文中不常见，但是在小红书中关于购物经验分享的图文笔记中常被用到，用来标注商品购买的价格、地点、规格型号等给用户作为购物参考。值得注意的是，并不是所有图片都需要设计文字，具体要根据图片效果和主题内容来确定文字。

3. 扩展链接节奏与韵律

新媒体图文艺术创作不仅有强审美性，还有新媒体特有的互动性。在静态阅读的图文中，将动态互动的扩展连接进行有机结合，但又要把握好整体作品节奏与韵律，这是一个难度较高的要求。从现有的设计规律来看，为了保障图文阅读的沉浸感和完整性，不会将扩展连接贸然地放置在正文中间，而是根据具体情况来设计。为了扩大粉丝的关注度，创作者会在微信公众号推文的上方设置蓝色“点击关注”或者“点击链接”的热区小字，为的是引导用户点击并关注自己的公众号实现有效的粉丝链接。比如 Slogon 引导、栏目图引导、Gif 样式引导等方式。此外，还有另一种现象，在阅读主体推文时，总是有一小块字体或者区域写着“马上关注”并不断闪跳变色，它会在静态的界面中特别突出和抢眼，这种动态的引导效果，更能吸引读者的注意并引发关注行为。为了提高转化率，有的创作者会在完成主题内容阅读后，在微信公众号的底部放置公众号的二维码、公众号简介，这个是为了方便用户关注不用再翻到顶部减少操作，还能再次强调账号名称加深用户印象。在小红书的服装美妆类的图文作品尾部有的还会添加购物链接，便于用户在阅读完正文内容产生购买欲望后马上能点击链接购买。比如，美妆博主在介绍完某一款粉底液的完美效果后，会在图文底部插入一个可以点击的粉底液购买链接，用户点击链接就可以直接买到博主介绍的同款粉底液，不仅免去了用户查找产品的工序，还提高了商品转化率。

二、视构之美的对称与均衡规律

大量的图文信息常常使人产生阅读负担，过分的对称均衡缺少变化会产生枯燥死板的感觉，但是花哨的视觉构成缺少了对称与均衡美，则会产生逻辑凌乱、结构不清的感觉，为了增加丰富度和愉悦度，降低用户体验的困顿感，在新媒体图文艺术创作实际的应用中会不断调整视觉构成结构，实现恰当的对称与均衡之美。

对称与均衡的构成形式规律，实现图文内容思想的有效传递。标题、段落、配图一般使用上下对称或左右对称的形式，能有效展现文章结构并聚焦于核心关键词。对称均衡能有效产生一种视觉上的形式感，有助于传达内容的精神和情绪。比如严谨的科普类、纪实类图文内容，在构成形式上通过选择上下对称或左右对称，图文间距匀称结构清晰，给人以沉稳严谨的感觉；娱乐类、美妆类、时尚穿搭类图文内容，通过图标表情的均衡对称使用以及分段间隔，让内容产生活泼感但又不失协调。因此在创作实践时要根据主题类型和配图的内容来有效设计恰当的对称形式。

此处对称均衡所要求的并不是工业上的严丝合缝，而是人类视觉感官的一种感受，图文形状虽然在大小、形状、空间位置、比例上并不是一模一样，但是这些内容在结构板块上相呼应，在视觉重心上仍然会给人一种平衡对称的感受，就像高考美术中水果静物组绘画构图一样。在视觉设计中，骨骼型、满版型、上下分割、左右分割、中轴型、曲线形、倾斜型、对称型、重心型、三角形等是形成视觉构成的主要方式。但是在新媒体图文艺术创作过程中，上下分割、左右分割、中轴型更符合新媒体作品传播渠道的创作设计方式，尤其是在微信公众号推文中信息量较大的图文内容创作时。均衡与对称规律使整体视觉具有沉稳感，在视觉阅读的整体和谐之中又有分层次的对称之美，更能帮助用户快速浏览到自己感兴趣的关键词。

相对于微博、公众号，小红书是一个用户群体相对年轻的新媒体平台，它的图文作品所呈现的对称与均衡规律更加明显。比如人为设置段落差、多空行，使视觉构成变得更加有层次感。与微博、公众号长段落文字有所区别的是，小红书中热度高、点赞数高的图文作品的段落更注重分块呈现，文案都一般超过 3～5 行。这个平台的图文创作要求字数不超过一千字，在实际创作中及有限的字符内，大量的表情符号对称使用有效突出了重点，体现了层次，增加了趣味性并吸引了用户注意力。但是如果表情符号使用不注意对称均衡的节制，则会产生花哨混乱的感觉。爆款笔记的博主把表情放在段落的段首，尤其是重要段落，以形成视觉上的对称均衡并突出重点。这些符号多为星星、数字标号、红色问号、红色感叹号、可、100 分、爱心、手指、禁止符号等。段落的文字过多、过长会造成人的阅读疲惫感，多空行的段落分块能给读者一种对称均衡的层次感，阅读体验更有逻辑性。

三、视构之美的变化与统一规律

在新媒体图文艺术创作过程中，图文设计不再局限于唯一空间，需要与其他感官融合，以创造更为丰富、立体的艺术体验。艺术美学呈现变化与统一的多模态规律，涵盖视觉、听觉、触觉等多种感知模式。传统平面设计的线性叙事模式已不能完全适应新媒体的非线性特征。新媒体整合丰富了艺术作品，为创作者提供了更广阔的创作空间和可能性。设计师需要思考如何把握视构之美的变化与统一规律，通过设计创造非线性、交互性强的叙事结构，来吸引观众的注意力和参与度。在新媒体时代的图文艺术创作设计发生了改变，不再是静态的，创作强调用户体验，需要围绕用户习惯、喜好和认知方式进行创作，既强调统一又强调变化，以确保设计能够引起观众的共鸣和喜爱，同时符合用户多平台交互习惯。用户参与度成为了重要的考量因素，用户与作品的交互是关键因素。创作过程中通过用户界面设计、动效等方式的有效结合来增强用户的参与感和互动体验，从而提高作品的吸引力和影响力。新媒体图文作品具有强传播性，可以被所有用户查阅。因此不同文化背景、审美观点和语言习惯的用户习惯是创作过程重要参考因素，以确保作品具有普适性，能够触及不同受众群体。

在新媒体时代，作品会持续创作且分发到多个平台，保持系列作品的一致视觉形象至关重要。视觉统一性在新媒体的图文创作方面扮演着关键角色，以品牌识别系统为基础，确保不同媒介上的设计保持一致的品牌形象，以增强品牌的可识别性和记忆度。它确保作品的标志、颜色、字体等在所有媒体上保持一致，树立且保持了作品的固定形象。同时，新媒体作品在不同设备和屏幕尺寸上呈现出统一且持续的用户视觉体验，以确保用户对品牌或作品的印象一致，增强用户黏性。创作者在系列作品设计上使用统一的视觉语言，包括颜色、排版、图标等，来传达特定信息、情感或品牌的特性。这种视觉语言有助于确保整个作品具有统一性和专业性，增强了作品的识别度和品牌形象。新媒体图文设计倡导系统化设计方法，通过设定一系列统一的设计规范、模板和原则，确保设计在不同平台上呈现出一致的设计风格和信息传达效果。以感知心理学为基础，研究人们对视觉信息的感知方式和偏好，以达到在不同平台上创造一致的、易于理解和接受的设计效果。

总体来说，变化和统一是新媒体图文艺术创作的显著规律。变化展现了创新和多样性，而统一确保了作品的一致性和专业性，二者共同推动了新媒体图文艺术的蓬勃发展。新媒体图文作品在智能手机等主要终端上展示，在界面规范、内容结构视觉层级设计上有着变化统一的规律。在新媒体图文创作过程中，用户的阅读交互体验层级优先于设计师的美学表达，而新媒体的交互性又受制于程序框架，因此创作设计具有自身的规律。视觉效果的构建依赖于变化与统一的运用，以视觉统一为基础，通过变化的和谐调配实现视觉效果的整合。微博和小红书等平台发布的图文作品由于篇幅较短且受格式限制，尺寸要求相对较少，具有一定的变化空间。而在微信公众号上创作的图文作品通常较长，需要遵循一致的界面尺寸规则，以避免版式缺陷影响用户的阅读感受。同时，在视觉统一的基础上，根据不同内容结构设计图文的视觉层级，能有效突出差异并吸引用户的注意力。变化与统一是新媒体图文艺术创作中视觉构成的重要条件，通过一致原则呈现整体内容，通过变化原则创造视觉艺术效果的差异感，以强调个性、传递情绪，并与内容结构相呼应。现代社会人们的生活节奏快、耐心短，恰到好处的图文版式、留白和美感的图片，以及变化与统一的协调构成之美，能够使用户在碎片化的阅读过程中获得愉悦的阅读体验，缓解压力。这种内容结构视觉层级设计规律在以下方面有所体现，这些规律的发现和应用融合推动了新媒体图文艺术的创新和发展。

新媒体图文艺术视构之美的变化与统一的设计规律，有效降低了用户多平台切换的学习成本，不仅提高阅读愉悦感，还确保用户能够流畅而愉悦地阅读内容。这种变化与统一的设计规律体现在多个方面，如字体大小、间距、标题样式等，以适应不同的阅读场景和受众。在字体大小选择上保持一定的统一规范，但也要根据特定情境作适度变化，以满足用户的视觉需求和阅读舒适度。在标题设计方面，一级标题和二级标题的不同样式和排版也展现了变化与统一的原则，确保信息层次清晰，吸引用户注意，同时保持整体风格的一致性。这种平衡考虑了视觉美感和用户体验，是新媒体设计的核心思想。比如在图文标题设计中，一级标题会是推文的头部，不超过 15 个字符；二级标题 10 个字符，这样的统一规律来源于手机屏幕阅读的物理尺寸限制。但是在视觉效果上又存在变化，比如一级标题出现单独两三个字掉到下一行的情况，为了视觉美观性可以扩展文字为匀称的两行，或者缩减文字为一行。用阿拉伯数字显示标题文字的数字是为了便于视觉突出引起注意。有些推文作者会将一级标题用字体设计后在作图软件里转成图片格式，前后行距间隔一行，放在画面垂直中线的位置。此外，图文类新媒体作品常常会被用户一键转发朋友圈，为了便于朋友圈围观群众能迅速了解作品内容，这里的标题文字在设计时会受交互尺寸影响。

在新媒体图文艺术创作中，变化与统一的和谐呈现对于用户阅读体验至关重要。比如面对目标用户是老年人等群体，会牺牲版式效果的精致感，将字号调大便于用户阅读的友好设计。如果视觉效果显得凌乱或拥挤，将会导致用户在阅读时反复寻找下一段文字，从而破坏了阅读的流畅性。保持合适的视觉的统一规律，包括行距、段落间的空行、文本对齐方式等，有助于保持版面的整洁和空间的节奏感，提高用户的阅读体验。此外，根据不同内容的特性，可以采用不同的变化规律，以符合用户的阅读习惯，例如使用短句多行和短行中心对齐的排版。最终，通过统一的设计，来确保基本的展示功能，避免出现乱码、错位或字符不适的情况，同时在整体风格保持统一的前提下，通过不同板块的大小和调整，实现视觉层次感变化，以提供更好的阅读体验。

在新媒体图文艺术创作中，能快速实现视觉美学的变化与统一，除了创作者自身的美学素养之外，还得益于智能工具的辅助。新媒体内容创作应用的蓬勃发展，离不开日益丰盛的智能工具，为了创作丰富多样且统一的作品，创作者们广泛采用智能移动端的图文处理工具。在美图秀秀、In Shot、VSCO、黄油相机等智能工具的加持下，相较于传统的专业图片处理软件 Photoshop 等，这些工具更符合新媒体作品创作的便携、模板化和智能化需求。它们提供了快速、简单的编辑方式，在统一的框架内，处理标题、拼图、加水印去水印等功能，也内置了多种常用滤镜效果和贴纸，适应了不同主题的需求。智能工具的模板化设计使得创作者可以根据主题内容的不同，快速选择合适的设计方案。这消除了从零开始设计的需要，节省了时间和精力，同时也降低了设计门槛，使更多的人能够参与图文艺术创作，并用此设计出符合新媒体视构美学规律的作品。

然而，需要警惕的是，虽然智能工具提高了创作效率，但要审慎使用这些工具，避免过度依赖和滥用。智能编辑器对于标题、文字、配图等内容提供了大量的图文装饰素材，这些一键生成的智能化工具能有效提升创作效率，但是在众多的样式和风格选项下，创作者的甄别难度被无形中增加。在实际案例应用时，对素材的过度依赖导致经常出现大量素材堆砌在内容中，使得图文视觉杂乱缺乏审美情趣，华而不实的素材滥用反而破坏了作品阅读的沉浸感受。创作过程需要在整体视觉结构的统一前提下，加以创意调整，以确保作品的统一、独特和美感。这需要创作者具备审美意识和创意调整能力，以确保智能工具的应用，不仅提高了效率，也保持了艺术品质。

第五章　新媒体内容创作与需求效应

第一节　新媒体内容来源探究

新媒体内容创作不是生活的重现，而是源于满足人类需求。我们团队发布的新媒体作品中，部分用热门话题但内容粗糙镜头单一的抖音作品，比如图 10 的内容，一个是女生在镜头前用夸张搞怪的姿势跳舞，一个是男生在春节时与女友约会牵手的内容。这种作品在粉丝数不高且没投流的情况下，却获得了几十万的自然流量，这令大家都很费解。热门新媒体创作的内容总能持续吸引用户的注意力并产生情绪和兴趣交流，无论是图文还是视频内容，大家都会发现有些爆款总是火爆得让人摸不着头脑。难道这些火爆流量真的都是没头脑地全凭运气生成的吗？为什么热门内容总能吸引人们的注意？为什么人们总是沉浸在精彩内容中无法自拔、忘记时间，甚至需要防沉迷系统来进行阻隔？为什么用户在欣赏体验新媒体产品的过程中，情绪总是跟随主题内容而喜怒哀乐交替变化？

图 10　简单视频获得几十万阅读的自然流（刘保杉、吴鑫 摄）

其实这些根源和本质在于，广泛传播的新媒体内容在创作时并不是机械地将生活重现，而是它们满足了人类的需求基础，从而与用户产生共鸣和交流。有效满足人们基础需求为切入点，能持续获得关注、优质输出和改良内容的有效。

一、需求类型分析

在新媒体内容创作的过程中，掌握了基础的需求层次理论，就能探寻新媒体内容创作的根源逻辑。在新媒体创作应用过程中可以结合马斯洛需求层次理论来进行。马斯洛的需求层次结构是心理学中的激励理论，包括人类需求的五级模型，通常被描绘成金字塔内的等级，从层次结构的底部向上分别为：生理、安全、社交需要、尊重和自我实现，各阶段模式可分为不足需求和增长需求[105]。新媒体内容创作结合马斯洛需求层次中的一种或多种，予以融合演化，就能对用户产生强大的吸引力，这也就是为什么在各大新媒体平台会出现类似热门内容深层原因。

1. 生理需求

这个需求是受众最广的需求类型，主要是满足与生存相关的需求问题，是人们生存所需的行为，体现在衣、食、住、行等方面的需求。新媒体内容创作的灵感来源于生活，是对真实生活的投射。新媒体内容创作的热门主题，如美食、家居、美妆、穿搭、旅行、家居等，都是对生理需求的探索和满足，也是新媒体平台上流量最大、热度最高的类型。

在小红书平台上，创作者“滇西小哥”制作的“一席一果（十二）牛油果——浓郁醇厚的丝滑果香”播放量达 114.1 万次，点赞达 6.1 万次。“日食记”一条“千金做一颗白菜，挑战顶级国宴巅峰之作”播放量达 755.7 万次，点赞达 32.5 万次，3.7 万人转发评论。在短视频大 V 中，抖音博主“厨房历险记”大吃“博主的孩子”，第一次给自己妈妈下厨得到了 98 万人点赞，近 2 万人评论，1.7 万人转发。名为“密子君”的创作者吃海鲜拼盘得到了 90 万人点赞，6.3 万人评论，转发达 13.3 万人次。被网友亲切称为“网络妈妈”的“群姐”，一条给孩子做桃子雪媚娘和水果酸奶的视频得到 90 万人点赞，4.3 万人评论，转发 3.4 万次。

最符合马斯洛需求层次理论中的生理需求的就是美食内容，中国古语“民以食为天”，食物是每个人都离不开的生活需求。从现有的各平台增长的数据来看，美食内容创作是最受大众喜爱和感兴趣的内容，在各个平台都是拥有大量互动和

〔105〕 MASLOW A H. A theory of human motivation. Psychological Review，1943，50，4.

流量的内容对象，并且在创作者数量、创作作品更新率、互动效果方面都保持较快的增长速度。其次，新媒体平台中美妆、穿搭、旅行、家居则与生理需求中的衣、住、行相对应，这个需求是人人都关心的生活主题，是大部分新媒体内容创作的内容方向。

2. 安全需求

人类社会分工精细错综复杂，时刻要面对无法预料的状况和问题，为了在有限环境和条件内最大地保障自身安全，避免遇到危险情况而产生的需求就是安全需求，主要是生命安全和财产安全相关的内容。在新媒体内容创作上对大众用户安全需求的满足，主要是对财产、健康及安全知识的科普及经验分享，如科学理财、母婴育儿、科学医疗、健康养生等相关领域内容。在这种内容创作时，常从帮助用户解决问题的角度出发，对特定情境给出合理建议及解决方案。人的认知范围有限，因此每个人都会有不同的安全需求，这也是为什么相关内容，尤其是问答形式的内容能广受欢迎的原因，对安全需求做垂直化内容挖掘，将获得用户的热度和流量。

3. 情感需求

情感需求主要是对归属感和情绪处理的需求，体现在社交方面的情感传递。情感需求对内是归属感，对外则是情绪传递。对内归属需求体现在群体活动的认同感，如家庭、团队的关心关爱。对外是指对其他社交沟通时的情绪传递。人们终其一生都在处理三层关系：自己与外界、自己与他人、自己与自己的关系。人们能通过新媒体内容的呈现观察和思考自己与环境的联系、自己与周围人的相处、自己与内心的相处。这些情感需求帮助人们发现生活中的善美与丑恶，并产生精神启发与心灵慰藉。

在抖音上，创作者“红星新闻”发布了一条助人为乐的视频，内容是行人经过路口被压车底，路过的群众合力抬车救人。这则短视频点赞量达 113 万，转发量近 4700 次，不到一分钟就将伤者从车下救出，让人感受到群众的力量。这类视频体现了人间温情常在，它的点赞量、转发量体现出人们对情感的强烈需求。

这些内容的互动行为多以情感共鸣为主要触发点，情感需求的满足不仅是感动，还有搞笑快乐、温馨温暖、惩恶扬善，以及其他人与人之间的情感。情感需求在新媒体内容创作中很常见，是新媒体内容创作中的重要部分。

4. 尊重和认知需求

尊重和认知需求来源于人类社会群居生活中内在和外在对自己的认可。内在的自我尊重与认知认可，是建立自信、获得尊重、寻求自我成长的过程。外界的尊重认知认可，是在社会交往中被信任、被倚重及被期待，得到尊重认可并获得认知提升。新媒体内容创作中许多关于生命探讨、生存方式分享、旅行意义、精神追寻、自我提升等内容的创作其实就是满足用户对尊重和认知的需求。这层需求可以激发用户的生命激情，找寻生命的意义，活出自信，并为追求的事业而奋斗。新媒体内容创作者从中获得被尊重的感觉，找到自己的位置，平台上的排名、打赏、点赞的交互行为更是对这一需求的满足。

此外，新媒体内容创作不仅可以关注个人优势，还可以是成长过程的分享，能使用户产生代入感，从内容的成长中获得尊重和认知，由弱到强、由坏到好的自我成长过程也能获得认同感和尊重感。

5. 审美需求

中国有句俗语叫“爱美之心，人皆有之”，审美需求来源于人们内心对美好事物的喜爱和向往，人出于本能就能体验感受到身边的万物之美，产生直观且模糊的审美感受并被其吸引。这种对美的需求是纯粹的、天然的、情不自禁的，有时还会停留在美营造的理想世界中无法自拔。新媒体内容创作中呈现的审美内在感受有对称美、秩序美、外观美、平衡美等，是新媒体作品体验过程中的感觉。这种感受的产生与真实生活体验相似，比如生活中人们总是会对美好的事物驻足欣赏，这也就是为什么新媒体作品在传播过程中会出现有些漂亮的帅哥美女只用在平台唱唱歌聊聊天，就能轻松吸引大众眼球关注。但从内容质量创作角度来说，作品的审美水平与创作者的敏锐度和艺术鉴赏有直接关系。

6. 自我实现需求

我们常常在新媒体创作的内容中展现着创作者们在某一方面高超的技艺、极度的自律和奋斗经验、不断自我突破的创新，展现了追求自我实现和提高的过程，这样的作品内容对用户有着启发引领作用，是自我实现需求的具体体现。在新媒体内容创作中，微信公众号初代创作者罗振宇创办的逻辑思维公众号，以每天语音解说一个观点、一本书的方式，用内容来帮助用户提升个人认知。我们可以看到各种知识付费、内容付费的视频获得许多人的青睐，这正是满足了希望通过努力与进取改善生活现状来实现自我价值的需求。每个人都有心中的理想、愿望及想要改善的地方，针对这个需求在内容创作时，另一方面也可以是自我实现过程的展现，一方面可以是自我实现路径的解答。比如，创业经历过程中起伏的思考和感悟、健身减肥等个人身体体能控制、学霸教育引导及养成等，是大众生活中自我实现需求不断挑战自我的过程，是广大用户喜闻乐见的内容。

二、需求路径分析

人的需求种类繁多，新媒体创作与应用过程中要找到对应满足的人性需求，我们每次进行项目创作之前，会先对标满足大众的真实需求，再进一步进行内容创作。曾经在制作校园主题的作品时，仅凭个人爱好和兴趣制作，结果是作品投放效果反响不佳，团队经过讨论和分析，认为在创作中忽略了大学生群体对网络热点的关注，于是更改路线，结合当下大学生讨论率高的内容进行创作，后期取得了良好效果。如果需求不明确、新媒体作品和用户需求不匹配，就会导致新媒体作品应用率低、传播少、互动少的问题。许多界面行为虽然不会明确标记为需求，但是真实需求却存在于其中，对这些内容分析应用获得真实用户需求要避免凭空猜测，保障新媒体作品价值的实现。

1. 互动数据观察

新媒体具有强交互性，用户在体验新媒体作品的过程中，他们的行为动作都被后台记录和捕获，看了多少、在哪个时间点离开的、怎么评价的、有没有分享、赞不赞同、问卷回答等在平台都有详细数据来帮助创作者分析用户的需求，是一个较为直观的需求体现路径，帮助创作者创作和优化作品内容。

2. 粉丝群沟通

建立粉丝群加强沟通联系，粉丝对作品的关注度和喜爱度比一般用户要高，会乐于表达对作品欣赏后的感受，创作者在粉丝群中了解到他们感兴趣的点和认为不足的点。在粉丝群中创作者们会发布一些红包、折扣、产品优先体验等福利来增强粉丝互动性，并以实时沟通的方式来了解作品创作过程中可以改进优化的方面。另外，粉丝个人的分享内容也暗藏着他们的需求和喜好，参与了哪些话题讨论、点赞转发了些什么作品等。创作者不仅要关注自身的思考，还要关注用户并分析用户，才能了解他们的实际需求并通过内容创作予以满足。

3. 线下交流

离开线上，走进线下，线下交流即走到用户的真实生活中去了解用户需求。要注意的是，这种线下交流要有选择性、针对性，是经过理性分析后的行为。新媒体创作者们通过线上互动获得用户行为数据后，通过数据分析并在用户人数聚集地区开展线下活动。从虚拟的网络世界走进真实生活，能有效拉近用户距离，让创作者更真切地感受自己作品所吸引的这群喜爱者们的具体需求。

4. 换位思考

创作者假设自己是用户之一、粉丝之一，对自己创作的作品自己是否喜欢，因为优秀的新媒体作品要先吸引自己，才能吸引用户。新媒体创作有时与生产产品类似，需要创作者们反复体验流程，才能优化用户体验，满足用户需求。比如某个公众号拥有上百万用户，平时的发文转化率都很高，但某次发布的电影分享推文却鲜少有用户体验。创作者们为了找寻原因，用新账号模拟普通用户点开这篇公众号推文后终于发现，问题出在电影的观赏路径上，原来用户如果想要观赏这篇推文中的电影，需要退出公众号界面并打开另外一个网页然后注册登录后才能获得电影内容分享，反复切出界面的过程不仅繁杂，还打断了用户的阅读体验。

除此之外，需求不仅可以获取，还能拓展。

在新媒体平台上常见的内容通常有三个方向：产品、给用户提供解决方案和知识信息、产生“情绪”，新媒体作品应从产品本身创作，解决方案提供知识信息是满足用户的理性需求，产生情绪创作是满足用户的感性需求。比如一个做美食的新媒体账号，它可以从营养、搭配、价格等方面告诉用户这些最基本的美食信息，满足他们喜欢美食、了解美食的理性需求。但是这一类的内容容易被创作者们优先创作，但很难形成火爆全网的优秀新媒体作品。那么可以进一步拓展用户的需求，围绕美食为用户提供一些知识或者解决方案，比如“宴请美食搭配指南”“中国八大菜系 TOP10”“端午节的中国传统美食文化”等，会引发用户的收藏欲望、分享欲望和共情能力，这都是具体生活中息息相关的内容。再比如图书出版社的新媒体账号，在内容打造上最基础的就是围绕用户的理性需求卖书，内容如哪些厉害的书籍、有哪些厉害的绘本套装、精装平装多少钱、优惠价格福利等等；再进一步，同样是向用户提供决方案和知识信息，比如“孩子情绪化易哭闹，教你几个亲子有效沟通方法”等；再进一步是做出让用户产生“情绪”的内容，比如“那些能保持阅读习惯的人，心里在想什么？”“如果人类没有书籍阅读，会是什么样子？”等此类内容。

第二节　对应需求下的内容主题创作模式

克里斯·安德森在《长尾理论》中提出“我们的文化和经济重心正在加速转移，从需求曲线头部的少数大热门（主流产品和市场）转向需求曲线尾部的大量利基产品和市场。在一个没有货架空间限制和其他供应瓶颈的时代，面向特定小群体的产品和服务可以和主流热点具有同样的经济吸引力[106]。”各大新媒体平

〔106〕 克里斯·安德森．长尾理论：为什么商业的未来是小众市场［M］．乔江涛，石晓燕，译．北京：中信出版社，2015.

台为了满足用户需求而竞争激烈，出现盲目跟风同质化严重的问题，同一主题相似的内容一大堆，反而使得用户需求无法满足，获得有用信息的难度增加。解决这一问题的有效路径，通过有效的内容定位让用户和系统能一眼识别内容特点并获得需求满足，实现从众多同质化产品中脱颖而出的效果。因此，新媒体创作先定位找优势，形成独特印象并告诉用户“我能满足你对这个的需求”，因此脱颖而出产生定位价值。

通过对各大新媒体平台的观察研究中发现，新媒体创作人员与发布的作品数量巨大，如何在众多作品中脱颖而出吸引用户的注意力是新媒体创作应用竞争的焦点。比如微信公众号平台，持续发布的公众号有两千多万个，年发文总篇数超过 3 亿；抖音平台日活跃用户超 8 亿，小红书平台的有 4 300 万多个分享者，活跃用户 2 亿。在新媒体创作应用过程中，在潜在顾客心智中创建一个定位，这个定位在选择的过程中，从自身和竞争对手中寻找自身的优势和弱点。在大众生活中我们可以发现许多企业、产品、品牌都有各自的定位。比如移动互联网应用产品“瓜子二手车”，他的广告语说的是“瓜子二手车，没有中间商赚差价”，这里主打的信息“没有中间商赚差价”，就是在向消费者传达这个平台买卖二手车价格实惠的产品定位。比如阿里巴巴公司旗下的网络购物平台“天猫”，广泛传播的广告语是“买正品上天猫”，告诉消费者这个平台只卖正品，体现的就是它的产品定位。这里的定位就是强调作品的特点，与此对应的是，在新媒体创作应用的过程中，也需要考虑持续发布的新媒体内容作品的特点到底是什么，对用户有什么价值，定位是什么。

在明确了核心用户需求后，新媒体创作的内容定位就有了方向。新媒体创作是一个需要持续输出的过程，要延续某一方向进行持续不断地创作，并源源不断生产大量的作品，因此新媒体创作的过程中对内容的定位规划非常重要，定位决定了内容创作是否具有可持续挖掘的空间。通过网络传播的图片、文字、声音、视频等，都是内容创作的对象，内容从根本上影响着新媒体作品的质量、用户规模与用户黏性，用户需求是内容创作的核心。用户持续浏览与关注新媒体账号是为了从其内容中有所收获，新媒体创作者们通过有效的内容定位来持续与用户产生交流互动，通过持续创作的作品展现内容的价值。

内容定位决定了持续创作来满足用户需求的内容方向，根据内容定位新媒体创作与应用的整体规划，明确内容的风格、种类、模块、周期等。根据内容定位基调，将执行内容创作具体到各个模块，明确模块的创作方法来实现内容创作的统一性与稳定性。

在创作的过程中根据总体内容定位规划和内容模块，按照内容输出周期来具体执行每次作品创作的选题，在选题创作的过程中进一步细化作品的呈现，根据平台界面设计搭配来更好的呈现内容，从版式、配图、音视频等方面提升作品界面的艺术审美，方便用户阅读并建立深刻印象，根据当期内容特点设定超链接、跳转、回复等功能。

有效的定位还能保障内容创作的持续输出、更迭、创新并获取用户注意力，保持精准用户群体的黏性获得有效变现。新媒体作品的发布往往是通过平台账号，许多公司企业的账号由团队运营，创作者可能是多个人，也可能是前后交替人员换新，因此有效的内容定位能在人员变动的过程中确保内容的整体性和完整性。

新媒体创作与应用是一个持续生产的整体，通过不间断的内容输出，实现精神传递、审美共享、内容传播、用户吸引、推广变现等诸多功能。它不是一个简单的窗口展示，也不是销售、广告、讲故事，而是通过艺术手段结合创作者特性，以用户为中心通过内容去洞察和满足用户需求。

一、物以稀为贵模式

以“李子柒”“papi 酱”“疯狂小杨哥”“栗子熟了”为代表的新媒体创作红人，他们的新媒体作品频繁获得各平台的热点流量并非完全偶然，而是从价值链分析进行了内容定位强化核心竞争力，在某一类型新媒体内容领域使用户心中留下特殊印象并难以替代。价值链分析由哈佛商学院教授迈克尔·波特在《竞争优势》一书中提出，为了形成独特的竞争力，从整体创作应用中分析每个环节的价值并寻求突破点，被广泛应用在战略定位上，灵活应用信息技术增强竞争能力。

创作者在进行内容定位时要考虑内容领域的核心价值，选定价值输出的环节，价值输出的能力。例如，广西南宁横县那阳镇的乡村土路上走出来的短视频创作者“陆仙人”，以“生在城乡接合部，心在巴黎时装周”的稀缺定位持续进行新媒体短视频内容创作，曾登上微博热搜阅读近 1.9 亿，抖音账号粉丝超 800 万人。他在自己所属的内容领域中提供的价值是返璞归真的审美态度，以模特展示为切入点，一改常见的华丽绚烂舞台，将模特台步走在乡村野路，靠一双赤脚一身垃圾而走红。他呈现的“美”无关金钱名利，在“美”的环节提供自己的价值输出。比如北大丁教授因吐槽自己的学渣女儿而出圈，他从社会学心理学的角度分析家庭教育要遵从孩子的本性和天性，用简短、直接、明确的话语来阐述深刻的学术观点。这在遍地“精英教育”“虎妈教育”“激娃教育”的当下环境中，显得特别突出且与众不同。

二、适度创新模式

各个产业在发展中总会产生不同的应用领域场景，如在汽车领域，应用场景的不同就会细分为轿车、运动型多功能汽车（SUV）、越野车、旅行车、多功能汽车（MPV）、皮卡车等，通过差异化的应用场景下满足不同用户的需求，强调某一功能特点来吸引消费者。新媒体创作应用与之也有相似性，在现有新媒体平台中将某一类别中获得良好数据量的、广受用户喜爱的内容，根据自身创作特点进行适度创新升级，找到细分类目进行特色内容规划。这些已经被数据证明过的用户感兴趣的内容定位，结合特定用户的特殊需求，在自身优势条件下进行内容创作，利用差异化策略找到新内容定位。

哔哩哔哩著名 UP 主“蓝翔不爱吃饭”，发布的名为“在猪肚子里炖鸡汤，在鸡肚子里炖鱼汤”视频内容收获 1 278.1 万人观看，18.3 万人点赞，转发 4 641 人次。创作者“密子君”一条“一生要强应老板推荐，变态辣卤蛙挑战”内容得到 163.7 万人观看，近 8 万人点赞，1 300 人转发。两个创作者风格不同，受众人群也不同，却也同时获得了很大的关注度，这是对内容定位的精细化耕耘。在抖音创作者“蜀中桃子姐”一条“桃子姐做一盆钵钵鸡招待兄弟伙伴，一家人吃得津津有味”做晚饭的短视频内容得到 154.8 万人喜欢，6.5 万人评论，转发达 3.3 万人。每个博主所对应的受众群体都不一样，创新存在于内容定位和用户兴趣。创作者要想找到有效的创作内容，可以瞄准具体的受众人群并进行目的明确的创作。在各个新媒体平台上，想要持续创作优质的新媒体作品，一定进行有效的内容定位，这是创作优质新媒体作品的必备环节。

三、小众垂直模式

新媒体创作者们在持续输出创作的过程中，有时会陷入一个困境，就是自己兴趣广泛，好像什么都可以做，但是最后发布了许多作品，却并没有得到很好的效果，于是又陷入没有内容可以做的迷茫状态。陷入这个困境的主要原因是既想做这个又想做那个，结果精力分散没有一个做好的。制作新媒体创作作品，无论是公司团队创作，还是个人独立运营，内容的输出一定要以垂直领域的精准定位为前提。这样做的目的是，让看到这个账号作品的用户立马明白这个博主擅长的领域是什么，并做出其是否感兴趣的内心判断，然后再决定是否需要持续关注。比如内容广泛的账号一会讲学习一会讲美食，看起来好像吸引了很多不同的粉丝注意力，但是用户在深入了解后会产生困惑，搞不清这个账号内容到底是做什么的，于是划走不再关注。一般情况下，通过一个点，不断挖掘放大然后持续输出，使用户建立某种默契和信任感，并成为你的粉丝。比如“美食家王刚”所有账号内容都是做菜方法，用户们说到要学做菜就知道去看王刚的账号一定会有收获；比如“手工耿”所有的账号内容都是自己做的匪夷所思的手工产品，用户们想看搞笑猎奇的物品来消遣娱乐，就会想到“手工耿”的视频能给自己带来快乐。这些都是因为内容垂直输出使用户产生了信任感，就像真实生活中知道生病去看医生、有困难找警察一样，是一件自然而然的事情。在创作前期也许会遇到迷茫和试错的时候，这是创作实践必经的探索过程。但是一旦找到适合自己的创作方向后，就不再盲目输出要实现垂直精准输出，不要妄想在用户面前树立多面手的立体形象，能建立一个明确的单一形象就已经在迈向成功了。

笔者在为社区提供新媒体创作公益服务期间，曾指导过一位新媒体创作者，她是一个性格细腻、会享受生活的青年女性，是位宝妈，自产后就一直居家带娃三年。带小孩的过程中在抖音发布一些自己给宝宝做的手工辅食、旅游心情、亲子绘画过程、育儿心得等，内容制作认真视频质量不错，持续发布视频但效果却不佳。偶尔会有一两个视频获得较多关注和播放量，但是整体账号而言，点赞量和粉丝量都不多。

通过内容分析发现，她的视频内容整体浏览下来给人一种东一榔头西一棒的感觉，像一个五花八门的杂货铺，既不能满足幼儿手工辅食爱好者的内容需求，也难以找到满足旅游爱好者的内容需求。仅靠个别吸引人的视频，难以把粉丝留下，因为用户不知道到底在她这里能持续获得什么样的体验。通过对比分析其他优秀宝妈的账号，可以明确地看到只有在非常垂直细分的领域深耕才能获得成功，这些大博主在亲子育儿的某一领域非常专一。比如抖音博主“家庭教育张霆炜”，粉丝 32 万，从头像昵称、简介、笔记封面全方位展现博主的个人定位，极其专一的内容当然能够轻松获得用户关注。主要的视频内容都是分享家长如何有效地与孩子说话沟通的技巧，并且在视频中设定情境并给出答案，如“不要再只会夸孩子你真棒”“当孩子任性耍脾气时，家长该怎么说孩子才会听”“大声指责不如蹲来慢慢说”等，她的视频封面大部分以自己对着镜头说话的中景镜头为背景，上面显示亲子育儿标题。再例如抖音博主“小甜心早教”儿歌的简介非常简约，但简约即专注。这个账号的视频内容没有一句对白，全是孩子在玩玩具的视频，每个视频开场用字幕简短介绍某款玩具的益处和使用方法，镜头内容就展现孩子玩玩具的愉快过程。每个视频下面都设置了小黄车，小黄车链接对应了视频里的玩具购买地址。通过点开橱窗我们可以看到数据，有许多粉丝已在她的介绍下购买了多款视频中的玩具。这个内容很好的吸引了想要给孩子买玩具却不知道买什么的人群。其他还有抖音博主“每天英语口语”，粉丝 297.1 万，其内容定位为零基础学日常实用口语，用各种电影中重复出现的语句混剪成短视频，来帮助用户提升英语能力。抖音博主“教 AE 的李老师”，粉丝 12.1 万，将自己擅长的软件制作方法进行教授，以先看效果后讲解的方式呈现。通过多个案例样品分析后，结合宝妈张某时间安排和兴趣爱好进行垂直内容探索调整，选择专门做宝宝手工辅食制作过程的视频，分享做法与经验，这是她擅长且一直在做的事情。通过优化视频内容质量，结合育儿热点发布了几个辅食制作视频，开始逐渐获得越来越多的点赞和评论。

未来新媒体创作与应用将会在更多的细分领域诞生许多小而美的创作者和品牌。深入挖掘小众用户的内在需求并予以满足，就算只解决了用户需求的一个小环节，也将获得牢固的信任感与追随行为。将对应细分类目下专属的目标受众需求满足，能获得强黏性的粉丝并在应用时产生经济效益，并且新媒体账号也会获得较高商业价值。

垂直细分的类目并不是冷门生僻的内容，大部分人曾对此有所误解，垂直细分类目是在大众用户广泛的需求中，找到特定人群的某种需求并予以满足。这是建立在为用户服务并提供日常生活中所遇困境的解决办法或情绪共鸣，创作者给越具体越有益处的内容就越会获得用户关注兴趣。垂直细分类目是差异化的具体体现，让用户形成思维习惯，一遇到相关问题，就立刻关联到某个新媒体账号付出信任行为并获得问题答案。创作者如何为用户提供更专业和精准的解决方案，则需要冷静、理性地分析结合自身特长并持续学习和高质量内容输出。面对突然爆火的其他类目，能沉下心钻研的定力坚守自己的垂直细分领域。简单的拿来主义可能获得最初的流量关注，但难以将内容优质提升，不断地实践摸索才能走得更远收获更多。原始的完全创新对于大多数创作者们来说门槛较高，以二次创新模式进行创作是一个有效选择。在现有的热门大类目中，将跨度元素进行组合获得适合自己的细分类目。如美食是一个非常泛众化的创作类目，有美食品鉴、美食做法、美食分享、美食测评、美食创新等各种不同主题，著名新媒体创作者李子柒，结合自身在乡村的实际条件，将美食做法与中国田园山水结合，开启了传统古法制作与中国画审美结合的新细分类目。比如现在城市人口最为集中，青年人群“宅文化”“单身文化”盛行，有的创作者在细分类目创作时将美食与单身结合，瞄准单身人群便捷高效的一人餐，精准为单身青年提供就餐解决方案并广受关注。以某个细分人群的需求为小目标深入探索，随后满足该群体的多元化需求，是新媒体内容创作的有效途径。

四、分类主题创作模式

在进行新媒体内容创作时，不仅要考虑创作者自身的兴趣领域，还会依据不同内容的应用经济模式帮助创作过程中找到创作重点，有助于将内容应用经济发挥到最大化来获得更多收益。内容创作应用获得有效的经济收获，也是为进一步做好内容创作获得实践经验，并实现价值积累和经验成长。通过内容创作获得应用收益是遵循平台规则、用户需求的必然路径，是满足用户需求的必然结果，是对创作者时间精力付出的正向回报，也是创作获得用户关注度及认可度的风向标。新媒体时代，新媒体创作者们通过内容创作为用户呈现有价值、有意义的内容，实现与用户的信任连接和情绪共鸣。

1. 剧情

剧情类的新媒体创作主要以悬疑、幽默、搞笑的剧情内容为主，视觉呈现上采用夸张的表演、多层次反转等设计方法，以满足用户情绪上的好奇感、愉悦感、共情感。剧情内容在传播时非常容易获得巨大流量为创作者带来收益，各个新媒体平台推荐机制中都非常追求点击率、完播率、互动率，剧情类内容出人意料的故事情节让用户持续停留并关注，较容易获得大量的粉丝关注。剧情类内容创作，可以以广告植入和IP打造为主要变现模式。

通过巨量星图广告应用数据分析在广告植入接单榜的成交量中，剧情类账号接广告的数量和频次排在前列。在不影响内容创作表达的前提下，将广告产品小面积短时间的在内容中停留出现，是常见的创作方法。内容的质量影响着变现的效果，剧情类新媒体作品的创作，需要强大的故事编写能力，通过意料之外的反转，或者夸张的表演吸引用户的注意力，并让用户停留并产生好奇感看完全部内容。这类剧情内容可以设立一个固定角色形象的IP，便于加深用户印象并起到视觉强化的作用。比如抖音账号“多余和毛毛姐”以搞笑剧情为主，角色就是男扮女装戴红色假发的固定形象出现在每次的视频内容中。成为标志性的角色形象，并通过这个形象与其他影视明星产生联动。剧情类内容的创作时，要精细打磨每一个作品，通过剧情与用户建立情感上的联系，就能实现稳定的变现效果。选题内容可扩展性比较强，创作思路主要来源于大众生活的仔细观察和启发，不受某一知识领域局限。在各大新媒体平台内容中，搞笑类的内容是受众基数最多、年龄跨度最广的类型，常见的可以从生活吐槽、职场见闻、人际关系等方面展开，这类题材创作基本涵盖了大多数人群的生活。目前来看快手短剧是发展比较成熟的短剧平台，具有“作者多、内容多、用户多”的特性。2020年10月至2021年3月，剧集数量整体增幅高达109.1%。2021年底抖音也开始测试短剧付费功能，并为创作者开设了短剧专栏。

2. 美食

中国古语有云“民以食为天”，在马斯洛需求层次的最底层就是生存需求，而生存需求中以“吃”“美食”最为瞩目，从各大平台的账号类型来看，美食类是新媒体创作者选择频率最高的类型，也是用户基数最大的群体。无论是在抖音快手的短视频中，还是小红书、微博、公众号的文章中，无论是美食教程类的内容，还是美食店的探访等，美食类新媒体内容都是各个新媒体平台上热门流量的常客。美食类被作为最常见的创作类型也受其高变现能力因素的影响，美食类内容常常通过流量、电商、自制等方式获得经济收益。创作者于创作初期在多平台进行内容分发，由于美食自带的吸引力会获得不少浏览量，在不同的视频图文新媒体平台上，获得浏览量来获得收益。这个方式是初期创作者最稳定和基础的经济收益。创作者们还会通过流量的多少来判断创作内容与用户的配适度，有效帮助创作者迅速调整创作方式，并促进粉丝量的积累。

美食类内容对用户而言获取的不是情绪价值，而是生理需求价值。创作者在持续作品发布和关注过程中，要保证内容的稳定输出和有效展示，才能日趋建立用户对创作者的熟悉感和信任感，随之信任他对商品的评价和美食意见，并根据内容兴趣的不同产生购买行为。美食类创作者在内容输出的同时通过建立和培养自己的IP，与粉丝产生强烈的价值认可和情感联系，“李子柒、蜀中桃子姐、美食家王刚”等头部红人以自身品牌进行与美食内容紧密联系的商品售卖。新媒体创作与应用过程中，与用户之间的信任感是获得持续浏览的基础，自创品牌能有效管控产品的各项环节，以持续维护信任感并吸引更多投资。但这种创作应用路径，只适合于具有千万级粉丝量的头部创作者，中小型创作者受自身能力限制仍然以内容输出结合广告代发的模式进行创作应用。

3. 旅游

在新媒体兴盛以前，旅游的过程和经历只能小范围传播于杂志或报刊，过程影像的记录也需要依靠专业的相机。随着智能手机加载的高清摄像头和智能处理图片和视频的App应用，使得从前高门槛、大众难以企及的拍照、录像变得唾手可得。在新媒体时代，每个人都可以通过智能手机随时记录生活、拍摄美景、制作影像并分享经历。旅游类新媒体内容创作的深层内涵，是让用户通过新媒体内容看见不同的生活方式、不同的人生阅历，从旅行中用个人视角来呈现精彩纷呈的生活。旅游类内容创作主要以第一视角为主，通过个人感受、经历的分享，呈现自己的体验和思考，让用户轻松感知不同的生活并被其经历、所见所闻所吸引。旅游类内容创作呈现多种旅行方式，如徒步挑战为吸引点，设置看起来普通人难以实现的旅行目标，并吸引用户持续关注；如以骑行穿越为特点，分享沿途的攻略安排和路上的意外经历；如以亲子、家庭为主打，分享沿途幼儿教育和精神品格锻炼。这些内容虽然都以旅游为内容，都是带给用户新奇、新鲜、刺激的视觉体验，但是组合的元素不一样，所收获的目标受众也会不同。由于收获的受众不同，以及创作的阶段不同，在这类内容的创作应用过程中，会有主次之分的应用流量变现、广告植入、电商变现等。

旅游内容的新媒体作品需要较高的摄影审美能力和极具感染力的文案，除此之外，旅行中的人是其内容获得用户信任感的灵魂主体。通过这个角色人物，呈现着沿途旅行的遭遇、风景及心情，才能让用户产生情绪共鸣建立信任感。一个旅行类新媒体内容，如果只是空洞地展示所到之处的美景美食，则与宣传单上的景点介绍无异，难以吸引用户关注并产生游玩兴趣，因为这种贫乏的景色展示无法直接与用户产生情绪共鸣。

此外，旅游类创作者在创作初期，也会在多平台分发作品以吸取流量累积粉丝，并通过密切的互动积攒忠实用户。初期的粉丝吸引，并不是依靠主角人物的个人魅力，更多的是由于其内容特点的探索性和未知性，在吸引眼球的标题下会吸引大量的自然用户关注浏览，并以此获得经济效益。

随着内容的持续发布及用户关注的日益加深，内容中的悲喜情绪和意外担心不断地与用户产生共鸣，此时用户对旅行角色的信任感也逐渐加深。这样的情感链接，是建立在持续的时间陪伴和兴趣吸引的行为下，过程中所用的产品在用户眼里也是陪伴品的一部分，于是许多旅行博主在粉丝流量稳定后便开始通过电商带货变现。目前来看，电商变现是大部分旅行类新媒体内容创作者们选择的主要经济模式。

4. 情感

情感类新媒体内容创作题材较广，根据对象不同、角度不同，主要是亲子、夫妻、情侣、职场、朋友之间的情感相处。根据情绪倾向不同，情感类新媒体内容创作有针对城市孤独感的、自我认知成长的、失意宽慰的、正向鼓励的、思维开导的情绪引导。呈现的方式不同，有的是情感与知识的结合，提供解决问题的办法；有的是情感与剧情的结合，提供戏剧化的故事呈现；有的是情感与歌曲的结合，提供情绪释放的载体等。情感类新媒体内容创作种类丰富，广受用户喜爱。情感类内容创作主要抓住人类本源是情感动物这一特性，在内容呈现时给用户营造入戏的情境，使其不自觉地将自己带入新媒体内容中的情绪感受，实现创作者与用户之间的精神情绪投射。最典型的就是抖音中大V“我有一个朋友”，其每期视频都是一个情感类故事，用朴实的镜头和深情的文案讲述普通人的生活，收获了千万粉丝。

创作主题不同，创作者在经济应用时选择的方式也会不同，比如以亲子关系、育儿方法的专家研究为主体时，其发布的内容创作主要以解决亲子关系、孩子叛逆大人管教过程中爆发的矛盾，给予实际解决思路及典型案例拆解，则最终多以“咨询服务”的方式获得经济效益。创作者有的通过新媒体平台将目标用户导引流到个人私域社交工具上进行付费咨询，有的在抖音平台开启付费咨询功能，在微博平台开启专属会员功能，在微信进入小圈咨询群进行应用经济转换获得变现。在以剧情为主题创作的情感内容中，创作者们常选择以付费连载为主的模式进行应用变现。因为它能持续满足用户猎奇和追寻剧情进展的心理，并且剧情类内容能较好的进行多段视频创作，将大故事分割成小剧目并实现连载，通过悬念和剧情发展，让用户产生更强的购买欲望，这种创作方式与网上付费小说和电视剧买会员是类似的道理。

5. 美妆时尚

众所周知，女性群体具有强大的消费能力，美妆时尚类内容创作主要针对女性，主要在化妆、保养、医美、换季穿搭、包包饰品等方面的创作。创作的内容呈现，常以产品试用和经验心得分享为主，展示者以女性为主，但近几年从李佳琦试口红爆红开始，陆续有许多男性开始作为时尚美妆博主出现。在内容选题上，有的以极端展示为主，如胡子拉碴的男性不断地踩着高跟鞋跑步，以证明鞋的质量及舒适度；有的以提出解决方案为主，如出席典礼、会议、购物、谈判等不同场景下的穿搭意见；有的以个人医美经验分享为主，如做完医美的恢复过程分享、疼痛感受、效果分析等。相较于其他各大新媒体平台，时尚美妆类内容在小红书平台的创作与应用最为突出、质量最高且受众最广。

时尚美妆内容的实现与具体商品密不可分，因此它具有广阔的应用变现方式，一个成功的时尚美妆类内容创作者通常能以此获得巨大的经济效益。以美妆为例，在内容创作时，化妆经验分享的过程中会展示具体化妆品，化妆品测评的过程中会展示具体化妆品，购物经验总结时还是会展示具体化妆品。在时尚美妆类内容创作时常以对比手法进行创作，如化妆前后对比、换装前后对比的强大差异性，短时间的迅速变化产生视觉冲击力能让用户获得感官刺激。各大新媒体平台热门作品中总会看到，在加速播放的极短视频中，将一张脸一分为二，素颜与化妆各占一半，形成强烈的视觉反差。在时尚穿搭内容创作时，时常进行变装前后的效果对比，有效穿搭几乎完全改变了一个人的气质和神态并令人向往。可以看到，每一次内容呈现都是在强调产品，并通过内容展示的实践过程来与用户产生信任感，让用户产生“所见即所得”的错觉，认为创作者使用商品的效果与自己购买后的效果一致。

6. 虚拟人 IP

通过对新媒体行业的观察，一部分内容创作者们已在紧跟热点尝试从“新”入手，以“元宇宙”“人工智能”概念延伸的虚拟人 IP 追逐下一个流量风口。新媒体创作者们已在新的创作手法下跃跃欲试，元宇宙概念引爆虚拟人 IP 热度。虚拟人 IP 的潜在发展趋势主要是针对细分赛道的用户偏好，推出满足他们需求的虚拟形象，并激发品牌方合作意愿。不少企业也已开始布局虚拟人形象，通过虚拟偶像的高热度给自己的业务带来更大助益。如抖音平台的新媒体账号“柳夜熙”，仅发布一条短视频就获得了数百万点赞和关注，它以虚拟人物柳夜熙为美妆博主人设并进行悬疑故事题材创作。目前粉丝 835 万，其后在快手、哔哩哔哩、视频号、小红书开启全平台运营。

根据小红书类目展示的内容来看，Lil Miquela 与纪梵希、Moschino（莫斯奇诺）、Dior（迪奥）、耐克、PRADA（普拉达）、Moncler（盟可睐）、Alexander Wang（亚力山大王）、Marc Jacobs（莫杰）等实现合作；集原美与耐克、安踏、阿迪达斯、YONEX（龙尼克斯）等实现合作；Imma 与乐町、红秀、Burberry（博柏利）、Alexander McQueen（亚力山大·麦昆）、Dior、华伦天奴、和路雪等实现合作；RiCHBOOM 与马克华菲、李宁等实现合作；ALiCE 与纪梵希、PRADA、CELINE（思琳）等实现合作；AYAYI 与娇兰、LV（路易威登）、纪梵希、王者荣耀、李宁、上海镛舍等实现合作；翎 Ling 与 Gucci（古驰）、Keep（卡路里科技）、屈臣氏等实现合作；Reddi 与 Dior、Balmain（巴尔曼）、CELINE、巴黎世家等实现合作；CallmeVila 与娇韵诗、巴黎世家、Balmain 等实现合作。小红书虚拟 Key Opinion Leader（关键意见领袖）商业合作主要以美妆类和时尚类企业为主，除此之外，自 2021 年以来，AYAYI、Imma、阿喜等虚拟人物陆续出圈并获得品牌方青睐。2021 年 9 月，小红书联合各大品牌发起了“潮流数字时代”的活动企划，虚拟偶像 Imma、ALiCE、阿喜、Reddi 纷纷入驻小红书，并在平台上不断发声和为产品造势，虚拟人物的 KOL 商业价值已初步体现。

第六章　新媒体矩阵、智能与数据

第一节　新媒体矩阵四两拨千斤效应

我们团队成员服务广州某手表品牌时，通过改变传统钻研做一个大粉账号内容的做法，而采用每个子产品单独注册并发布内容，持续发布针对单一手表型号进行的新媒体内容创作，形成子号矩阵。虽然其单个账号的粉丝量并不大，只有一千多人，但持续发布的作品不断产生着流量影响力，随着各新媒体平台的不断升级调整，新媒体作品的创作边界将逐步消融，许多新媒体创作团队开始向全平台布局的方向发展。随着技术的积累和进步，新媒体创作从初期的野蛮生长到现在的日趋专业化，许多头部创作者与 MCN 机构达成更多合作。一个新媒体作品创作完成并在账号进行发布应用时，新媒体平台根据作品内容和标签进行分析、分类推送、分发给匹配用户。以阅读量、点赞量、转发量、完播率、评论量来判断是否继续分发推送。受平台算法影响，单个账号的曝光量有限，为了突破这个局限，创作者们开创了新媒体矩阵的人为机制来弥补不足。新媒体矩阵这种简单粗暴的操作方式与新媒体平台算法机制密切相关。

新媒体矩阵是新媒体新兴的应用模式，新媒体矩阵针对同一种内容由几十甚至上百个矩阵号一起进行分发，作品可以持续不断地在用户面前呈现并增加传播率。新媒体矩阵的做法应运而生，通过大规模孵化矩阵账号“以量制胜”人为增加曝光量。广为熟知的知识付费知名品牌“樊登读书”，2018 年成立新媒体小组通过 3 年时间在抖音实现超 30 亿元的营收。樊登读书利用抖音流量池，在 2021 年的狂欢阅读节的一个月时间实现了 4 亿的交易额。樊登读书通过矩阵号的策略在抖音获得了巨大曝光量，矩阵粉丝量已过亿，百万粉丝的账号有“樊登读书”930 万粉丝、“樊登”341 万粉丝、“樊登读书精华”358 万粉丝、“樊登读书商业知识”190 万粉丝、“樊登听书”205 万粉丝、“樊登读书天天读书服务中心”689 万粉丝、“樊登育儿读书”231 万粉丝。通过新媒体矩阵架构，樊登系列仅在抖音一个平台就获得了近三千万的粉丝关注。与之相对的同为知识付费的“得到”抖音账号只有不到 14 万粉丝，“吴晓波频道”为 277.6 万粉丝且仅有一个账号。

在微信公众号，新媒体平台同样也有新媒体矩阵应用，如知名饮料“可口可乐”，在微信公众号平台就有“可口可乐”“可口可乐中国”“可口可乐吧”“湖南中粮可口可乐”“中粮可口可乐”“太古可口可乐”“澳门可口可乐”“中粮可口可乐物流运输”“河北可口可乐”“可口可乐餐饮乐享会”等几十个可口可乐矩阵系列号。每个公众号的内容不同，分发的新媒体作品主题也不同。

新媒体矩阵适用于企业创作者，使用母品牌结合子品牌的矩阵策略。这种方式是企业认证号常用的矩阵形式，主体公司为母账号，旗下各子公司为子账号。母账号主要是展示企业形象，发布公关事件和活动。各子账号以自己的业务和运营目标独立运营，矩阵群会在特殊事件和活动下展开互动和协同运作，如“可口可乐”的矩阵搭建就采取了这种方式。此外，企业旗下还会有门店或者店员也有认证账号，这种账号内容相对于母账号的严谨严肃，更多的是多元化、个性化，主要展示员工个人特色和某类产品特点，结合地方特色进行内容创作。进而开发出带有企业特色的个人新媒体号，在某一行业领域进行人设创作，最典型的就是专家型人设，在重大变现活动时，通过形象影响力为专业背书或带货变现。如科技公司小米在抖音平台官方号与个人号同步协作，互相协同传播小米品牌价值并建构出一个新媒体矩阵。官方账号有“小米”“小米手机”“小米商城”“米家MIJIA”“小米电视”等十余个账号，总粉丝超 1 000 多万，主要创作的是和产品相关的作品。还有员工账号“小米员工的日常”等以活泼欢乐为主，体现生活和企业文化。

一、新媒体矩阵要差异化定位

当一个品牌在新媒体平台有多个子账号时，在新媒体作品创作的过程中，子账号不是母账号的复制品，要对每个子账号进行差异化的内容定位，强化突出该系列作品的某一方面特点实现其子账号的功能，避免各个账号内容创作过程中有太多重复内容出现，找到自身定位特点。在跨平台矩阵应用时，还要考虑不同新媒体平台的特性及用户需求，才能更好的实现矩阵效应。这个差异化定位可以从用户角度，根据子账号的业务不同进行定位区分，避免过于企业管理化，如同样都是读书内容，樊登读书根据用户群体需求特点的不同将子账号进行了“亲子”“职场”“天天读”等类型划分，在进行持续创作输出时能有针对性地进行创作。

进行差异化定位的还可以以子公司的不同品牌来划分账号矩阵，如小米手机、小米家电、小米制造等，子品牌以自身产品特点进行新媒体内容创作并与用户互动，与此同时在重大活动事件时矩阵号协同行动形成网络效应。新媒体矩阵的应用目的是通过各类新媒体作品的合理布局，在新媒体传播时扩大品牌影响力，在特殊作品宣发和公关活动时协同作战。矩阵号互动主要展开形式：内容创作时加入矩阵元素、在个人介绍中标注、评论区互动或@对方、关注中只有矩阵账号。

二、新媒体矩阵误区

从实践经验来看，新媒体矩阵规模切忌过大过多，根据企业内容和特点规模选定合适的账号矩阵模式。不要为了增加曝光量而胡乱开设新子账号，规模过大但内容产出跟不上，导致同样的内容重复发，会严重降低用户好感度并被系统判定为低权重账号而限流。如果有几十上百个账号，则需要有专人管理并及时就创作内容进行沟通。此外避免内容定位同质化，通过内容规划来进行内容创作和协同工作。没有互动的新媒体矩阵就是一盘散沙，通过充分互动才能获得集体的力量。在数量众多的新媒体矩阵号下，如不能够紧密协作则无法实现全网联动效果，同时还要兼顾官方账号的权威性与个人账号的个性化。

第二节　“抖音、快手、哔哩哔哩”三足鼎立平台比较分析

抖音、快手和哔哩哔哩都建立了庞大的新媒体内容创作者生态系统，支持创作者的成长，为他们提供创作工具和机会，培养了内容创造者，创造了大量新的工作机会并产生经济效益。这三个平台在不同领域的内容创作和传播方面具有强大的娱乐性和文化引领力。它们推动了各种流行文化、潮流和娱乐形式的传播和发展。平台鼓励普通用户成为创作者，创作和分享自己的内容，这种 User Generated Content（用户生成内容）模式已经改变了传媒和内容产业的格局。它们在大众用户中具有巨大的吸引力，成为青年、中老年人群用户获取信息、娱乐和社交的主要渠道之一。广告商和品牌商通过这些平台寻找营销和推广机会，近年来创造了巨额营收，各大品牌合作和电商内容在这些平台上蓬勃发展。除此之外，这三个平台还具有强大的社交互动和用户参与属性，通过评论、点赞、分享和弹幕等方式促进用户之间的互动。

总的来说，这三个平台在新媒体领域中用户基数最大、活跃度最高、领先时间较长，推动了用户生成内容、文化传播和娱乐产业的发展。它们正在重新定义媒体和内容消费的方式，并在中国的新媒体数字文化生态系统中扮演着重要的角色。

每一个新媒体创作者在持续的创作输出过程中都是不断自我更新与创新，这个过程除了创作主体自身持续的学习进步以外，还要从客观上以各个平台的转发量、播放量、点赞量、粉丝量等各项数据作为新媒体创作应用改进的理性依据。不同的平台具备不同的特点和推荐机制，从新媒体定位、目标对象、内容价值等

方面对新媒体作品创作和应用产生影响。

表 6 抖音、快手、哔哩哔哩基本情况分析表

平台名称	企业标语	行业影响力	用户规模
抖音	记录美好生活	高度中心化，崇尚把流量推向头部。 根据国家著名品牌价值评估咨询机构 Brand Finance 发布的《2024 年全球品牌价值 500 强》报告，抖音的品牌价值实现 28%的增长，达到 842 亿美元，抖音超越中国工商银行、国家电网，成为本年度中国最具价值的品牌第一、全球最有价值品牌第七〔107〕。 抖音推广了一种全新的创作者文化，使许多普通人成为了网络名人。在娱乐、音乐、时尚和美妆等领域有广泛的内容创作者。	截至 2022 年 4 月，抖音月活跃用户数达 6.8 亿；抖音日活跃用户数达4.2 亿〔108〕。
快手	拥抱每一种生活	去中心化，打造“熟人”社交圈。 快手在农村和下沉市场中拥有强大的用户基础，影响力在这些地区较大。 内容创作态度非常具有波普艺术风格和行为艺术特点，关注通俗文化中的影像艺术呈现，赞美日常生活中的平凡之美，是充满人情味和民间高手的地方，是一个社会“平均人”的分享平台。 快手的“熟人”社交圈吸引了更多社交互动和社区感，加强了用户的黏性。 在一些地方性和特定兴趣领域有很多具有较高影响力的用户。	2022 年第二季度快手应用平均日活跃用户达 3.47 亿，同比增长 18.5%，创下历史新高。快手应用总流量同比增长 38.7%，快手应用平均日活跃用户占平均月活跃用户比例提升至59.2%〔109〕。

〔107〕 抖音成中国第一大品牌，价值 6000 亿［OL］.（2024—05—11）. https://finance.ifeng.com/c/8ZRCdUa5ZPR.

〔108〕 观研数据中心 . 2022 年我国短视频行业日/月活跃用户规模、用户粘性、人均使用时长及占比情况统计［OL］.（2022—08—11）［2024—02—01］. https://www.chinabaogao.com/detail/606375.html.

〔109〕 快手科技发布 . 快手发布 2022 年第二季度业绩：国内业务提前实现单季盈利目标，日活 3.47 亿创新高［OL］.（2022—08—23）［2024—02—01］. http://news.sohu.com/a/579487224_121106842.

表 6（续）

平台名称	企业标语	行业影响力	用户规模
B站	你感兴趣的视频都在B站	B站以ACG（动画、漫画、游戏）为主题，吸引了年轻的二次元爱好者。 在二次元文化和虚拟偶像领域有较大的影响力，例如虚拟主播现象。 在视觉呈现上极具风格，界面设计上通过视频弹幕的共同弹出进行即时沟通，产生一种基于文字与视频的共时性关系，形成一种虚拟的部落式观影氛围。 B站在游戏、动画、漫画、科技等领域有丰富多彩的内容。	2022年第二季度，B站月均活跃用户数（MAU）达3.06亿，首次超过3亿，同比增长29%，日均活跃用户数达8 350万〔110〕。

一、战略定位差异化

抖音起初定位为面向年轻人群的音乐创意类短视频平台，以时尚动感的音乐配合视频画面形成一阵热门时尚活动风潮。随后抖音改进推荐机制为中心化强运营，并以城市白领等年轻人群体为对象，将符合用户口味喜好的内容源源不断地精准推送给他们，日渐获得广泛群众基础。抖音强调内容为王，以持续不断推送用户喜欢的视频而让用户沉迷其中，这一机制也被称为上瘾机制，通过强运营的吸睛话题、平台活动让用户注意力不断被吸引并形成时尚潮流。虽然抖音在平台定位设置了社交功能，主要为用户推荐熟悉的人，但作用不明显，用处不大，因为熟悉的人并不一定能产生满足用户需求的视频。抖音的推荐算法是，用户越喜欢什么内容就越持续推荐什么内容，与快手社区型推荐不同的是抖音主要通过内容吸引、留住用户。抖音上手快不需要学习，界面设计极度简洁甚至隐去了手机屏幕的默认时间，使得用户完全沉浸在作品中，能获得娱乐上最大的满足。这一点与哔哩哔哩的推荐机制完全不同。由于抖音需要靠丰富的新媒体内容留住用户，它的产品属性决定了它的内容更新换代特别快，并需要大量的优质创作者，才能持续创作新颖的内容吸引更多用户。

快手与抖音虽然都是短视频平台，但他们最大的区别在于快手是去中心化，而抖音是强中心化。快手以去中心化的算法机制具有普惠价值观心理，是典型的社区定位模式，他注重维护人与人的关系互动，鼓励每个人的都能通过短视频展

〔110〕上海证券报．B站月活用户破3亿，盈亏“魔咒”仍难破，营收增速放缓［OL］.(2022－09－09)［2024－02－01］．https：//baijiahao.baidu.com/s? id＝1743446220753133116&wfr＝spider&for=pc.

现自己的价值，这也是为什么快手的达人们经常称呼粉丝为“老铁”“家人们”的根本原因。“老铁”一词源于东北方言中的“铁哥们儿”，是形容两个人的关系非常好，从快手开始全网流行。快手分发的短视频内容不会像抖音一样严重倾斜到某一群体，而是通过系统运算推荐让每个创作者的作品都能获得同样的曝光和用户关注，以内容为载体实现人与人之的紧密关系。抖音更在乎头部创作者的作品展现和曝光，快手更注重普通人的记录与分享，两者的新媒体定位不同而导致呈现内容就会不同。快手主张“不给用户贴标签”“不对用户做任何刻意的事”“对产品保持极度克制”。

哔哩哔哩是中国年轻人高度聚集的新媒体文化社区和视频平台，与抖音、快手短视频起家不同，哔哩哔哩起初的新媒体定位是长视频和二次元动漫。哔哩哔哩最先被广为人知的是垂直细分下的二次元领域，随着短视频红利的爆发，逐渐发展成为多领域的短视频与长视频综合平台。抖音是娱乐化为主导，快手是社区化为主导，哔哩哔哩是兴趣化为主导，哔哩哔哩从二次元社区逐渐向更泛化的兴趣视频平台转变。

抖音强运营主推平台想让用户看到的内容，快手强社区所有作品都有机会被用户看到，而哔哩哔哩则不同，它以用户主导选择感兴趣的内容为优先级，结合用户对作品的点赞、转发、评论、弹幕等综合计算给予推荐，抖音、快手平台重视的纯播放量、点击量或观看时长并不是它的测算推荐重点。

哔哩哔哩的平台定位通过用户的行为判定新媒体内容的优劣，它强调自己的认同感，比如抖音快手只需要手机号即可成为会员，毫无门槛而言，但是用户在哔哩哔哩要成为正式会员还需要通过答题考试。仿佛这个平台只欢迎某一类人群进入，是通过设置障碍来引发归属感，让用户自觉进行角色代入来获得身份认同。相较于严重商业化的抖音快手，哔哩哔哩有时会体现出情怀感和祭品效应，比如曾经宣布在视频内容中绝对不插广告，通过利益让渡来与其他新媒体视频平台划分界线，实现用户强烈的认同感、信任感和强大的用户黏性。“归属感”是哔哩哔哩新媒体定位中最大的特点，它区别于任何一个新媒体平台的定位，让每个使用这个平台的人都能发现自己喜欢的新媒体作品并给创作者一个舞台，大家都能因为兴趣相投而产生精神交流和互动。

抖音更侧重“内容”，快手更倾向“人”，哔哩哔哩更在意“兴趣”。在抖音达到机器算法衡量的转发量、点赞量、完播率、评论量等各种指标，就可以上热门得流量。在快手是普惠价值抑制头部，机器依据用户兴趣、互动、社交行为进行均衡推荐，让大家都有机会被看见，很少出现某一个热门作品持续滚动。哔哩哔哩的分发机制以用户兴趣、粉丝关系、互动频度区分对待，以实现兴趣相投的推送为目的，帮助用户展开同兴趣社交。

二、目标对象有所取舍

抖音由于其定位的时尚娱乐性，起初以一线、二线城市的青年居多，目前已下沉到四五线城市。快手则重点做社区，最先收获一大批四五线城市青年用户和中老年用户。前些年在评价新媒体视频市场时，会有“南抖音、北快手”的说法将两者予以区分。新媒体平台在初创的时候为了站稳脚跟，总会先想办法牢牢把握住一部分目标对象、用户群体，再进行规模扩张，在这一点上抖音和快手目标对象的获取策略一致。从各大平台公布的数据可以观察到，现在抖音与快手规模已经极度扩大，目标对象用户来源也不再是单一的某种类型，而是各职业、各类型、各地域、各年龄段的用户都有，只是占比不同。他们的用户也出现高度重合，高度重合带来的就是目标对象的争夺竞争，于是各短视频平台开始深耕垂直用户。尽管目标对象有重叠，但用户在平台的需求和兴趣点却不一样，这在内容偏好和消费行为上可以窥斑见豹。比如在某次新媒体平台排行榜监测中，抖音平台用户最喜欢的短视频内容周排行榜里显示，用户最感兴趣的是社会热点新闻、美食、搞笑主题内容。同时间段内快手的是普通人记录生活的片段、社会热点新闻、生活感动瞬间。

目标对象在哔哩哔哩最期待获得的是兴趣归属感。快手的作品内容大多展示的是普通人的平凡生活，抖音的作品大多展示的是精彩纷呈的娱乐时尚，而哔哩哔哩的作品内容大多展示的是一群人的兴趣呈现，并因为相同的爱好以视频的信息载体建立社交活动、互动行为。

哔哩哔哩的用户虽然最初来自二次元爱好者，现在与抖音、快手类似往多元化发展，不断尝试“破圈”并兴起了弹幕行为。弹幕使得来自世界各地且未曾谋面的观众们，会在视频看到某个情节或者镜头时，针对视频的角色、剧本、线索、观感等产生即时性的讨论，这种讨论的话语会以字幕的形式出现在镜头画面上，激情的讨论交流仿佛大家一起置身于会客室一样。它与阅读完后再写的影评不同，是用户即时参与的、带有瞬时感受性质的活动。引发这一活动行为的主要原因，仍然是影像视频的内容。观众借助对视频内容的参与式对话，或展示知识储备，或寻求文化认同，或营造相互陪伴的氛围〔111〕。无目标对象、用户无论，

〔111〕 人民日报谈视频网站弹幕：应坚决戒除“低俗之风”. 中国经济网 . 弹幕：具有参与性特征的新型社交文化［OL］.（2020－07－17）［2024－02－01］. https：//baijiahao. baidu. com/s? id=1672430144101582601&wfr=spider&for=pc.

来自哪个地区、什么年龄、什么性别爱好都能在这找到志趣相投的朋友，以兴趣爱好为连接点让人们互动起来。哔哩哔哩的用户互动行为。也相对于抖音、快手来说更加友好，他们在共同兴趣的前提下展开的友善讨论相对理性，而抖音在中心化推荐机制下创作者与用户是陌生人萍水相逢的关系，评论区会显得更随意一些。

快手的创始人宿华在其被《创业家》杂志采访时表示，当我们谈一个平台的用户构成时，不能简单以地域、年龄来区分，而应看重一个词——阶层。阶层是按照某些条件等级标准将人划分为不同的类别，中国俗语有“人分三六九等”一说。由于人的职业经历、物质条件、教育过程等因素，同阶层人员具有相似的价值观、世界观、行为习惯，不同阶层间会有明显差异。比如工薪阶层、中产阶层等，阶层的形成使它会随着人的行为发生变化，个人可以升至较高阶层或降至较低阶层。宿华认为快手的“普惠价值观”给了很多阶层流动的机会。原本一些普通阶层注定不会吸引太多的注意力，而快手的出现则打破了这个僵局，让普通阶层有了改变自己命运的机会〔112〕。无论是身在远山的留守儿童还是大城市务工的小伙子，无论是海龟的学子还是比赛场上的运动员，都能在平台上传播自己领域的知识。而抖音用户的群体的差异化没有快手用户群体大，并且由于抖音强烈的娱乐属性时常让用户沉浸在平台运营的网络狂欢的状态中，阶层性并没有快手明显。快手目标对象的构成体现在阶层跨度大，而不是简单的地域和年龄区别。对比抖音、快手，哔哩哔哩的目标对象之间除了兴趣的差异外，并无明显差距，他们大部分以 90 后、00 后为主，来自 Z 世代，有着强烈的文化自信、道德自律和知识素养。

三、平台价值鲜明特色

抖音的平台价值是以内容优化为中心，不断推出更多更新的创作作品，这是它与快手、哔哩哔哩最明显的价值区别。抖音的平台价值除了技术更新以外，还有功能设置和创造视频化信息。抖音目前在逐渐由娱乐为绝对导向的平台转变为获取资讯的视频内容平台，从它不断推出的知识计划、影音计划可以看出想要打造丰富的影音内容和知识内容的信息平台。

移动互联网时代随处可得的海量信息将人们困在信息碎片化、泛滥化的洪流

〔112〕 创业家．快手！一只百亿级别的独角兽！创始人宿华讲述他的创业故事［OL］．（2017 － 02 － 08）［2024 － 02 － 01］．https：//t. qianzhan. com/daka/detail/170208 － 05372b82. html.

中，曾经有PC时代的门户网站、博客以及后来的微博为人们进行文字信息分发。如今，抖音提供的平台价值是对信息载体用中心化的方式针对不同的用户口味和兴趣进行不同的内容分发。由早期的人工主导转变为现在的计算机人工智能算法为重点，并辅以人工审核。抖音的平台价值是以短视频为呈现形式，为广大用户提供新媒体信息传播的平台，并以精品视频来满足和引导大众需求，使短视频成为用户认知世界的默认渠道和视觉形式。

快手的平台价值是通过新媒体平台的创作形式，用互联网技术驱动短视频信息载体实现陌生人社交，来实现其普惠价值的生态社群。快手价值体现于提供新媒体平台让用户原创内容生产后得以展现。短视频作品是快手平台价值实现社交社群的表象形式，短视频作品成为连接用户群体的黏合剂。实现线上线下互通，快手的线下活动过程也是短视频内容的一部分。因此与抖音纯线上虚拟的信息分发不同的是，快手的平台价值并不局限于短视频内容分发，而是通过新媒体作品和互联网技术建立人们的社交关系并满足多元化的需求。

哔哩哔哩的平台价值除了为用户提供兴趣作品展示交流的平台外，还具有保护用户自我意志的价值，不会如抖音那样强中心化运营干涉用户的使用体验，更多的是给用户空间来获得满足兴趣爱好的新媒体作品。哔哩哔哩的平台价值体现在通过筛选机制过滤掉非目标用户，为平台的优质目标用户提供满足其兴趣的良好氛围环境。这三个新媒体短视频平台已走过初级阶段进入成熟阶段，在未来随着科学技术的发展将更加扩展其新媒体作品的创作形式。

第三节 智能化是新媒体创作应用的必经之路

技术革新的背后，智能创作与推送的算法逻辑是新媒体平台争夺用户注意力的核心。新媒体创作自诞生时起就具备“高水平”自动化编辑能力，这不仅得益于其数字化虚拟化的本质，还得益于计算机软件技术的不断更新，使得计算机能自动解读新媒体创作过程中的行为指令和创作诉求。某种程度上来说也算是人工智能研究的一个细分领域，从基于算法的规则，到深度学习甚至模拟人脑功能的神经式网络，人工智能引擎使用了各种各样的方法来模拟人类智能。

自从照相机、摄像机、录音机等产品的发明，使得从19世纪开始拥有了系列能自动生成媒体的技术。媒体创作被科技进化，它的存储媒介、识别方式和资源检索的新技术成为新媒体创作的新需求，这些基于媒体数据库、文本管理软件、搜索和检索内容的等程序，当时的媒体社会开始关注创建新媒体对象[2]。

计算机在20世纪70年代已经能自动生成诗歌和小说。20世纪90年代麻省理工学院的媒体实验室通过“智能摄影机”致力于推进媒体作品的高阶自动化创作和使用，摄影机能根据文字脚本自动进行动作跟踪和画面拍摄；计算机拥有一种全新的人机交互界面，以动画形象与人类交谈，这一形象由计算机实时生成，通过用户的自然语言与其进行交流，并试图猜测用户的情感状态，从而调整自己语言交流的风格[2]。在20世纪90年代的新媒体领域中，人们又开始进行虚拟现实体验，主要是在计算机游戏中而不是在人机交互界面中。通过“人工智能引擎”的程序实现控制游戏内部角色——如赛车游戏的车、《帝国时代》策略游戏中的敌方等都是虚拟的计算机代码。

此外新媒体编辑的自动化在应用领域还体现在获取资料的自动化。新媒体创作资料大部分来源于公司数据库、现场制作以及各个网站上的公共媒体资产，为了能有效获取新媒体创作对象而进行分类和检索。Virage公司开发了一款VIR图像引擎，是早期的智能以图搜图，通过计算机能让用户轻松实现海量图片筛选、视频检索。时至今日各大新媒体平台的自动化引擎已日益成熟，只需给出简单的指令就能自动帮助创作者迅速获得图像、视频、音频创作素材。如今新媒体应用平台不仅具备基础的搜索功能，还进化成了通过主动扫描用户手机数据来判断其行为喜好，并对其进行精准推送的行为。

一、智能推送逻辑

在新媒体诞生之初受制于智能手机硬件、通信网络费用、付费方式的条件限制，它当时只是纯粹内容展示的工具手段，用户与感兴趣的内容之间的渠道并不通畅。随着云计算实现的大数据精准推送，才使得新媒体作品走近千万人眼前成为当前社会获取用户注意力的新媒介形式。

在新媒体智能推送诞生之前，社会信息媒体的分发由人工主导，少数人影响并决定着大众的信息传播内容，在门户网站、博客时代，以人工为主导的新媒体内容推荐体现的是编辑者的个人喜好和兴趣，用户是被动接受而非主动选择。新媒体智能推送的广泛应用，将大众从少数人的喜好中解放出来，依托计算机算法智能推荐，将不同领域不同风格的创作者创作的各种新媒体作品精准推送到每一个对其感兴趣的用户手上，将用户不感兴趣的内容屏蔽，降低用户的选择困难度。用户的注意力被不断推送的喜好内容持续吸引，轻松实现需求满足并把更多的时间用在相关内容上。智能推送以用户注意力为核心持续迭代升级，并不断培育出基于新媒体的关键意见领袖，新媒体强大的即时互动性建立了用户与创作者之间的信任感及精准性，随之而来的是传统媒体以数量取胜的商业模式改变。因此，对新媒体创作者而言，了解平台的智能推荐逻辑如何进行目标对象分发内容，能有效帮助提高创作质量。

数据分析让新媒体创作者以同理心的模式，考虑用户对于内容的喜好持续生产，增加信任，彼此之间最初只是创作者与观看者的关系，通过内容连接在一起，继而产生信任感和亲近感。算法推荐的底层逻辑其实还是在对用户专注力的获取，在各大新媒体平台的智能推荐在计算的过程中，将用户的地域、年龄、喜好、兴趣等数据进行采集，通过对用户的网络互动行为、浏览历史、定位查找、工作特征、发布作品内容等数据分析描绘出用户注意力画像作为个性化推送依据。对每个用户都有精准数据画像，并且这个画像随着用户行为的改变而产生变化。以今日头条为例，在海量的数据流中根据用户位置定位分析来自动匹配推送当地资讯，根据注意力画像数据自动计算并智能推送符合其兴趣爱好的内容。这个内容不仅仅只是资讯，而是从娱乐、教育、生活等多个维度给予智能个性的推荐。今日头条张一鸣曾表示，“通过智能算法对关键信息元素进行特征提取，一个元素能提取出几十上百个高维特征，并进行降维、相似计算、聚类等计算方法去除重复信息，对信息进行机器分类、摘要抽取、主题分析、信息质量识别等处理；该智能系统能根据人的特征、环境特征、新媒体特征三者的匹配程度进行推荐，新媒体智能推荐时，0.1 秒内计算推荐结果，3 秒完成文章提取、挖掘、消重、分类，5 秒计算出新用户兴趣分配，10 秒内更新用户模型”〔113〕。

新媒体创作应用的过程中，用计算机的思维方式观察和思考新媒体世界是需要经过刻意训练的创作思维，并且也是解决新媒体创作困难瓶颈的方法。在新媒体创作过程中通过计算机数据分析和观测，会将实时热点和最新创作形式推送给创作者，用计算机的编程语言来辅助创作。通过指令告诉计算机如何工作的过程的创作方式被称为“编程思维”，新媒体智能推送依靠的就是编程思维设定下的平台推荐机制和标签识别，新媒体创作者在作品创作与应用的过程中要站在计算机数据处理的角度思考内容创作，对新媒体平台的工作机制有所认知，才能创作出广受欢迎的新媒体作品。新媒体作品只有被平台有效识别了才能更好更精准地被推送。优秀的新媒体作品会通过有效的内容标签让平台计算系统快速识别标识指令，迅速将作品推送给精准的用户群并在流量池进行轮番推送。创作者通过在内容发布时设置分类、标签、作品封面、关键词等使得系统机器迅速对作品进行

---

〔113〕 新浪科技．今日头条张一鸣：借机器学习给产品带来的价值［OL］.（2015－01－17）［2024－02－01］. https：//tech. sina. com. cn/i/2015－01－17/doc-iavxeafs0136469. shtml.

类型识别，并精准推送给喜欢这类作品的用户区，那些屡屡因创作作品上热门榜的新媒体创作者们都是善用编程思维，站在机器逻辑的角度理解新媒体创作和应用，从而获得用户的广泛关注。

用户通过内容标签来发现自己感兴趣的新媒体创作者和内容，用户在作品欣赏的过程中产生点击、留言、评价、转发、收藏与停留等行为，这些行为帮助平台系统了解用户的喜好并智能推送相似内容。现在的新媒体智能推送已经能高效成熟地理解用户并被各个新媒体平台在实践应用中反复使用，这也就是为什么人们经常在界面中收到界面对话窗口如“你可能还感兴趣”“喜欢看这篇推文的人都在看……”“这个博主还发布了……”并能愉快接受它所推荐内容的原因。

新媒体创作应用的本质是不断持续吸引用户注意力并产生传播影响或经济价值，而平台的编程思维逻辑算法影响着用户注意力的流向，每个平台都有根据各自定位设计的不同推送逻辑。比如字节跳动创始人张一鸣认为在海量资讯时代，值得关注的不是用户应该看什么，而是用户喜欢看什么想看什么。他旗下公司开发的抖音平台智能推送算法就是基于“将内容推荐给喜欢看的用户，让用户一直观看自己喜欢的内容”这样的上瘾机制实现了用户智能推送的精准性和强黏性。而快手平台的智能推送算法的设计逻辑是普惠，通过国家贫富差距的指标基尼系数以边际效应进行智能推送，通过数据算法控制抑制个别头部流量的极端推送，将流量推给边际效应更大的创作者。对机器的智能创作与推送逻辑有所了解能帮助创作者明确有效创作的方向，根据各平台的智能推送机制结合自身定位来选择主要创作平台。

二、“强者恒强”智能推送机制实例分析

小红书是一种新媒体生活方式社区，是种草经济的鼻祖，“种草”“拔草”等热门词汇均来源于小红书内容的传播，能实现进行精准、高效推送离不开机器对人和现存信息知识库的深度学习。在小红书也被称为“三次元社区”，通过“线上分享”图文内容刺激消费体验，引发兴趣话题“社区互动”，于是推动其他用户去到“线下消费”，这些用户反过来又会进行更多的“线上分享”，最终形成一个正循环〔114〕。发展之初它是以图文形式进行海外购物成品展示和经验分享，现在已发展为美妆、亲子、运动、旅游、家居、旅行、酒店、美食的多门类内容创作，适合“精致生活”门类下的生活分享内容推广，平台流量对此类主题比较友

---

〔114〕 新华社客户端．“非凡十年看品牌”品牌典范［OL］.（2022－11－03）［2024－02－01］. https：//baijiahao. baidu. com/s？ id＝1748469656995444751&wfr＝spider&for＝pc.

好。它以精致图片展示成果，配以图片标注，以真实生活体验的图文为内容来源，分享用户的某方面生活经验和消费心得，结合文字说明过程、经验的形式进行展示分享，粉丝持续关注并获得有效消费信息。

小红书平台的内容创作以图文形式为主，为了提升用户体验，于 2016 年将推送机制由人工运营内容改成了机器分发的形式，将平台上的新媒体作品通过大数据和人工智能精准匹配给对它感兴趣的用户。它的推送机制是“中心化分发”，创作者被称为“种草官”“博主”，所发布的新媒体作品被称为“笔记”。当创作者完成内容创作并发布后，首先第一步需要获得平台的收录。创作者所发布的新媒体作品经过平台系统自动检测，没有涉及违规行为后才会在平台上展现、曝光、推荐和被检索到。与抖音用户不同，小红书用户具有强目的性，在小红书上每天有数以百万计的用户通过搜索笔记来满足需求，是目标准确的用户。

笔记发布过程的标签使得系统自动根据标签将笔记分发到初级流量池获得第一波推荐。笔记被平台推送给用户，根据用户点赞收藏、评论或分享行为的数据，平台会判断该笔记在用户中的反响情况。如满足系统评判条件将进一步推送到更大流量池，并不断重复，如果达不到条件则会在当前推荐层次停止。博主们通过优质笔记吸引用户并引导他们的正向行为，用户互动越多推荐曝光率就越大。在小红书内，优质且能解决用户需求的内容有长尾流量的特质，优质笔记不会随着时间的推移消失，而是不断被平台推荐和曝光。这也就是为什么在小红书的推荐机制中出现“强者恒强”的长尾效应的原因。

1.“强者恒强”的流量入口

（1）系统自动推荐。发现界面推荐的内容，以“双瀑布流”形式呈现各种笔记。平台会不断分析用户行为并判断用户的喜好，从点赞收藏的共同点和用户关注的标签来推荐相似内容。用户的喜好与笔记的关键词吻合将促使系统将笔记推荐给对应用户。因此设置的关键词越多，系统推流机会越大。

（2）用户主动寻求推荐。用户想要在小红书获得某一明确的需求会在搜索框进行输入查找，所以搜索功能非常重要。系统通过笔记关键词与用户搜索关键词进行匹配，将结果呈现给用户。因此有效、准确的笔记关键词能帮助作品获得系统推荐。关键词是判定匹配程度的必要条件，笔记的匹配程度越高越获得系统推荐。

（3）用户关注的推荐。当博主有了较好的粉丝量积累后，被许多粉丝关注，那这个关注推流是笔记被曝光的流量入口，新发布的内容系统都会先对粉丝推送一波。在粉丝的界面上笔记内容为屏幕上下滑动时不断流入的信息流形式呈现。

但这里获得的是粉丝主动关注的推流，如果粉丝没有关注该新媒体账号，则不会获得这一推流。

（4）位置推荐。位置推荐对于吸引同城粉丝发展同城业务的博主来说获得的推荐价值较高，位置推荐也就是同城推荐。虽然位置推荐的流量不属于最高，但它对应的是方位地点信息，在位置标签和内容中添加地点信息，能收获更精准的推荐。

2.“强者恒强”的推荐逻辑

（1）初始推荐。笔记过审后获得一个以自身内容为出发点的初始推荐逻辑，也被称为个性推荐逻辑，在这个逻辑下，越优质的内容就越容易获得推荐和流量。笔记过审后会先被推送给 100～300 个用户。受众用户的行为引发系统算法判断笔记质量，若评判高于当前推荐阈值，笔记将被推送至下一批曝光量在 1 000～3 000 之间的用户。在这一层次系统继续根据用户行为数据对笔记进行评判，若高于阈值则继续向下一批更大数量的用户推送，直到获得的判断小于所在的推荐阈值才会停止推荐。

（2）基于用户行为的社交推荐。系统根据用户停留时长、浏览内容、评论语言、点赞收藏等行为数据分析他们的使用习惯和个人特征，再用算法判定用户的喜好并推荐一些百万浏览笔记给潜在用户进行多次曝光。百万浏览是指点赞、收藏量在 100 万以上的笔记，许多经验丰富的创作者会根据这个逻辑分析研究那些百万浏览量的笔记，来借鉴学习和了解受众喜好。此外，用户收藏行为也是推荐逻辑因素，一篇笔记达到一万的收藏后在系统会有特殊标识，就会被系统推荐至首页发现界面。这也就是为什么小红书创作者们会大量地模仿爆款笔记，通过别人的成功经验分析用户需求，进一步完善和优化自身的创作作品实现用户收藏分享。

（3）基于博主互动推荐。如果笔记内容被大博主点赞，平台也会将这篇笔记增加曝光量推荐给他的粉丝。点赞博主粉丝越多，越是相近类目的，则笔记获得的推荐也就越多。许多运营公司利用这个逻辑，使同领域博主形成战略合作互相拉流量，也有一些创作者会在大博主下面积极发表评论来获得更高的互动量，帮助彼此增加曝光量。

3.“强者恒强”的关键词逻辑

笔记创作发布的关键词无论是在流量入口还是在推荐逻辑中都起着不可忽视的作用。关键词能使作品更快地被匹配到，关键词添加有章法、有逻辑，要选择高热度且与内容匹配的词，避免定位模糊导致系统推了但用户认为没用反而被判定为非优质作品。关键词的位置并不会被严格设定，设置在文章的标题、正文里，在多个关键词类似的笔记中，系统会优先选择互动数据好、内容好、匹配率高的笔记。在新媒体创作过程中，选题要选热门，关键词也要选热门，关键词是小红书的搜索推荐逻辑中非常重要的要素，这些热门关键词体现了用户们广泛关注的主题和内容且自带高曝光率。关键词对笔记内容的高度概括，是作品最核心价值的内容体现，在海量信息浪潮中通过关键词获得用户注意力。

（1）明确推荐。类型关键词以内容类型或内容所属行业进行区分，如测评、母婴、美食、美妆等领域。像这样的大类型词，如果不是已有一定粉丝数量积累的新媒体创作者则会难以驾驭。比如搜索母婴时会搜索结果有 400 多万篇笔记，曝光靠前的都是百万级浏览量的笔记，这里内容丰富且竞争异常激烈，对创作新人并不友好。所以在类型关键词中，又可以分化出细分领域关键词。在大类型里面寻找细分领域关键词，这样的关键词要精准、具体，能带来巨大推荐流量，创作者可以根据自身特点选择便于创作、擅长的细分领域。通过对同类型关键词中爆款笔记的分析模仿，尝试创作出属于该细分领域的优质笔记。比如在美妆类型中细分到口红，口红还可以再细分到职场口红、约会口红等。

（2）解决需求。解决需求的关键词是从用户角度出发符合用户搜索的习惯，满足用户目前需要解决的明确需求，是具体的问题做法或解决方案的描述词。比如“如何”“教你”“干货”“整理”“为什么”“怎么办”“会怎样”等。它常伴随搜索行业细分领域关键词出现，有助于获得更多搜索和曝光的概率。

关键词的选择与应用上要选热度高、内容贴合的词，如何知道用户感兴趣的词是什么，通过排行榜、关键词榜单，创作者们可以找到热度高、搜索频率高的关键词，更高的热度体现的是更多的用户喜爱。关键词可以添加多个，可以利用高热度关键词带动低热度关键词，来使得笔记中的某个关键词成为热点。但仅选择热度高的关键词还不够，还需要这个关键词与自身笔记内容贴合，才能获得有效的推荐。一个关键词热度高，但与内容不匹配，不仅不能帮助获得推荐，反而还会造成被降权，这样的推荐不利于笔记的整体数据提升。用户根据关键词匹配到笔记，但与他的需求不相关且无法满足他的需求，将会快速滑走降低这一笔记的互动率。

关键词应用时系统的数据抓取和匹配会在标题和结尾上判断是否符合搜索条件，因此笔记的标题和结尾用关键词标记突出重点来提高检索率，并且清晰的标题能促发用户的点击阅读行为。结尾时反复出现关键词和话题，能形成首尾呼应准确推送。小红书平台的作品主要以图文为主，在关键词应用时，除了文字内容，图片也可以添加关键词。为了便于给用户提供指引创作者们会在编辑图片时以标签的形式标注关键词，能提高关键词出现次数。满足用户需求的主体是笔记的内容，如果内容缺乏关键词且实际相关性不大，导致用户体验和需求满足低于心理预期，还会导致搜索结果笔记排名靠后、降低曝光率。

三、数据驱动新媒体创作，是真实反馈的有效来源

新媒体数据不是简单的数据采集，它的背后是用户行为，新媒体创作离不开数据驱动。在众多艺术创作形式中，新媒体显得尤为特别，它与传统艺术创作纯主观性不同的是，新媒体创作与应用能通过智能系统获得准确的用户体验数据，数据是用户对作品感受的最直观体现。在新媒体创作应用领域与数据“打交道”，是所有分析的有效基础。通过用户具体行为的数据指征，来分析判断创作应用过程中的优点与不足，并针对性地改进调整。

传统媒体时代受技术限制想要获得真实、有效、准确、及时的用户数据反馈是一件很难的事情，为了达到准确的效果会进行用户走访和问卷调查，但在执行和数据整理上需要花费大量时间，而经过繁复的工作获得了数据结论后创作内容和社会关注点又发生了变化，数据严重滞后难以有效对创作进行优化。如今的新媒体时代，新媒体创作与应用过程中会产生大量实时数据，持续观察、对比、分析关键数据，能有效提高创作者洞察用户的能力，发现新媒体作品的优势和劣势，为创作与应用提供理性依据并持续优化。在第一时间得到最直接的用户反馈，是新媒体相较于传统艺术创作、传统媒体的一大优势。

我们在创作实践的过程中发现，新媒体创作与应用不能光凭创作者的个人感觉来进行持续创作，个人感觉具有主观性和间歇性，会使得创作质量忽高忽低。在创作中要不断练习用数据代替个人猜测和感觉，数据是用户观看新媒体作品后的直观反映，是准确地、真实地、直观地、最理性地告诉创作者们新媒体创作与应用的优点和不足。新媒体数据类型有很多，比如各项数据的转化情况包括转粉率、赞播比、评论率等，以及发布平台后台的数据，粉丝增长趋势，单篇内容增长趋势等，在经验丰富的创作团队中会有对应的人负责做数据分析。除了新媒体作品发布平台本身数据需要观测以外，还需要对第三方行业数据有所了解，如新榜旗下的新媒体数据分析工具，可以方便快捷地查看一些视频号、小红书号、公众号的数据以及不同行业的榜单排行，帮助更好地进行新媒体创作应用。

随着新媒体平台的不断成熟和完善，面对繁多的后台数据，要有目的地进行取舍才能获得有效结果。新媒体创作与应用过程中对于数据的分析观察，通过新关注人数和取消关注人数的数据判断当前内容定位状态下粉丝增长趋势。通过对用户属性分析，如职业、性别、年龄、城市等，可以获得更加精准的用户画像群体。在微信数据信息中，内容分析的全部群发和单篇群发是重点关注指标。通过

对用户反馈的消息数据，可以获得用户活跃周期特点指征。通过消息关键词，可知晓用户当下兴趣焦点。

1. 从数据中获得用户特征

用户增长数据有新关注人数、取消关注人数、净增关注人数和累积关注人数四个关键指标，可以判断新媒体账号的涨粉情况。新关注人数是每天的涨粉数据，取消关注人数是每天的掉粉数据。净增关注人数是每天的实际涨粉数据，它是新关注人数去掉取消关注人数剩下的数据。累积关注人数就是常被提及的粉丝量，是账号关注总人数，也是各大平台评定账号等级的重要衡量标准。

新涨粉丝量和取消关注粉丝量是用户对新媒体内容态度的最直观体现，是新媒体创作过程中的重要观察数据之一。依靠计算机数据处理技术的发展，创作者们能通过新媒体创作后台界面获得有效数据，了解用户是从哪里来的，如何对作品进行关注的，如好友推荐、二维码扫描、关键词搜索、购物关注、直播关注、分享链接、广告点击等或者其他渠道。对于取消关注粉丝的问题，主要存在于两个方面，一个是粉丝来源不精准，通过推广活动等方式获得的粉丝稳定性不高，对主体作品兴趣不强烈。另一个方面是作品内容质量下降、不符合用户期待，或者是发布时间、形式不恰当导致用户取消关注。

通过用户属性来确定版式风格，在用户属性界面数据，体现的是用户归属地、性别、年龄、使用语言、访问设备信息。年龄分布数据可以观察到对作品感兴趣的是哪个年龄段人群，语言体现的是语言倾向。地域归属界面能在省级分布和地级分布两个指标中获知用户分布区域，一线、二线城市与三线、四线城市用户所感兴趣的内容主题各有不同。根据粉丝用户最多的地域特点进行内容创作，能极大地提高用户的转化率。访问设备界面体现的是用户体验新媒体作品的终端设备，如 Android 和 iPhone，从侧面反映用户使用习惯和消费观点，比如使用 iPhone 终端的用户可能对极简风格和艺术审美有不同的追求。在新媒体创作过程中通过对这些数据的分析，来调整新媒体作品的内容选题方向、呈现风格及界面设计等。

常浏览用户界面数据是活跃粉丝的数据体现，是经常浏览新媒体作品的用户数据。这类数据指标观测重点在于：用户总览、性别分布、年龄分布、城市分布和终端分布。活跃用户的特征能帮助创作者们获得更加精准的用户画像，比如 5%的活跃度在垂直内容领域内算中等偏上水平。

2. 从数据中获得反馈

（1）时间数据的反馈。新媒体平台的数据以小时报、日报、周报和月报为四个时间维度，根据单个作品每天的阅读、分享、收藏数据。在各新媒体平台了解作品在各个时段的数据分布情况，并推断出对应时段的用户应用效果。创作者对一天流量情况的分析，获得关键流量点，也就是每天用户人数最多的时间点，并依此来调整内容发布的时间和与用户互动的时间。

（2）阅读数据的反馈。以微信公众号推文为例，在系统内单个作品阅读分析界面中，引导关注数据、打开率、分享转化的阅读，体现的是内容转化的效果，阅读人数和次数以及阅读来源体现的是用户对作品的阅读实施情况。文章的具体内容效果体现在标题、时间、阅读次数、分享次数、阅读后关注人数、送达阅读率和阅读完成率等。通过对比阅读数据，来判断作品与用户兴趣的匹配程度，以及作品中最受欢迎的闪光点，并以此为依据继续改进创作思路和方式。在阅读的过程中，用户会在界面中产生交互的点击行为，点击次数越多，则说明用户越活跃、黏性越高。

（3）消息数据的反馈。消息数据主要体现在发送次数、查看消息发为送人数和人均发送次数，还有具体时间段的消息数据以及不同时段的百分比变化。通过这些数据获得用户互动习惯，优化高频时段的互动体验能让作品获得有效传播。消息中还承载着关键词信息，根据关键词的发送排行榜，设置针对自定义关键词和非自定义关键词的自动回复，以智能的方式实现有效的交互，来获得有效体验。

新媒体创作与应用既有艺术性，又有科学的逻辑性。从各种数据中找到核心、找到规律，挖掘数据背后的价值，做出正确的创作应用决策是新媒体创作者需要具备的能力。关注数据、总结数据、分析数据，从中发现新媒体创作应用的问题和优势，并有针对性地改进与提升，有效的数据分析是新媒体行业人才在创作实践应用中的实效手段。

3. 数据分析逻辑的辨析

（1）那些来了又走的粉丝，表明了某种态度。那些来了又走的粉丝其实指的就是取消关注数据，也就是现有粉丝选择取消关注，不再观看该新媒体内容的行为。这些取消关注数据并不是废弃数据、垃圾数据，而是具有警示作用的数据。日常的取消关注数据轻微浮动，属于正常现象，新媒体平台内容种类繁多琳琅满目，用户的注意力时刻被新东西吸引，来来往往有所波动属于人之常情。但如果取消关注数据日益增加，甚至远远超过新关注数据时，则是敲响了创作者的警钟，表明内容创作与应用出了严重的问题。如长期停更，无法持续满足用户需求；内容质量水准严重降低，搞笑剧情号内容不搞笑、测评号内容不测评或不专业、商业广告浪费用户时间等。

（2）新媒体分享的本质是帮助用户表达。在新媒体界面设计中有个必不可少的按钮就是“分享”按钮，无论是视频、音频，还是图文类内容，都在内容界面的明显区域设计了分享按钮，这是充分从用户行为考虑满足用户的分享欲。新媒体内容的分享数据，主要体现在首次分享次数、总分享次数、分享产生的阅读次数等。有效的分享能触发新媒体内容的二次传播、三次传播，有时还会形成长尾效应。新媒体长尾效应就是指某个作品虽然发布几年了，由于其选题和内容非常符合用户期待与需求，从发布至今仍然具有较高的影响力，其传播与分享数据仍然持续增长，并没有随着时间的消逝而停止。分享率的数据高低，取决于用户首次分享次数在内容点击阅读数中的占比。在新媒体内容创作时以满足用户需求为起点，内容呈现用户心中所想、所思、所求、所盼，与用户内心想法共鸣才会产生分享行为。

能够有效帮助用户表达形成分享行为的新媒体内容具有“直接获取信息”或者“塑造特殊形象”的特质，把握这两个特质能有效提升新媒体内容的分享率。对于用户而言，新媒体内容本身能让他从中受益，如知识、优惠、兴趣、成果等，他会产生分享行为。此外，如果新媒体内容能间接体现并塑造他某种特定形象，如权威、文艺、博学、幽默、勤奋等形象，也会促使用户产生分享行为。如用户在自己的朋友圈分享了书画艺术鉴赏的公众号文章，并不代表他就是书画鉴赏从业人员，这个分享行为的潜在意图，是用户在表达自身想被人看到的某种特质，体现他的审美品位及文化价值观。

（3）粉丝数越多并不代表号召力越强。在新媒体创作与应用过程中，并不是粉丝量越大就越能获得有效传播力和用户号召力。有时一个十几万忠实粉丝量的新媒体账号的号召力会强于泛泛关注的百万粉丝号，导致这一现象的就是粉丝的忠诚度，也称为用户黏性。

如何判断新媒体账号所获得的用户黏性，一般会根据用户对其内容的点击率和完播率来进行判断。以500万粉丝量的新媒体账号为例，当他发布一篇新的创作内容，系统会自动将该内容推送给这500万粉丝和其他公共流量池的用户。也就是说，理论上，该内容至少有500万人会观看。但这只是理论推测，系统推送了并不等于用户一定会看，这篇内容有没有引起用户兴趣点击观看，则会在内容阅读次数上进行呈现。那么用户点击打开看得越多，则内容对他们更具有吸引力，用户行为越密切，用户黏性就越高。如果要用数值来体现的话，就是新媒体内容阅读点击的次数占文章推送人数的比例，比例越高用户黏性越高。

这个数据是最直观的用户对内容体验反馈的具体数据，能有效帮助创作者根据用户行为调整内容创作的风格、主题和呈现方式。内容点击率与标题封面的设计密切相关，引人注目的标题和封面能触发用户好奇心和求知欲，于是产生点击行为数据。粉丝量基数大，但用户黏性低的情况，除了本身粉丝质量不足以外，需要考虑的就是新媒体内容的标题和封面设计是否合理，内容定位是否符合用户特征。在短视频平台数据中，除了点击率，还会强调完播率，并告诉创作者用户观看视频到哪个时段时集中离开。能有效告诉创作者此处的内容设计不符合用户期待，并有针对性地进行内容改进。

（4）阅读点击和分享行为数据是内容效果的风向标。阅读点击数据是用户对标题封面的兴趣触发行为结果，分享数据是用户点击阅读完成后的传播行为结果。在一定粉丝数量基础上，这两组数据高低的不同组合，代表着新媒体内容应用过程中的不同现象，对创作者有着不同的指导作用。如果这两组数据都低，则表示该内容创作应用较为失败效果不好，导致其结果的首要原因是标题或内容定位不够吸引人，使得用户不进来看更不会分享，如生僻冷门、逻辑混乱、不知所云的标题和内容。如果这两组数据都高，则表示该新媒体内容创作深深击中了用户需求，标题非常引人好奇，内容非常具有吸引力能满足用户需求，这样的效果是所有创作者们都追求的结果，也是所谓的爆款内容之所在。如微信公众号平台“正面连接”2021年发布的《和衡水中学在一起的2 557天》，阅读量达超10万次，一夜之间引发网络热议；抖音平台“金鹰955电台”2020年发布的《湖南第二批医疗队驰援湖北》，阅读量超946.8万次，转发量10.7万次。

当一个新媒体作品内容质量较高并精准满足用户需求，但标题封面较为寡淡贫乏时，在数据的体现上就是分享率数据很高，点击率数据却不尽如人意。要根据数据获得的指向性信息来及时改进标题封面，尽可能多地吸引用户点击观看内容，才能让优质内容获得更好的传播效益。如果这两组数据相反，阅读点击率数据很高，分享率数据却不尽如人意，则表示大量的用户被标题吸引进来了，但内容却不够符合用户分享欲的期待。但这里值得注意的是，不符合用户分享欲，并不代表内容创作质量就一定不高。用户不产生分享行为，内容不够优秀是可能导致分享率低的因素，但并不是唯一绝对因素。有时也与内容选题有关系，如果是敏感私密主题或者世人伦理争议较大的主题内容，虽然内容非常符合用户期待并较高的满足了用户需求，但由于主题的敏感性和易误导性，用户会选择自己观赏完而并不会产生分享行为。比如《为何我人到中年，却一无所有》《那些所谓的闺蜜，到底在炫耀些什么》等，虽然内容主题可能是在进行科学分析，但往往因为选题内容的定位而容易引起误会。

第七章　新媒体创作应用与吸引力

第一节　新媒体创作应用作品目标受众分析

2022年3月抖音掀#高校版女神节手势舞#活动，获得8.2亿次播放，一瞬间全国各大高校女生争相发布了类似作品，我们团队发布的作品也在极短时间内就获得了数万播放量。这种现象并不是唯一，在新媒体创作与应用过程中，产生大量强传播性、富审美性、可复制性、极具创新性的新媒体作品，这些作品通过视听体验满足用户深层需求，吸引的是大众的眼球注视。"眼球经济"是移动互联网发展进程中的特殊现象，是社交媒体的摇钱树，它们利用大数据，搜集大众用户的各种信息，以便让算法能更好地学习如何吸引大众用户的注意力[115]。在移动流媒体时代注意力的获取，可以借用焦明哲的"眼球经济"来说明：通过对消费个体进行非连续的、间歇的、零散的时间段和空间段的注意力来吸引获得经济活动中品牌效应的最大化[116]。

大部分的新媒体呈现终端是用户手中的智能手机，人们使用手机的习惯主要是通过眼睛来接收终端传递的信息，如在小红书上查看美食笔记，对感兴趣的作品进行收藏和种草，并跟随内容去往对应的店家进行美食品尝；阅读微信公众号上的推文，并就内容发表评论和观点并发布到自己的朋友圈；观看抖音平台上的搞笑逗趣视频，产生愉悦感并疯狂点赞；观看哔哩哔哩上的手办创作视频，并关注UP主持续获得他作品的更新推送，学习提高自己的操作技能等。除此之外，已便捷化、智能化的新媒体创作平台大大降低了新媒体创作的准入门槛，用户自己也能通过简单编辑后在新媒体平台轻松发布自己的作品和观点，通过发布内容来获得关注和收益。用眼睛视觉记录生活、获得资讯已经成为大众用户生活习惯的一部分。用户眼睛有没有看、在看什么内容、观看的时间长短、观看的频次、看完后的行为，都是用户注意力的具体体现，是各大新媒体平台时刻关注的重要

---

〔115〕 孙明华，王继勇，董雷，等．眼球经济：目光不要移开，精彩马上就来［J］．创新世界周刊，2020（9）：32－33.

〔116〕 焦明哲．移动流媒体："创建离散眼球经济"［N］．通信产业报，2005－09－26（26）.

信息，也体现着新媒体作品的受欢迎程度。

新媒体创作与应用的眼球经济主要是指依靠吸引公众注意力获取经济收益的一种经济活动，也被称为“注意力经济”[117]。诺贝尔经济学奖得主赫伯特西蒙曾说：“随着信息的不断增长，有价值的东西不再是信息，而是注意力。”美国学者 Richard A. Lawbam 认为，当今社会是一个信息极大丰富甚至泛滥的社会，而互联网的出现，加快了这一进程，信息非但不是稀缺资源，相反是过剩的。而相对于过剩的信息，只有一种资源是稀缺的，那就是人们的注意力。无论是传统媒体还是新媒体创作应用，其本质都是对大众眼球吸引力的竞争，是通过不断创新内容和改善应用环境来留住用户的时间、精力及金钱。

人的关注度有限，眼睛所能接收的信息范围有限，但是互联网世界中的信息无限，吸引了有限的眼球注意力就等于获得了用户的关注，获得了关注就能为其传递信息产生效益价值。有研究认为，注意力经济就是注意力资源的生产、加工、分配、交换和消费的人类活动方式[118]。世界广告史上的著名眼球经济案例之一就是本杰明·戴的“1 美分报纸”，他在广告传播过程中以低于成本价的价格售卖报纸，依靠低价将发行量推上去获得广泛阅读人群的眼球注意力，然后利用广告赚钱。以前的报纸都是赚读者的钱，而他则将自己的读者变成产品，将商家当成顾客，这就是最典型的眼球经济。如今新媒体创作应用过程中的产品性内容创作也是类似策略，吸引用户看到并产生能接收某种信息的注意力，接着将可以传递信息的内容机会卖给商家获得巨大利润。新媒体创作应用从简单直接的说商品优点变成帮助观众解决问题、主抓观众潜意识的策略。

观赏体验新媒体作品的目标受众不仅有普通用户，还有广大创作者们，他们都是注意力的主体。目标受众们在观赏体验新媒体作品的过程中，不仅是简单地接收信息，能通过评论、点赞、发弹幕的方式参与到内容中，能发起话题讨论促成热点话题，能产生购买消费等行为。

一、新媒体下的用户群体

1. 谁的眼睛在看

谁的眼睛在看？必然是用户的眼睛，那用户群体呈现怎样的特征，是什么样的人持续使用并关注着这些新媒体作品呢？由于新媒体品类众多、基数庞大且后

[117] 李博，田苏宏．传掘学视角下网络对大学生思想政治教育的影响 [J]．知识经济，2009 (4)：139—140.

[118] 奚路阳．注意力经济时代背景下的广告传播模式建构 [J]．中小企业管理与科技(下旬刊)，2011 (5)：102—103.

台数据具有保护性，目前暂无可参考文献能直接有效地获得整体新媒体用户特征。因此笔者通过对目前可获得的公开数据信息检索，从抖音、快手、哔哩哔哩、小红书的可查报告数据中，将其对应的用户性别比例、主要年龄阶段、主要地域分布等予以整理分析。

根据巨量算数 2020 年发布的《抖音用户画像》数据显示，抖音平台的新媒体作品吸引的用户群大部分为 19～30 岁的青年人，男女比例较为均衡，大部分是新一线、三线及以下城市用户。其中大部分用户人群来自广东、河南、山东等省。抖音不同年龄段人群特征中，95 后中男性占比略高且较为活跃[119]。通过该报告我们可以看到，游戏、电子产品、时尚穿搭类视频大部分是 00 后用户在看。游戏、电子产品、穿搭类视频大部分是 95 后用户在看。影视、母婴、美食类视频大部分是 90 后用户在看。汽车、母婴、美食类视频大部分是 80 后用户在看。军事、游戏、汽车内容是大部分男性用户的选择，美妆、母婴、穿搭是大部分女性用户的选择。在抖音，年龄在 18～23 岁之间的用户超过十分之一，在巨量算数公布的《2022 抖音年轻人观察报告》中我们可以看到，年轻男性多于年轻女性。其中，在校学生占 47.7％、自由职业者占 18.3％、公司职员占 13.2％、机关事业单位职员占 3.3％、个体工商户占4.1％[120]。

小红书由于其平台定位及内容特性，其平台发布的新媒体作品主要是美妆、奢侈品、饮料、数码、母婴这五类，根据新红 2022 年发布的《小红书 5 大行业洞察报告》调研数据显示，其中美妆用户 95％为女性，71％为 95—00 后，近七成拥有大学及以上学历。此外，在奢侈品调研内容中，30.9％来自一线城市，27.8％来自二线城市，用户大部分具有本科、研究生学历，用户呈年轻化趋势，近一半用户是 95 后。这些人群的社会身份大部分是职员、单位中高层、学生人群，且三者占比相近。38％的人群有月均 1 万元以上的可支配收入。从举例数据中可见小红书主要吸引的用户特征以女性、高知、高收入为主。

哔哩哔哩董事长兼首席执行官陈睿表示“哔哩哔哩用户的平均年龄为 21 岁，新增用户的平均年龄是 20 岁。目前来看，来自城乡的用户比例较为均匀，约有 50％来自三线及以下的城市。值得关注的是，第三季度，30 岁以上的新用户同

---

[119] 巨量算数抖音用户画像［OL].（2020－2）（2020－3－13）. https：//wenku. baidu. com/view/9c2f1f08f66527d3240c844769eae009591ba210. html? _wkts_＝17.

[120] 算数说——2022 抖音年轻人观察报告［OL］.（2022－07－20）. https：//trendinsight. oceanengine. com/arithmetic-report/detail/749/.

比略有增长”[121]。根据哔哩哔哩公布的截至2021年第四季度和全年财务报告数据显示，在哔哩哔哩“破圈”后，新增加的用户人群主要以20岁左右的年轻人为主，一半以上来自三四线城市，在区域分布上，以华东和华南地区用户最多。男生相对比女生多，大部分以“宅”来标榜自己且大部分为中青年。哔哩哔哩的本科及以上学历用户占比相较其他平台更高。快手主要吸引了来自二三四线城市居民的眼球注意，其中25岁以下人群占62.5%。TalkingData发布了《发现新认知——快手用户人群洞察》的数据报告显示，快手对于在山东、河南、河北地区的人群吸引力较大。快手用户群体商业信息接受程度高，喜欢追求刺激、活力、个性化的内容，且具有旺盛的网购需求。

2. 用户的眼睛在看着谁的作品

快手平台一年就有近3亿用户在快手上发布作品[122]，哔哩哔哩2020年一季度有180万个内容创作者提交了490万个视频内容[123]，但人们的眼睛接收信息范围有限，面对如此海量的创作参与量和作品发布量，能够成长为各大平台的头部账号的创作者们都是掌控人们眼球注意力的高手。以“疯狂小杨哥”为例，根据其平台账号显示至22年11月，他们抖音平台拥有粉丝9 999万多，快手平台拥有粉丝5 406万。以家庭搞笑情景剧的形式，粉丝数量更是在短短的三年内冲到了抖音平台个人排行榜第一名[124]。通过下表我们可以看到，大部分的用户眼睛被头部创作者的作品吸引，以下列举了各大新媒体平台上的千万级、百万级大V，他们保持着超高的创作产量并吸引了大量的粉丝关注。

---

[121] B站新增用户平均年龄只有20岁，从三季报看95后的视频战场［OL］.（2020－11－19））. http：//www. zqrb. cn/gscy/gongsi/2020－11－19/A1605785827866. html.

[122] 央广网：《2020快手内容生态半年报》发布：快手直播日活达1. 7亿，全年3亿用户发布作品［OL］.（2020－07－23）［2024－02－01］https：//baijiahao. baidu. com/s? id=1673000057964094797&wfr=spider&for=pc.

[123] 新华网：B站一季度月活达1.72亿“小破站”市值突破百亿美元［OL］.（2020－05－20）［2024－02－01］https：//baijiahao. baidu. com/s? id=1667176182942525797&wfr=spider&for=pc.

[124] 凤凰网安徽．网络达人“疯狂大小杨”的蜕变之路［OL］.（2022－07－19）［2024－02－01］. https：//baijiahao. baidu. com/s? id=1738765368089127969&wfr=spider&for=pc.

表 7　各平台头部账号及影响力列举

抖音千万级大 V 列举（数据来源于抖音平台账号公开数据，截至 2022 年 10 月）			
账号名称	粉丝量	账号名称	粉丝量
疯狂小杨哥	9 999 万多	李子柒	5 154 万
垫底辣孩	1 165.7 万	大狼狗郑建鹏言真夫妇	5 318 万
刘畊宏	7 277 万	陈翔六点半	6 729 万
东方甄选	2 756 万	疯产姐妹	4 402 万
张大仙	4 294 万	罗永浩	1 985 万
董先生珠宝	2 837 万	图雷	5 231 万
乔乔好物	1 145 万	陈三废	3 557 万
老爸评测	2 273 万	贾乃亮	3 085 万
快手千万级大 V 列举（数据来源于快手平台账号公开数据，截至 2022 年 10 月）			
账号名称	粉丝量	账号名称	粉丝量
辛有志辛巴	9 033.1 万	散打哥	5 109 万
白小白	4 784 万	张二嫂	3 347 万
小伊伊	3 800 万	方丈	3 119 万
上官带刀	2 555 万	陈小硕	2 082 万
四川可乐	2 345 万	浪子吴迪	3 245 万
微博千万级大 V 列举（数据来源于微博平台账号公开数据，截至 2022 年 10 月）			
账号名称	粉丝量	账号名称	粉丝量
张沫凡	1 279 万	邢晓瑶	560.6 万
papi 酱	3 161 万	张大奕	1 122.6 万
小雪梨梨梨	335.4 万		
小红书百万级大 V 列举（数据来源于小红书平台账号公开数据，截至 2022 年 10 月）			
账号名称	粉丝量	账号名称	粉丝量
帕梅拉	706.4 万	程十安	493.1 万
骆王宇	346.1 万	王泡芙	308.4 万
深夜徐老师	282.7 万	俊平大魔王	276.6 万
易梦玲	229.7 万	陈小幸子	124 万
七颗猩猩	200.5 万	桃白白	228.7
卡卡宝贝贝	269 万	美七是我	209 万

微信公众号千万级大 V 列举（数据来源于微信公众号平台公开数据，截至 2022 年 10 月）					
账号名称	总点赞	总阅读量	账号名称	总点赞	总阅读量
知书先生	3 650 万多	1.9 亿多	参考消息	452 万多	3.5 亿多
点点星光	3 630 万多	2.1 亿多	占豪	2 986 万多	2.8 亿多
同道大叔	3 660 万多	2.6 亿多	上海发布	252 万多	3 亿多
唐唐频道	3 630 万多	2.2 亿+	十点读书	1 587 万多	2.9 亿多
瞭望智库	3 480 万多	1.1 亿+	有书	999 万多	2.9 亿多

3. 体验的过程中，用户产生了哪些行为

（1）根据热门作品或热点事件，发起并参与话题讨论。比如在微博上关于“鸿星尔克捐款下的微博评论好心酸”话题产生 20.3 万条评论，高达 4 053.6 万阅读量；“蜜雪冰城捐款 2 200 万驰援河南”话题，产生 6 165 条讨论，1 681.8 万阅读；如何看待“罗永浩退出社交平台”产生 1.5 万条评论，3.1 亿阅读；如何看待“俞敏洪带百名老师带货惠农产品”产生 1 万条讨论，1.5 亿阅读；对于“垫底辣孩广西城市大片”产生 5 447 条评论，53.9 万阅读。

（2）产生具体的购买行为。比如在抖音上“乡愁”的粉丝用户常在观看视频作品的过程中，购买其内容推荐的秋梨膏、老藕粉、调味酱、枸杞子、红茶等；“胡楚靓”的粉丝用户常在观看视频作品的过程中，购买其内容推荐的衣服、鞋子、化妆品、洗发水等；“云南小花”的粉丝用户常在观看视频作品的过程中，购买其内容推荐的水果、农产品、当地特色产品等；“乔乔好物”的粉丝用户常在观看视频作品的过程中，购买其内容推荐的生活用品、居家用品、实用家电等；“老罗一个有趣的灵魂”的粉丝用户常在观看视频作品的过程中，购买其内容推荐的书籍、空气清新剂、休闲零售等；“垫底辣孩”的粉丝用户常在观看视频作品的过程中，购买其内容推荐的化妆品、护肤品等。

（3）通过界面控件与内容互动。几乎每个新媒体界面上都设计了点赞、转发、收藏、评论的信息流列表，当用户欣赏完作品后产生不同的心理感受，对应其心理感受设计的不同界面按钮。新媒体创作应用过程中的良性循环的关键元素就是内容创作者、内容本身和内容消费者。平台通过不断优化界面和组织活动来引导用户关注创作者并与之互动，形成基于内容的稳定关系链。一方面内容供给满足个性化订阅的需要，另一方面反向激励创作者持续产出。双方收获了各自的利益，也就更难以离开平台。新媒体创作过程中，大众也是内容参与者之一，在满足用户需求的同时激励创作者。例如在微信公众号平台，用户观看完推文内容后，如果对内容满意并获得了很好的体验，用户不仅可以选择转发至自己的朋友圈扩大影响力，也能在篇尾点击打赏对创作者予以实际支持。

4. 谁引导着用户的眼睛看过来

（1）头部创作者引导。在新媒体作品的传播应用中，拥有海量粉丝的大 V 能通过转发、推荐、评论以及在内容中“联系其他人来扩大新媒体作品的影响力，引导广大用户的眼球来看见他们的新媒体作品并产生关注行为。如人民日报的官微转发了钟也棠的微博内容，引导大众关注 56 个民族服饰；转发了北京眼科医生陶勇的微博内容，引导大众关注眼科公益项目；转发了王珊珊 wss11 的微博内容，引导大众关注女足亚洲杯夺冠；转发了車一工坊的微博内容，引导大众关注中国地名；转发了那那手绘的微博内容，引导大众关注重庆的英雄气等普通新媒体创作者的内容。此外，一些普通创作者也会主动与大 V 互动，如微博博主“乌合麒麟”在作品创作时会常转发和评论人民日报、共青团、参考消息、青峰侠 Bee 等大博主作品。

（2）平台策划活动引导。新媒体的创作与应用关键在于内容，只有高质量的内容才能被广泛传播吸引用户并留住用户。因此各大新媒体平台为了激励优质内容创作者持续创作作品被大众关注，会经常推出活动补贴和流量扶持计划。微信视频号启动“创作者激励计划”，持续投入现金和流量扶持 1 000 万原创作者，以直播带货、直播打赏、MCN 榜单奖励、优质视频奖励、互选平台、版权采买、内容定制等方式帮助创作者变现，并根据创作者不同的粉丝阶段提供不同程度的扶持和奖励，建立全生命周期成长权益体系。哔哩哔哩推出“Vlog 星计划”“‘UP50’品牌扶持计划”“bilibili 实用 UP 主扶持计划”鼓励原创与创新，启动“寻光”计划挖掘与扶持更多国产动画创作者。小红书平台推出“咖啡馆主理人扶持计划”“小酒馆主理人扶持计划”“街巷小店帮扶计划”“＃我爱这样的自己＃官方活动＃”“年度推荐官”等活动，通过流量扶持鼓励优秀新媒体内容创作者关注自身、关注身边城市生活。“中视频伙伴计划”是抖音、西瓜视频、今日头条联合发起的主题活动。“追光计划”是爱奇艺发布的全新的创作者扶持策略。好看视频推出“轻知计划”。抖音陆续推出“萌知计划第二期”“抖音 doutech 计划”“dou 知计划”“知识创作人”等活动，扶持优质内容创作者通过平台获得更多收益和关注。

（3）公司机构引导。当新媒体作品影响日益扩大时，还会引来资本机构投资，如紫牛基金投资了年糕妈妈、混子曰、编程猫等新媒体项目；真格基金投资了 papi 酱、企鹅和猫、大象公会等新媒体项目。大部分头部创作者都有相应的 MCN 机构，他们实现合作分为几种不同情形。有的是群众自发的兴趣创作者，在自主创作形成影响力基础了之后被机构发掘并签约培养；有的是由 MCN 机构从零开始创作培养的头部创作者；还有的是原生创作者形成头部影响力了之后自己创办公司成立自己的 MCN 机构。比如知名达人、主播有多余和毛毛姐、麻辣德子、papi 酱、网不红萌叔 Joey、锅盖 wer、爆胎草莓粥、垫底辣孩等均分属于无忧传媒、Papitube、看看世界等 MCN 机构。我们要理性看待这一现象，MCN 公司在新媒体创作应用生态中，对接上游优质内容并寻找下游推广平台变现，内容生产者专心做内容，帮助新媒体创作者优化内容和变现。

（4）官方媒体机构引导。新媒体创作者们创作的作品获得了千万级的用户粉丝追随现象，与之而来的是官方媒体机构对他们的关注和报道。官方媒体发布的报道，于是又将更多不同圈层的群众注意力吸引过来，看见、关注并应用这些新媒体创作者的作品。如下面案例所示：

人民日报："人民日报谈李子柒：活出中国人的精彩和自信"。

中国网："解读疯狂小杨哥：从网红到企业家的进化"。

"我们不一定需要'网红'但一定需要网红经济"。

"李佳琦双11携手众国货品牌直播，伊肤泉强势出圈"。

新浪新闻："李佳琦直播间'卖贵'事件，请对消费者真诚一点"。

"罗永浩低调沉潜、唐岩重出江湖"。

中国经营报："李子柒诉'李子柒'背后：网红与MCN陷'双杀'资本困局"。

腾讯新闻：" 两个月涨粉千万——张同学"。

"国际超模垫底辣孩，与'卷'起来的品牌方"。

"李佳琦：做公益的长期主义者"。

南方都市报："专访90后头部网红雪梨：去年卖货30亿元，直播挑战供应链柔性"。

"南都专访新东方爆红主播董宇辉们：新顶流还是短暂狂欢"。

澎湃新闻："一条广告65万的'垫底辣孩'：你越骂，他越红"。

网易新闻："李佳琦：他能做直播电商'守望者'吗"。

中国经济网："鸿星尔克捐款再引争议，靠话题'翻红'还要走多久?"

"罗永浩隐退，俞敏洪挣扎上岸！失意企业家在直播间找出路，记得带带李国庆"。

中国新闻网："俞敏洪回应新东方平台战略转移：无稽之谈"。

"俞敏洪、罗永浩入驻淘宝 头部主播跨平台图什么?"

观察者："'调侃新东方'上热搜后，罗永浩回应"。

"线上线下顾客满爆，鸿星尔克董事长：理性消费，不要神化我们"。

（5）娱乐综艺增加曝光。新媒体创作与应用的主要对象是中青年群体，他们在网络生态活跃度高并会通过观看网络节目来消费时光。娱乐综艺节目有着很强的传播力和吸引力，新媒体内容创作有大部分的应用体验带有娱乐性，这两者结合能使得新媒体头部创作者快速出圈并获得大众关注。近几年，综艺节目的邀请嘉宾逐渐从传统的明星专家等向新媒体头部创作者转变。如著名短视频创作者

papi 酱，曾受邀参与录制了湖南卫视频道播出的综艺节目《天天向上》《快乐大本营》，腾讯视频播出的网络综艺《吐槽大会》《拜托了冰箱第五季》、芒果 TV 自制综艺《女儿们的恋爱第二季》《明星大侦探第五季》等。再比如从哔哩哔哩红遍全网的罗翔教授，受邀参与录制了腾讯新闻人物访谈节目《十三邀第五季》、中央广播电视总台推出的文化类综艺节目《朗读者第三季》、腾讯视频播出的网络综艺《吐槽大会》、浙江卫视人物访谈节目《追梦人之无界人生》、北京卫视职场真人秀《职场是个技术活》。

二、个体感受引导下的注意力行为

人类的行为受心理感受引导，因为心理感受可以激发情绪、意愿和动机，进而影响着决定和行动。情绪和心理感受会改变受众的感知、思考、决策和行为模式，影响他们对环境、事件和人际关系的反应。感受可以触发愉悦、不愉悦或其他情绪，这些情绪会引导人们采取相应的行为，比如继续停留享受愉悦或选择划走离开避免不愉悦。同时，社会和文化背景也会塑造人们对心理感受的理解和回应，进一步影响行为。新媒体作品通过以下情感传递，来引导用户行为，充分吸引并获得大众的注意力。

1. 刺激感

这个刺激感主要是用户观看新媒体内容后获得的感官感受，如听觉刺激、视觉刺激，以及由视听感官引发的触觉刺激、味觉刺激、失重刺激感等，与人类生理需求所需的生物性反应。如热辣红艳的火锅美食分享图文，就会让用户观看后产生味觉冲动、分泌唾液，并产生想吃的欲望，吸引用户关注停留直至内容观赏完。

2. 同情与崇拜感

这两种情感的产生，一个是向下对弱者，一个是向上对强者。出于群体关爱的本能，人们往往会对弱者施以同情感，对强者产生敬佩感，并持续对他们投射注意力。如深夜走失的老人、被虐待的儿童、被排挤的农民工等，时常成为时事热门的焦点并获得广泛关注。再比如勇夺冠军的运动健儿、保卫家园的边防战士、攻克难题的专家学者等形象内容，自身就带有引人注目的光环，能自动触发大众的崇拜感和好奇心。对他们的所说所做、成功历程、事物观点，都会产生兴趣并引发关注行为。

3. 从众感

人是群居性动物，天生具有从众性，会被时下发生的社会门事件和话题所吸引，从而好奇大家都在关注的热门内容。这种类型的内容具有时效性，往往以社会事件为主，也就是网络热词所谓的“吃瓜”吸引力。虽然内容与自己的实际生活没有直接联系，但还是会表现出强烈的好奇心和关注力。从众感会吸引个体用户关注热点话题，并随之在脑海中建立对现实世界的认知，并参与话题关注和讨论。

4. 相似感

古语有云“物以类聚”，表示人与人的社会关系形成中，有着相似性和相互影响的作用。在新媒体内容传播过程中，通过内容向用户传递价值观、兴趣取向、观点态度等方面的趋同，使得用户与创作者之间产生相似感的亲密感受。如爱好相似、困难相似、追求相似、价值观相似、观点态度相似、利益相似等。相似感会将用户的注意力带入特定情境中，使得在新媒体平台使用过程中，对与自己相似的内容沉浸其中，对相异的内容迅速滑走或关闭，只被自己感兴趣的内容或有益信息吸引注意力。

5. 反差感

令用户产生反差感迅速吸引用户注意力，反差不仅存在于认知上的反差，也可以是戏剧性反差产生的感受。认知上的反差感，源于人们对世界的认知存在既定印象，在新媒体内容传递时，新媒体作品所呈现的认知结构与用户的既定认知印象形成反差，导致用户产生疑惑、好奇、心理失衡并投入注意力以寻求答案。戏剧性反差感，主要体现在故事发展的反转、抖包袱、出其不意、意料之外的剧情结构上，从而不断吸引用户注意力并持续停留。个体与个体之间、个体与群体之间、个体与内心之间、个体与客观环境之间的反差感，是常见吸引用户注意力的方式，这也是剧情类内容往往更容易获得用户青睐的原因。

6. 追随感

人们对自己的生活总会抱有变得美好的期待，在潜在意识中希望自己能如那些榜样、成功典范者一样获得理想生活，并随之对自己给予激励。人类自动物进化以来，天生就具有模仿追随意识，这是源于人类的模仿心理，通过对榜样目标的关注和观察的追随行为，促使自己进步获得更好的生存技能和生活条件。优秀的新媒体作品会产生强大的吸引力，使得用户持续关注不断追随，比如有的大博主换了新平台后，他们的粉丝也追随他到新的平台继续关注，具有强大的号召力，也是关键意见领袖的具体体现。同时，优质新媒体作品也会产生聚集效益，由于内容优质追随者很多，大量的追随者产生应用互动行为数据后，系统测算符合智能推荐条件，于是加大曝光度让更多人看到，于是又获得更多追随者，如此循环，形成了强者恒强的注意力积累优势。

三、吸引目标受众的策略与方法分析

有效达到吸引用户注意力、提高影响力、扩大曝光度吸引目标受众的目的可以通过五种路径实现，分别是多平台分发、联盟互动、人设、账号名和标题。下文将通过具体解释和案例结合，总结分析新媒体创作应用中注意力吸引与用户吸引策略，以期为新媒体从业者提供实用性强的指导和借鉴。

1. 多平台分发引流注意力

将某一个内容编辑成不同的形式发布到不同的平台，可以是同时发布也可以是错时发布多平台分发，不同的平台对应不同的传播通道覆盖更多用户群体，以此赚取更多收益。很多 MCN 机构都会将内容多平台分发，比如以近 3 年从素人成长为头部大 V 的“疯狂小杨哥”新媒体矩阵为例，微博（193 万粉丝）、抖音（9 999万多粉丝）、哔哩哔哩（476 万粉丝）、快手（5 840 万粉丝）、小红书（5 万粉丝）、西瓜视频（9 999 万多粉丝）、美拍（8 243 粉丝）、好看视频（2 万粉丝），他的多平台分发策略将注意力扩大到 2.7 亿左右的粉丝关注度。单个平台数据增长到一定量级则会难以突破，但是不同平台传播能帮助快速扩大流量获取路径，并吸引不同类型的用户注意力。

2. 互动联盟扩散影响力

互动联盟是拥有不同的关键资源的两个以上的大 V 或企业，他们各自有着较为明显的行业市场轨道且市场无交集，而出于经营目的，这两个新媒体账号采取跨界互动的战略联盟、交换或联合彼此的资源，一起进行营销活动，在短时间内来扩大注意力范围形成双重影响获得竞争优势。这种互动联盟具有即时性与瞬间性，用最少的投入换取最大的收益。通过联盟合作的互动方式为基础给自己增加曝光率与影响力。大 V 之间互动联盟的事件，如因热门综艺《花儿与少年》结伴而行的影视明星（胡先煦、辛芷蕾、迪丽热巴、秦海璐、秦岚、赵昭仪、王安宇），被称为“北斗七行”。其中胡先煦主演的《飞驰人生·热爱篇》上映宣传时，其他六位明星均发布推广该剧的帖文。以他们七人在微博的粉丝量累计来算，这一互动所带来的瞬时曝光率和影响力就达到 1.3 亿人次。企业和企业联合营销，比如 2024 年 4 月的北京车展，小米汽车创始人雷军与长城汽车董事长魏建军在抖音平台同框，两大生产制造企业联动引发大量网友围观并成为当日话题冲上热搜榜。

3. 魅力人设吸引注意力

人设一词来源于影视设计、动画设计，是设计师对剧中角色形象的打造呈现，包括但不限于人物的形象、性格、成长故事、喜好等。随着新媒体产业发展，“人设”一词逐渐被应用其中，它是由UP主、粉丝、媒体路人等全社会参与构造的叙事。个人由路人转为粉丝，是在自我投射、自我移情和自我补偿三种心理机制下实现了从偶像认同到自我认同。

一个新媒体产品打造人设的出发点在于，新媒体给予人物及内容展现的时间极其有限，区别于传统影视作品耗费数小时刻画人物形象，要想在短时间之内深刻吸引住用户注意力并留下印象，可以选取角色的几个鲜明的特点来突出包装并反复重现，这样才能让观众识别并在脑海中留下记忆。

设定一个有效人设要对内容进行清晰定位并分析其受众。内容是什么？怎么呈现？内容哪个特质吸引人？人际情感、个人成长、努力、孝心、专情和爱心是常见的能得到共鸣的人设点。人设不能凭空想象，要从实际出发，从创作者的擅长领域出发，在确定好鲜明的特色后在内容呈现时不要随意替换和更改。从心理学角度来说，在塑造形象时，不用过于追求完美，完美的人设与观众有距离感且不真实，有缺点接地气贴近生活的形象反而更讨喜，此种现象在心理学上被解释为巴脚效应。

4. 特殊名词吸引注意力

在碎片化阅读的当下，人们日常要浏览海量的资讯内容。众多新媒体传播过程中，除了令人印象深刻的内容，其次就是通过特别的名字帮助吸引用户。当用户想再找到对应的内容时，也许无法描述内容，但如果有个特别的账号名，就能帮助用户迅速检索到想要的内容。账号名的生僻字会造成传播障碍，如“靐、龘”等这些生活中非常少见的字。其次，有趣的名字也能拉近距离，吸引用户注意力，让人产生联想，如“狗蛋想唱歌”“好饿爸爸与好困女儿”“美少女说车”等。另外，名字也可以对应内容定位或者职业信息，使内容领域一目了然，例如“大牛旅游”“杨毅侃球”“丁香医生”“厨师王刚”“罗翔说刑法”。此外，新媒体在应用时，大数据会根据标题进行测算与流量推送，好的标题能将只有八分的内容吸引来十分的人。如果内容有八分水准，而标题只有五分，即使内容再优秀，数据也会被标题“拖后腿”开头设计。新媒体创作应用的共同特点是开头3秒就要吸引住人并让他往下看，给用户建立预期，把高潮部分（剧烈、兴奋、纠葛的最高峰、对立的最高峰、让人获得最大愉悦感的瞬间）或悬念部分（期待值、好奇值达到最高峰）前置，否则很容易就被用户随手划过。这也是由于用户在碎片化时间下耐心缺乏的原因导致的，无法像小说、电影、电视剧那样埋伏深晦的隐藏故事线并开展起因高潮到结局的经典结构。

第二节　新媒体创作应用是流量的、重复的、有规律的

“流量”是新媒体创作应用无法回避的关键词，是用户正在看的注意力，流量体现的是用户关注度。流量越高越是大众注意力集中的热点，它是新媒体创作应用区别于其他创作最明显的特征之一。热点流量何在？粉丝量、播放量、阅读量、转发量、点赞量、评论量等均为注意力的具体体现。流量值数越高，代表注意力关注度越高，体现的是当下发生的热点。热点与流量相互作用，热点是流量暴增的催化剂，流量是热点的数值体现。

当今人工智能测算与分发机制的数据法则下，是流量为王的时代。大数据云计算影响热点流量，在新媒体创作和应用过程中，内容的反响与流量热点有着千丝万缕的联系。在新媒体创作应用中“日光之下，并无新事”“历史总是惊人的相似”，人们的眼睛总是看向相同的事情上，人的注意力总是会被重复出现的相类似的主题吸引，因此每年都会有相似热点出现、人们的眼球年年都会被某些固定的内容吸引。“共同的情绪获得注意力”和“共同的发生时间获得注意力”都是较为明显的吸引点，也称为热点。在往复出现、有迹可循的热点中，善于从以往的热点共性中进行总结并找到规律的创作者会脱颖而出。这一效果的实现，需要结合多搜集、多整理、多归类同类型事件的发展脉络的操作习惯。根据共性合理推断，在创作中进行垂直化选题、精准选题，更有助于做出吸引用户关注的热点内容。

一、内容持续重复现象

随着社会事物的不断发展变化，新媒体平台总会轮番出现热门主题的爆款视频或者图文。热门作品并不是某一个作者在创作上有所创新就能达成的，这需要天时、地利、人和多种因素的结合。比如旅游类主题，前几年最热门的是出国旅游，而近年人们不再热衷于踏出国门的旅游，在城市周边的露营活动变成大家假日消遣的热门选择，生活所在地区附近的露营短途旅行攻略变成旅游热门内容。露营并不是一件新生的事物，露营攻略之所以能成为爆款与大家的生活习惯改变密切相关。既然热门点已经出现，许多创作者们就会重复热门内容来搭上流量快车。既然创作热门具有随机性不好把握，创作者们于是不断重复生产与热门作品相似主题特点的作品，并添加上自己的见解进行内容制作。

以露营旅行为例，2023 年 4 月 13 日在抖音榜单搜索“长沙露营”、小红书首页搜索“长沙露营”并按照热度排序，我们得到以下内容：

· 第一篇：抖音博主行摄大疆 旷哥 vlog。点赞 3.6 万，收藏 2 202，评论2 106。

标题：#长沙周边游#长沙周边云海日出露营攻略来咯，自驾两小时到达。

· 第二篇：抖音博主女飞手依依。点赞 2.1 万，收藏 2 873，评论 6 861。

标题：长沙露营钓鱼宝藏春游地方，艾特你的好朋友一起出发#长沙#。

· 第三篇：抖音博主南北的游记。点赞 1.4 万，收藏 752，评论 2 284。

标题：长沙出发，在宁乡找到一处露营看云海日出的宝藏地#长沙周边游#。

以海底捞美食为例，在小红书搜索“海底捞”“隐藏吃法”并按照热度排序，我们得到以下内容：

· 第一篇：小红书博主莎莎不吃亏。点赞 16 万，收藏 8.4 万，评论 1 400。

标题：海底捞隐藏吃法#笔记灵感 姐妹们走起来。

· 第二篇：小红书博主 succuba。点赞 10 万，收藏 6.7 万，评论 1 102。

标题：海底捞隐藏吃法！0 元自制锅底！快给我马住！

· 第三篇：小红书博主贪吃少女福九九。点赞 8.8 万，收藏 6.5 万，评论 1 256。

标题：海底捞 zui 热门隐藏吃法，0 失败亲测巨好吃！

通过具体案例我们可以观察到，这些热门主题下获得较高热度的作品几乎大同小异，露营主题的内容基本是从长沙出发来到一个有山有水的地方亲近自然，视频镜头拍摄多以无人机拍摄远景、大远景展现景点风景，近景、全景展现人物露营活动，活动内容也多是玩水和吃美食，镜头内容具有同质性。所搭配的文案多数用了“释放心灵”“亲近自然”“深呼吸新鲜空气”等词语来进行描述。

海底捞美食主题的内容主要是通过海底捞的自助调料结合下火锅的食材来进行食物 DIY。这些热门作品的封面图相似度很高，大部分是用热辣的食物拼图作为封面。这些美食摆盘相似、色彩艳丽、内容丰富，吸引更多用户看到、点赞，从而成为爆款。在内容中主要揭秘海底捞美食的隐藏吃法，基本就是对鱿鱼卷、鸡爪、牛肉粒、鸡蛋、柠檬等食物结合各种调料的混搭组合。从内容来看，都是从美食自主探索的心理出发，然后在海底捞实现食物 DIY 的具体操作步骤，如何点锅底、选菜、煮熟、配调料、搅拌搭配的经验分享。这些作品虽然语言表述形式各有不同，但主体内容和图文风格是一样的。

这些可见热门作品的内容在一直进行相似的重复传播。在其他新媒体平台也是如此，各个平台都不断上演着热门内容反复出现的情况。当在哔哩哔哩搜索

“罗翔刑法”时，会出现“狂徒张三的鬼畜剪辑”的热门视频反复在各个 UP 主的作品中出现。在抖音搜“刘畊宏女孩”时，会出现几乎各个年龄段的女性，都在视频中表现出跳得精疲力尽的状态。在抖音搜“王心凌男孩”时，排在热门榜首的必然是几个中年男子在家中电视机前跳王心凌《爱你》MV（音乐录影带）的舞蹈。这些视频拍摄风格也保持了高度一致，都是跳舞男子家电视机画面在播放综艺节目《乘风破浪的姐姐》中王心凌在唱跳的画面，然后中年男子跟着一起欢快地跳舞。我们可以看到热门内容一直在重复出现，更有甚者会将已经成为热门的图文内容，改编成视频模式再发一遍，并收获很高热度。我们来看两个典型案例：

案例一：罗永浩从新东方教师岗位辞职到创办锤子手机破产，随后在抖音直播带货还债。他的故事一度成为社会热议的焦点，随之吸引来了诸多相关主题创作。

微信公众号“ins 优选”发布文章《互联网创业者的生存：papi 酱买不起房，罗永浩想过自杀，戴威被禁止坐飞机》。

微信公众号“创业邦”发布文章《罗永浩啥还没干，就拿了 4 个亿，为什么》。

抖音博主“娱乐大表哥”作品《张国伟去罗永浩直播间反客为主》。

抖音博主“大师兄（在深圳）”作品《罗永浩传奇的（上）（下）》。

哔哩哔哩 UP 主“鸡鸡夫斯基”作品《罗永浩：兄弟你让我这牛怎么吹！》

哔哩哔哩 UP 主“短的回忆录”作品《罗永浩的这些年：龙哥或许会迟到，但相声永远不会缺席》。

哔哩哔哩 UP 主“比耶男孩”发布视频作品《从米黑米吹到直播带货，罗永浩与小米的爱恨 10 年》。

案例二：垫底辣孩在作品初创时还是一名深圳大学在校生，出于自己的兴趣爱好拍摄变装视频而走红，随之吸引来了诸多褒贬不一的相关内容创作。

微信公众号“ins 优选”文章《“垫底辣孩”翻车？作品被骂“千篇一律”，丑上热搜后的他，靠新作逆风翻盘！》

抖音博主“你李总啊”作品《挑战系列从垫底辣孩开始！我帅炸了！》

抖音博主“苏菲和妈妈”作品《辣孩哥哥快劝劝我妈吧……》

哔哩哔哩 UP 主“下饭音乐”作品《“垫底辣孩”到底是谁？变装一月涨粉 500 万，品牌方都追着合作？》

哔哩哔哩 UP 主“鄙人阿蒙”作品《垫底辣孩：官方捧成亲儿子，评论区变成抽奖区》。

哔哩哔哩 UP 主“文化产业评论”文章《垫底辣孩走红，抖音的变装赛道行稳致远?》

通过案例搜索结果我们可以看出，在创作过程中，站在热门的肩膀上搭流量快车这一现象屡见不鲜。新媒体创作者要找到热门内容、学习热门内容、拆解热门内容，然后才能最终做出热门内容。根据内容定位，对某个主题词进行搜索，并观察热门榜单的规律，分析与之相关的热门内容。随后逐字逐项分析寻找他们之间相互重复的元素，再将这些热门必备元素融入创作中，重复热点、改造热点就是获取流量的秘密。有些创作者为了紧紧跟随热点，还会连续发布多个热门内容，比如微信公众号“广告门 App”公众号文章《罗永浩，疯狂营业》《papi 酱：“恰饭”这事，在多数内容作者都没太想明白》《又刷屏了！鸿星尔克借抖音电商超品日诠释国货未来》。“创业邦”公众号文章《鸿星尔克“出圈”48 小时，年轻人为什么“野性消费”超 1.9 亿?》《罗永浩啥还没干，就拿了 4 个亿，为什么》。微博博主“哈比熊鞋服”文章《罗永浩官宣最后一次创业！要替代苹果成为新世界的“霸主”?》《网红垫底辣孩丑上热搜第一人，这事没你想的这么简单……》。微博博主“秋叶”的微博《垫底辣孩 30 天抖音涨粉超 500 W：被品牌追着求合作，是如何爆火的?》《罗永浩“弃抖入淘”，双十一首秀 PK 李佳琦，我有一个大胆猜测》。

二、共鸣获得关注现象

重大的社会事件常常因其特殊性引发情绪共鸣获得大众关注，有些类型的事件总会持续循环出现，在创作上可以对其归纳总结并分析规律，提前进行内容策划并根据实时情况积极创作响应，则能有效收获大量的注意力。这种同类型的情绪有很多，如体育竞赛、航空科技、人文历史等。比如但凡有奥运会、足球赛、冬奥会等大型体育赛事举办，其间相关内容都是热门话题的常客，如“体育精神”“拼搏”“困难坚守”“突破首金”“运动员”等热词。在 2022 年初冬奥会的成功举办就是当时诸多热门话题的起源，在冬奥会整个过程中，不仅新星运动冠军所展现的运动精神成为网络热点，许多与往届运动员相关的话题也会高频出现，甚至冬奥会的周边产品也是热点之一。

2022 年冬奥会上年轻优秀的运动员层出不穷，其中以谷爱凌和苏翊鸣为最具影响力的体坛新秀屡次登上各大新媒体平台的热搜榜。谷爱凌因其单亲家庭，出生美国最终回归中国国籍的个人特点，随之可以预见性地产生多个热门话题，如“中美教育”“单亲母亲”“民族自信”“家庭教育”“高效率学习”等，话题本身就具有社会关注力，集中出现在运动冠军身上成为流量爆发的催化剂。此外，大型活动一般都会设计吉祥物，如 2008 年北京奥运会的福娃是当时的衍生商品爆款，同理可推断，对于首次举办的冬奥会来说，其吉祥物“冰墩墩”“雪容融”也必将是被广大群众喜爱和讨论的对象。

运动员除了运动项目本身，有些还会跨界参与其他活动。许多退役运动员因为身体原因没办法再继续从事体育运动行业，也会进行其他类型的尝试，同时出现很多的热门。诸如：

谷爱凌：谷爱凌看秀生图。

金晨：直男式发言。

王嘉尔：击剑运动员和娱乐圈顶流的一生两梦。

任嘉伦：从乒乓球运动员到“国民女婿”，他是怎么做到的。

张国伟：跑男出场自带撒花特效。

三、遵循自然规律现象

人类社会的行为总会遵照着一定规律有序进行，这些规律往往有迹可循并随着时间往复循环。前文所提到的＃高校女生手势舞＃就是我们遵循三八国际劳动妇女节这一社会运行自然规律下创作的高传播量作品。根据创作实践时观察研究，2018—2022 年期间持续出现大众关注的热门话题，以时间为逻辑总结归纳，呈现出往复规律（表 8）。

表 8　2018—2022 年期间往复循环的大众热门规律表

自然规律	社会行为	自然时间内，循环出现的热门内容
1月	元旦、除夕、春节	元旦：以“展望或回顾”为切入点，话题有“新年第一天最想见的人”“年度执行清单”“关于×××的年度账单”“今年最后一天想说的话”“打工人的一年”“新年愿望”“今年最大的遗憾或收获”“预测你的××（新的一年)”等方式。 除夕、春节：围绕“有钱没钱回家过年”“年夜饭”“春晚”“初一的菜吃到十五”“回家”“团圆”“喜庆”习俗等元素；发起“南北方过年习俗对比”“过年回家被催婚”“‘春运’的速度和温情”“‘团聚’的圆满和幸福”“不能回家的人”“春节集中相亲”等话题。

表 8（续）

自然规律	社会行为	自然时间内，循环出现的热门内容
2 月	元宵节、情人节、春节返工、开学季	元宵节："赏花灯、吃汤圆、猜灯谜"等节日元素，可在新媒体平台发起"猜灯谜赢大奖"的互动。 情人节"爱的具体表达""古人的诗词浪漫""直男礼物""终于等到你"；亦可反其道而行之，比如没有情人的情人节"单身人士""独自美丽""一个人好好待着"等。 春节返工："假期返工第一天""开工利是""新年职业规划""节后跳槽"。 开学季："不想上课上学""补作业""寒假生活"等。
3 月	女生节、国际妇女节、植树节、国际消费者权益日	7 日：女生节，可以讨论的有"高校女生节横幅""女生节送礼""做独立自信的女生"等话题。 8 日：国际妇女节，以"不一样的女性美""女性领导力""祝福"或"半天假"等为切入点以及其他投票抽奖活动。 12 日：植树节，用"环保""沙地植树奉献""节约用纸""环保包装"等话题。 15 日：国际消费者权益日，以"消费避坑指南""315 晚会曝光单""消费者维权攻略"、回顾往年的黑名单为切入点、第一时间盘点被 315 晚会曝光的黑名单。
4 月	愚人节、张国荣逝世纪念日、清明节、地震周年祭	1 日：愚人节、张国荣逝世纪念日，愚人节常见各种整人的"适度"话题，配合段子和表情包，适当玩梗、开玩笑；纪念张国荣的相关歌曲、电影、采访等内容。 4 日或 5 日：清明节、谷雨"节气、祭扫""回不去的故乡""云祭祀"等话题。 14 日青海玉树地震周年祭、20 日雅安地震周年祭，缅怀英雄事迹、为地震受难人员默哀、珍爱生命等。
5 月	国际劳动节、五四青年节、地震周年祭、母亲节、520 恋爱日	1 日：国际劳动节，"撸起袖子加油干""劳动光荣""小长假出游"或者"宅在家里"的话题，以及热爱工作的段子或表情包。 4 日：五四青年节，创新提出"××青年"，或者反其道而为之讨论当代青年人网络热词现状大起底——佛系、穷、单身、"躺平"、打工人等。

表 8（续）

自然规律	社会行为	自然时间内，循环出现的热门内容
		12 日：汶川地震周年祭、国际护士节，缅怀英雄事迹、为地震受难人员默哀、珍爱生命等。 5 月的第二个星期日为母亲节，以“我爱妈妈”“伴我长大”“母爱”为切入点，送祝福表谢，提出“妈妈的怀抱”“与母亲最温暖的瞬间”“最暖心的话”“最心疼的瞬间”等相关话题并发起互动，常见以“送妈妈的礼物”为主题发起微博抽奖。匹配到爸爸的行为如“这一天的爸爸”“爸爸的求生欲”等。 20 日，以爱与浪漫为基调的“爱意表达”“直男审美”“表白攻略”“送礼物攻略”；以及以单身为切入点，发起“吃狗粮”“汪汪汪”“一直单身一直爽”、催婚相亲等。
6 月	国际儿童节、高考、父亲节、618 购物节	1 日：国际儿童节，“回到过去”“粉笔弹醒的课桌”“童年游戏或玩具”“童年糗事大盘点”，增加与粉丝的互动，编写一些段子、表情包。 7、8 日高考，“少年的拼搏”“赶考场”“作文题目”“爱心送考”，以及“旗开得胜”的送考家长、“金榜题名”等各种祝福话题，或者发起回忆当年的高考。 第三个星期日父亲节，“亲情”“父爱”“无声的爱”“爸爸的表达方式”为切入点，除了送祝福表感谢，也有以“送爸爸的礼物”为主题发起微博互动；“与父亲最温暖的瞬间”“最暖心的话”“最心疼的瞬间”提出等相关话题，并发起互动。 18 日，618 购物节，“降价大促销”“大优惠”“剁手”“买买买”。
7 月	建党节、唐山大地震纪念日、暑假	1 日：建党节、香港回归庆祝日，以“党的光辉历程”“我的中国心”“东方之珠”等为话题。 28 日：唐山大地震纪念日，以震后重建、缅怀英雄事迹、为地震受难人员默哀等为话题。 暑假：常见天气、美食和暑假作业等话题，比如“烧烤模式”“小龙虾”“夏天的西瓜”“赶作业”等。

表 8（续）

自然规律	社会行为	自然时间内，循环出现的热门内容
8 月	建军节、七夕	1 日：建军节，中国军事力量发展历史事件展示等话题。 七夕：中国情人节元素“牛郎织女”“鹊桥”“玉兔”等。
9 月	开学、教师节、九一八事	1 日：开学，常见发起“报到第一天”“军训”“迎新”“新生小鲜肉”“学长与学妹”“学姐与学弟”“校园青春怀旧”等相关话题。 10 日：教师节，对老师的感恩祝福“桃李满天下”“我的启蒙恩师”“张桂梅”；盘点老师最常挂在嘴边的金句，如“你们是我带过的最差的一届”“再耽误大家 2 分钟的时间”“这是道送分题啊，同学们”等。 18 日：“918 事变”“警钟长鸣”“勿忘国耻”。
10 月	国庆节、中秋节、重阳节	1 日：国庆节，“国庆出游”或者“宅在家”“堵车”“人山人海”“国庆阅兵”“我和我的祖国”等话题。 中秋节：“思念、归家、团圆”“赏月”“晒月饼、晒月亮”等为话题，在互动平台发起“送月饼”等相关抽奖活动。 重阳节：登高望远、重阳节诗句等话题。
11 月	“双十一”购物狂欢节、感恩节	11 日：“双十一”购物狂欢节、光棍节，“双十一剁手”“吃土”“双十一购物时的吐槽”，比如吐槽优惠券、网络卡等为话题；以“单身”为出发点，打造段子和表情包等。 感恩节：向家人、朋友、社会表达谢意的话题；发起平台转发抽奖，感谢粉丝一直以来的支持。
12 月	双十二、南京大屠杀周年祭、冬至、跨年	12 日：“双十二购物狂欢”。 南京大屠杀周年祭，缅怀南京大屠杀死难者，勿忘国耻、建设富强中国等相关话题。 冬至：常见南北方冬至不同习俗的话题，比如“吃饺子还是吃汤圆”“南方要不要供暖”等的投票。 跨年：参考元旦的话题、这一年的最后一天。

通过以上往复规律我们可以发现，大众每年到了特定时期总会被同样的热门话题所吸引的现象。比如每年的五月二十日是许多新人热衷选择的结婚登记日，

在这一日，许多新媒体创作主题都会发布与结婚主题相关的内容并迅速出圈。在五月二十日这大众热点时期，相关文章总是更容易被广泛传播。讨论年轻人婚姻观、有聚焦城市大龄单身不婚族、有关于上一辈婚姻影响下一代感情观等等。与此同时，在第二年的这个时候，相关主题又会卷土重来，被稍微修改然后被从一个平台搬运到各个平台，并且其内容与前一年相差无几。这些日期可能是特殊数字、社会习俗、传统节日、纪念日等。留心观察并悉心总结这些固定时间重复发生的热门内容来引导创作，这些内容的关键词、情感倾向、主题输出都非常类似，大众的注意力到对应时间就会因社会行为变化而吸引注意力。

第三节　新媒体创作应用产生热度效应的有效路径

新媒体在创作和应用过程中有着实时更新的特点，为了让用户在使用平台时能迅速获取到当时的热点信息，UI 界面设计师在设计平台应用界面的框架时，会制作一个热点词条的区域显示。用户打开各新媒体平台的界面，映入眼帘的就会有各种热点词条，有的也称为热搜词条。热点词条是当天用户行为兴趣的具体体现。谁决定了哪些词条会成为热点？除了来自官方刻意推流的微博用户或者微博后台管理者之手，更多的可能性是来自用户的广泛兴趣，因此热点词条是可以被引导的。

创作者在发布热点词条时会用“#”标出话题，目的是匹配平台数据测算机制，目的是有效地分发到相关后台员工审核，以便在人工筛选过程中更一目了然。比如我们每次在创作发布时，均贴上了多个对应的热门话题，如#春季踏青#、#非遗文化传承#、#望城文旅#等。除此之外，直接用“#”标出的话题也免去了后台人工编写话题标题的麻烦，促进更快地过审获得平台推送。热点词条发布后入榜前要经过人工筛选，这是由分发机制造成的，话题与作品内容不同，人为筛选难免有疏漏之处。后台工作人员有限，平台用户每天创作提交的话题成千上万，毕竟并不是每个话题都具有讨论价值和关注度。有了话题和关注度浏览量，并不代表就能直接登上热点榜，想要制造出好的热点词条进入大众视线，在创作时一定要符合平台的创作机制。只有进入了备选库，才有可能出现在热点榜，而进入备选库的前提是需要有一定的浏览量、话题的热度、讨论度之类的数据，然后平台后台的热点词备选库会收录该词条，接下来就要经过人工筛选，当满足了当下平台的审核条件，这些备选的话题才有可能进入群众视野并真正地出现在热点榜上。

在创作实践时创作者们要知道平台审核的条件是什么，该如何编辑词条才能获得热点流量。要实现词条热搜，需要满足以下三个条件。其一，要符合行业规范与平台规则，符合国家倡导的社会主流价值观，这是所有条件的前提，不要抱有任何侥幸心理去擦边，无论是多大的体量多少粉丝的账号，一旦涉及违反国家倡导的主流价值观，轻则禁言100天，严重的甚至直接封号，曾经的微信公众号大号咪蒙，单篇阅读量均为10万多以上，因为发布了贩卖焦虑的高考文章被平台直接永久封号。所以，不违反平台规则，不违背国家倡导的社会主流价值观是我们创作的首要前提。其二，个人号作为热点词条的首发，一般不建议公司企业账号来做，会被限流，这里平台在权限设置时将避免营销号操纵话题纳入了考虑范畴。其三，发布词条的时候就聚焦于关键词语，并用♯号标出。这个行为属于从业习惯，为的是作品内容更好的被识别，用♯标注出的词条更明确，更容易被选中，因此更容易上热点榜。

短时间内将热点引爆，借助头部账号的既有传播力进行初期驱动。首先用个人账号发布关键内容，这个关键内容一定要选取本身具有强烈的话题属性的内容，也可以是包含已有热点词条或者与现有热点词相关的内容。然后让三四个影响力大的账号，转发之前个人账号的内容，这样做的目的是通过大V现有的百万粉丝量进行流量冲击，也就是引流，以便在短时间内让词条进入前面提到的热点备选词库里。

为了提升用户活跃度，各个新媒体平台都设计了热搜版块用于给大众粉丝提供新鲜热门的信息，并帮助大家了解实时热点。每个新媒体平台都有自己的热点榜，称谓各有不同，有的叫热搜榜，有的叫热门榜。热点会引发大量的热搜，具有强大的社会影响力。最具有社会影响力的是微博热搜，经常许多受人瞩目的热点事件都是首先从微博爆发再辐射到微信公众号、抖音、快手头条等。关于花钱就能操控热搜的登榜与撤榜的揣测和论断在网络不断出现。为了澄清网络舆论对热搜的各种猜疑和误解，微博官方2021年8月发布了《微博热搜管理规则》，将热搜推送及形成的相关规则公布于众，并且详细解释了热搜流量管理细则。为促进热搜榜的规范化运营，微博官方决定每半年发布一次热搜报告。这个管理规则不会一成不变，会随着大众网络习惯的发展以及创作者们的作品内容而进行调整优化。通过对热搜机制算法的不断打磨和升级，加强对热搜榜单的规范化运营，完善相关细则，为用户提供更精彩的热点内容。新媒体创作者通过引流热度、猜测热点来探索产生热度效应的有效路径。

一、引流热度路径

在用户无目的浏览应用时，算法会将此刻的热门内容优先推送分发。微博、抖音均有自己的热门榜，这些热门榜单上的内容每个动辄就是成千上百万的传播量，因此，已经爆发的热点是强大的流量数据喷涌口。随之引发大量创作者在内容生产时，以热点内容为目标进行创作，体现在标题、评论、画面、音乐等的应用上与其产生联系。至此，吸引流量注意力方法能简单快捷地产生良好效果吸引注意力。通过实践观察有以下途径可以实现。

1. 热点高赞评论的迁移

新媒体行业流传着一句话，“高赞内容是通往爆款的高速公路，信高赞内容者得天下”。新媒体创作的内容时常与社会时事紧密相连，大型的社会事件会引起广泛讨论和共鸣，在评论区排序靠前的都是高赞评论。高赞评论因为非常多的人认同此评论，它才会获得这么多赞，这是群体注意力的具体体现。在微博上的头部创作者，在热点发生后都会在第一时间将高赞评论的观点制作到自己的内容中，必然也会受到多数人的欢迎，也是大众才华的体现。

2. 官方热点活动的参与

在抖音和微博的界面里热点词条是官方高频出现的类目，热点词条里有个话题主持人，主持人可以置顶自己的内容让所有人可见，增加曝光率增加流量。非主持人可以通过投票来增加曝光率，同样可以出现在热点里面。

投票主要是针对某个事件或者问题进行话题讨论，选项会有多个观点，这些观点来自高赞评论，偶尔也会有类似“吃瓜”的事不关己的选项。当这个话题成为当下用户群关心的焦点火起来了之后，投票活动也会势必涌入大量流量，这样就可以将自己的账号通过简单的方法关联到别人的热点了。

各大新媒体平台热门挑战活动在 2020 年 12 月份有一个“badromance 七段唱歌挑战”，需要唱该歌曲从低到高音调依次上升 7 个调，引起了不少用户的挑战。微博平台该话题下有 211.8 万人阅读了此次挑战，只要积极参与就会获得这个通道的流量。抖音平台上也有明星、网友接受挑战，如邓紫棋、李玟、希林娜依高、火箭少女、硬糖少女等明星纷纷加入，邓紫棋在这个挑战视频获点赞达 115.6 万次，评论近 5.9 万人；李玟此次挑战视频获点赞量达 102 万次，评论也有 5.2 万人。明星个人作品已获得广泛流量，只要跟随其热门视频在下面评论，也能收获大量关注。如：气息不足，音调不准，喷麦，咬字不准，这些都是我的缺点（点赞 3.2 万）。金池 jinchi 矜持：我试了下最后一个声带已消失（点赞量

2.3万）。聂小倩她老板：姐姐的声音是用来治愈耳朵的，我的声音是用来吓人的（点赞量1.3万）。

这些高赞评论道出了用户心声，主要体现为普通人唱歌不好听、唱歌跑调，于是就出现了许多跟随热点解决用户需求的内容，有的教人唱歌，有的剑走偏锋展示搞怪唱法等。抖音博主“郭潇雨”，粉丝336.5万，她在抖音里教大家唱歌，她的一条“棣棣的声音改造来啦，最后的清唱绝了”短视频点赞量高达192.6万，评论达7.9万。抖音创作者“无敌灏克”通过独特的结合将当时热点歌曲与山歌相结合创作的一条“山歌才是yyds”，点赞量达76.7万，评论达7.8万，转发达8.9万。

综上所述，跟随热点创作是另一种出圈方式，能有效吸引一部分人的关注。一个已经上热门的话题已经表明了它吸引了很多的注意力，带有流量属性。部分成熟创作者将话题现象及高赞评论进行总结并制作成文字或视频内容，这不仅有效跟进了流量池，还进行了内容创作的有效输出。除了文字或者视频以外，还有一种常被忽视的就是表情包。在移动互联网生态中，人们的语言表达习惯有所改变，从语音表达变成文字表达直至衍生出表情包来表达。在实际应用场景中，表情包甚至有时替代文字和声音，以图片的形式成为观点输出的载体。表情包的方式做成内容，是近几年流行的趋势，简单快捷加上热点话题自带热度且形式有趣，那么内容自然会获得有效流量。表情包能将用户的心情直观地展现，如“彭于晏老公表情包”“张飞哥哥表情包”“双十一买买买表情包”等，自带萌感、喜感并符合当时的热门话题内容，用户因此会产生转发、使用、收藏等行为。

3. 热门信息的提炼再扩展

高效的内容创作依托热门主题的高赞评论，将这个内容观点提炼并予以扩展延伸，变短句为主体内容。因为热门主题下的高赞评论，是用户态度的集中体现，既搭上了热门流量又具有用户态度认可的基础。

2021年2月12日《你好，李焕英》在中国大陆上映，获得了51.8亿元的票房，也让贾玲成为全球票房最高的女导演。该片在抖音宣传短视频下，点赞量排前的高赞评论有一句是：我的女儿，我就要她健康快乐就行。成为让人印象深刻、无比动容并且点赞最多的留言，随之而来的基于母爱的扩展内容创作可以有“无言的爱”“有时间多陪陪她”“妈妈的日记本”等，将核心评论观点提取出来延伸去扩写。可以用一个在什么瞬间你感到很幸福作为话题展开讨论。

以“无言的爱”为主题，可以引申为以下几点：在快节奏的时代里我们渐渐忽视了生活的幸福感，我们追求工作，为了生活的质量去努力地赚钱，去消耗自己的身体，在放假的时候为了更多的机会通常会再去学习一些知识而不休息，做到让自己比其他人懂得更多，没有人会问累不累，而有人会在你吃饭的时候将鸡腿夹给你，在早上的时候准备好早餐，在你随口说的一句想吃红烧肉的时候下一餐里肯定会有，在你衣服不小心划烂时悄悄补上，加上好看的图案。她从来不会说有多爱你，只是会记下你的每一句话。

以“有时间多陪陪她”为主题进行发掘，对应的创作主题可以是：小时候父母是我们的世界，长大了父母把我们当成了世界。歌手毛不易的《一荤一素》歌曲，讲述了当时创作这首歌时对母亲情感的创作背景。他曾是医院的一位实习生，目睹过无数生死离别的场面，但第一个在他面前死去的却是他的妈妈……总以为来日方长，却忘了世事无常。妈妈是这个世上，唯一对我们付出却从不求回报的人，她把最大的爱给予了我们，把我们抚养长大成人。把最好的一切都奉献给了我们，让我们享受着家庭的温暖。所以无论有多忙，都要好好的陪陪她。

以“妈妈的日记本”为主题，可以是：世界上有一本关于你的书，也许你从未见过，但它写满了你的名字和与你有关的一切。偶然一次翻到了妈妈的日记本，怀着好奇心我打开了她，这是她的日记本，里面却没有她，全是关于我的一切：2005 年 10 月 1 日，她出生啦，和国庆同一天，2006 年 6 月 15 日，宝宝会爬了。2007 年 1 月 1 日，今天宝宝叫我妈妈了，我真的超开心的！……2011 年 8 月 26 日，背着她的小书包上学去啦，也不知道今天中午能睡着不，希望不会太为难老师；……2016 年 5 月 20 日，今天看到她包里的小情书了，我女儿真招人稀罕，不过不能这么快被猪拱了……把孩子成长过程中的每一个瞬间，每一句话语，每一个小动作，每一个小小的进步，甚至口味、嗜好、糗事全都写了下来。字里行间处处流露着“温暖”“相信”“陪伴”，还有“爱”。这些成长的足迹，对孩子来说，既是最好的成长纪念，也是一份厚重而有意义的礼物。对于妈妈来说，孩子是她人生中最棒的礼物。

这样的内容扩展，既映衬了热映影片《你好，李焕英》的母爱热门主题，又对其有所延伸和扩展，在大主题的基础上根据热评进行内容细化和延伸。将热点内容提炼出来之后扩写将细节具象化更打动人心和吸引用户。

二、预判热点路径

当下热门内容或者热播资讯的互动内容里包含了社会大众的关注点，通过观察数据将视频内容重点提炼出来成关键词并预判热点。以娱乐板块为例，首先，主题内容自带流量，其次在制播过程中节目的运营方会购买相关推送。选择一个已经热门的主题，如综艺、电视剧、电影、新闻等，然后在其对应的弹幕里发现观众讨论的热点，然后摘取并进行提炼发布新媒体作品，就有猜中当日的热点词条的可能。比如在一期《奔跑吧，兄弟》里请来了秦霄贤与白鹿作为嘉宾，两个人的互动有趣，在玩“几碗牛肉面”中表现精彩，两个人通过互相逗趣的动作引得众人大笑不止并产生很高的播放量。娱乐明星本身有一定关注度，再经过综艺游戏的趣味互动，就迅速产生了相关的热点词条“白鹿秦霄贤互相伤害”“奔跑吧白鹿”“白鹿与秦霄贤”“白鹿大仇得报”，这些成为了当时抖音和微博娱乐版块的热门词条。综艺《我要这样生活》里范丞丞与王琳凯参与的正骨活动环节，范丞丞在看小鬼正骨时被吓出“表情包”，轮到自己时痛到灵魂出窍。这一精彩剧情迅速成为当时的热点词条，“范丞丞被吓出表情包”“范丞丞灵魂出窍”“明星正骨名场面”。在《向往的生活》里有一期张艺兴绕过导演组将五斤牛肉带进了蘑菇屋里，情节内容说他不愧是黄磊徒弟，从小绵羊变成了小狐狸。该综艺播放不久后随之而来的各大平台热点词条出现了“张艺兴套路导演组”“小绵羊变成小狐狸”，这是由于张艺兴本身就自带巨大流量，因其一改往日憨厚形象进行反向输出，必然会造就实时热点。

第四节　吸引力转化为收益模式现状分析

与传统创作产业的实产实销进行固定资产投入不同，大部分新媒体内容创作者在获得了巨大数据流量之后才开始变现，是新媒体应用商业模式的新特点。变现是新媒体创作应用关键环节，无论是以文字、图片、视频、直播等任意形式进行内容创作，它的商业模式是通过自己创作的内容吸引一批感兴趣的支持者，形成长期黏性并以此打造 IP 形象或者某领域话语权的关键领袖。人气低廉、精准推荐、社交免费的特征，使得新媒体作品以内容带动多元化的商业变现，实现自我价值的同时，收获经济效益。许多新媒体创作者奋斗追求于拥有忠实粉丝、打造专属的品牌形象、精耕于细分垂直的领域来获得较大概率成功。

近几年的新媒体创作应用伴随着全民短视频的出现，收获了更多草根创作者，降低了创作门槛。与此同时，平台算法支持大众化路线，在创作领域没专业背景也可以轻松进入甚至收获较好回报，它使得普通个人以一己之力在互联网领域打拼一片天地成为可能。通过图片、视频、音频、文字等视觉艺术手段的组合，使得新媒体作品带给用户极具吸引力的感官体验，让用户获得精神共鸣或情感传递。

如今新媒体创作应用在持续的商业实践中，已经逐渐形成了“内容即广告，广告即内容”的现象，将产品推广和内容创作相融合，成为新媒体创作应用产品变现的特点。以“李子柒”“包租婆夫妇”“刘爱芬的小村花”等为典型代表的新媒体从业者，将广告产品融入内容创作并获得巨大经济回报的事件频繁登录各大媒体宣传报道的平台，公众号、短视频、微博等“疯狂吸金”的头部创作者案例屡见不鲜，吸引大众人群跃跃欲试，体验新媒体创作应用带来的财富机遇。新媒体通过在碎片化的时间内抓住用户的眼球，将关注流量转化为自身经济效益的收益模式现状呈现以下形态：

一、以渠道为中心，多措并举

1. 内容流量

以新奇的视听效果引起用户兴趣并持续留存，提高完播率和观看时长，是新媒体内容的最大特点。这一特点与互联网赚取流量展示广告费的收益方式一致，即为有流量就有收益。对新媒体而言，内容流量变现主要是平台针对商家广告，按照千人展现成本、点击成本、行动成本等方式进行计费，然后平台与创作者进行比例不同的收益分配。只要有人浏览过作品内容，并达到一定的数量级，创作者就可以从平台以一定的计算比例折算成人民币拿走收益。在移动互联网时代，除了抖音、今日头条、哔哩哔哩、微信公众号、微博、快手这些头部平台，还有西瓜视频、好看视频、爱奇艺、百家号、企鹅号等诸多内容分发平台均支持内容流量变现，其中不乏一些广告收益较高的平台，这是非常具体的注意力经济的收益，新媒体创作者们可以真正依靠流量变现的方式赚到第一桶金。内容流量变现的方式在创作过程中，内容质量是关键。要持续获得用户的注意力、关注度和喜爱度，只有提高新媒体内容的质量，才能提高内容的传播量阅读量，自然而然广告的展现次数越多，带来的收益也就越高。

以哔哩哔哩为例，UP主“老师好我叫何同学”创作了一期与600万人的合影照片视频，在很短的时间内，这个悬疑、烧脑、逗趣的内容让视频播放量超过1 000万。视频内容讲述了他想要实现用科学的方法将自己和600万粉丝的头像合影的效果，不仅要同框还要能让他的所有粉丝每个人都能清晰找到自己的头像。假设这期视频内容参与了创作计划，每一万次的播放量按照10～30元的价格计算，也会有1万～3万元的收入。这是一条视频带来的流量收入，如果更新频率高一些或者全网分发内容，可以预见其带来的收入会更高。

所有平台都需要优质内容为支撑，随之推出对应的扶持计划，来主推创作者的优质内容，只要创作者在内容上围绕用户的需求创作，就会得到更多的人观看。观看的人越多，播放量越大，广告展示的次数越多，收入也越多。官方的创作活动是依靠创作的内容实现巨大收益的稳妥途径。在哔哩哔哩可以享受到内容流量直接变现带来的益处，不仅创作者进行内容的创作可以直接采用流量变现的模式赚钱，而且这些创作的内容随着时间的推移，将在平台上持续被展示、被观看，只要创作者保持展示状态，这些作品将一直被平台推送给可能喜欢的受众，形成长尾效应。在快手只要参加官方的广告共享计划，就能将广告放入新媒体的内容，通过流量的方式变现。

2. 知识变现

通过为用户提供价值来持续吸引用户注意力。除了简单粗暴的商品提供外，另一途径就是创作者对外传递方法、技巧、启迪、见解、道理等内容时，也会让用户感受到价值。新媒体的内容不仅仅是嬉笑怒骂的市场，还可以是知识的殿堂。因为有价值的存在，知识变现成为创作者获得经济回报的有效途径。课程、社群、出版等都是知识变现的具体形式，通过将传统中已经被大众接受的媒介购买形式再次与新媒体组合，成为新的商业模式。

在新媒体广泛应用以前，人们获取信息的渠道单一，但是移动互联网信息技术的迅猛发展的环境下，使得查询信息更加便捷迅速，同时获得越来越多的渠道和选择。移动互联网的出现带来了便捷，更带来了诸多选择，而且用户多元化的各种需求，就算是非常冷门、细小的需求，随着移动互联网产品的诞生而得以迅速满足。由于它们可以随时随地满足想要获取的信息需求，这导致的直接结果就是改变了用户行为习惯，用户的注意力时间切分得越来越碎片化。当新媒体以知识的属性出现，它作为一种区别于传统书本媒介的信息载体时，更加受到用户的喜爱。通过观察研究，有课程、社群两种形式。

（1）课程。课程变现的关键点在于一定要以用户为中心，解决用户遇到的难点、痛点，通过知识技能的课程讲解，帮助用户获得某种能力，改善自我或者帮用户给出实际的解决方案。《薛兆丰经济学讲义》是最典型的课程变现的 IP，是北京大学国家发展研究院法律经济学教授薛兆丰在“得到”App 上开设的在线经济学课堂，是销量领先的专栏作者，目前有 42.7 万人订阅了他的付费专栏。该栏目付费基础是每人 199 元，该课程变现获得的营收接近 8500 万元，是新媒体知识变现的典型代表。他的走红源于一档名为《奇葩说》的互联网综艺，该综艺的内容经常引发网络热点和流量关注，薛兆丰在节目中通过其从经济学角度的理性和特别的发言，引发当时多个热搜和热门话题一度成为“网红”。在他的观点阐述中总是将经济学放入日常生活中，他作为知识教授者、传播者把握住了新媒体渠道，很好的适应了时代传播的变化。除此之外，在快手平台上，有来自大山深处传递如何制作中国传统美食的女孩，通过创作相关的课程每个月的收入能突破十万元；同样在抖音平台上传授钓鱼技巧的创作者，通过创作具体的技巧课程销量也突破10万；很多平台上的知识付费内容是创作者的主要收入来源，也是平台的盈利点之一。

(2) 社群。以通过线下付费讲座、一对一见面咨询、付费课程、付费具体技巧、社群付费咨询等模式实现变现。将创作者的目标受众用户以建群的方式帮助用户解决难题、提供价值，用户是被从微博、抖音等公共新媒体平台导流到微信、QQ等私域社交工具上。付费课程利用互联网边际成本低的特性，让更多的用户可以以最低的价格享受更优的知识服务。它的对象是私域平台上的付费用户，以较低的价格售卖有针对性的课程内容给付费用户。同样的课程服务给多个不同的人群这种“一鱼多吃”的模式，让创作者的收益随着粉丝量的增加而日益丰盛。付费咨询就是将用户导流到私域社交平台后，以月费或年费的方式为用户解答问题、提供具体的解决方案，并规定每个月咨询的次数、时长等。新媒体知识的变现，还可以线下付费讲座、一对一等见面咨询方式实现。只要可以真正向用户提供有价值的知识、见解，彼此的信任就会产生，商业模式就会诞生。这种技巧没有时效性、局限性，只要有新用户进入社群，就可以进行持续不断的售卖。

3. 广告融入

在新媒体内容变现在广告方面，呈现出植入广告、接单广告、冠名活动、链接广告四种主要形式，属于让创作者根据所处创作领域与自身定位进行具体创作并赚钱的模式。关键点在于内容的吸引力，在抓住用户注意力的时候给予商品、品牌的展示、曝光，从而达到宣传品牌获得收益的目的。

(1) 接单。随着新媒体平台的日渐成熟，许多广告主希望大V达人利用其粉丝优势帮助其推广，而达人大V们也希望利用流量变现，于是平台开发者为两者搭建了一个商业合作的通道。微博开发了微任务、快手开发了快接单、抖音开发了星图广告等第三方服务平台，成为创作者与广告主的沟通桥梁。接单广告借助于平台接收广告系统派发的商品广告任务，双方进行初步沟通并达成合作意愿。创作者结合自身的定位，根据广告主的推广诉求进行特定主题的内容创作。创作内容既要突出商品的特性，又要符合对应粉丝群体的喜好，实现良好的传播效果，最终双方获取收益。这种创作与传统广告界中的甲方、乙方身份有些类似，乙方需要完成甲方对于创作的各方面的要求才能获取收益。接单式广告作品兼具传播性、完整性以及欣赏性，创作过程最重要的是要找到一个完美的融合点，一方面不能偏离自身的内容风格定位，另一方面要了解商品的个性诉求。所以在创作时依旧要按照内容创作的节奏与方式将商品内容化，才能使得用户在不知不觉中接受或者认同这一产品。

（2）植入。与接单广告直来直去的商品展示不同的是植入广告则更为委婉含蓄。它最早出现于电影创作中，剧情中的关键角色使用的道具、特殊镜头下的场景布置等出现广告商的产品画面，不影响内容的完整性和观赏性。相较于电影大片的大制作，在新媒体内容创作的应用中则更为轻便、简洁，比如，美妆类的创作者在创作某一款妆容的绘制过程中，会对某品牌的粉底液、遮瑕膏等给予信息展露，它是完成这个工序的一部分，并不会影响整体的内容节奏与完整性，用户在观看的沉浸体验中无意识地注意到商品，并且观看的过程也不会产生不良体验。不仅如此，时常还会引发粉丝提问对应的品牌型号，表示“种草”及强烈的兴趣。生活技巧类的创作者每一期内容呈现的都是各种的便利生活的小工具，在其中也会展示与解决生活问题相关的一些品牌用品，如架子、除污剂、收纳箱、转换器等，这些其实都是植入广告的具体体现。如今也有搞笑、剧情类的创作者在内容中提到休息时会拍摄一闪而过的手机游戏画面，或者在剧情编著时角色随口吐槽某一应用品牌。

植入广告在应用时的创作领域与广告品牌是否有关联性会影响整体效果，在缺乏关联性的情况下不能强行塞入广告，会产生用户抗拒心理并破坏整体作品内容结构。此处的商品服务于内容，也就是内容的完整性不能破坏。实现取代掉这一商品的植入，并不影响新媒体内容表达的完整性和独立性。

（3）冠名。传统的影视剧、综艺节目及各种有影响力的线下活动中时常见到有一个“冠名”商，为活动或者节目提供资金支持，比如 2014 年湖南卫视《我是歌手》节目的冠名是金典有机奶，2005 年湖南卫视《超级女声》节目的冠名商是蒙牛酸酸乳、2017 年央视《春节联欢晚会》的冠名商是抖音。如今在新媒体领域，冠名活动与创作者直接接触虽然有但是并不多，更多的是品牌商与新媒体平台合作，然后由平台邀请具有影响力的某个或多个领域的创作者收费创作，目的就是吸引平台上更多的创作者加入。比如国货彩瞳可啦啦独家冠名的抖音年度重磅活动《2021 年创造者嘉年华——美好奇妙日与夜》，它更像是活动媒介、信息载体。冠名活动的参与，是以某个品牌对外传递的宣传语作为创作内容，相比于接单广告，比如小鹏汽车独家冠名的微博＃心动告白季＃5 月 20 日的活动，宣传语为“爱在怦然心动时，有爱大声说出来”的主题语，创作的灵活度更大，要求相对不刻板，只要符合冠名活动的基本要求就可以通过，并不会给自身的内容定位造成影响。

创作作品参与冠名活动用官方指定的通道或者平台发布，其次用官方平台规定的内容道具或者话术进行引导，在发布时要添加具体的活动标签。不同的平台种类繁多。为了更好的获得用户注意力和推送流量，会选择知名度高、品牌影响力大的商品，潜在地拉高新媒体内容的传播形象并通过品牌方的形象做信用背书，并成为后期更多大品牌的冠名活动的基础。

（4）链接。新媒体内容展示具有强大的可编辑性，在许多微信公众号及微博的内容发布尾部，常会展示广告内容，这个称之为链接广告。它不影响内容的阅读与使用，只存在于内容展示以外的区域，虽然会和内容同时出现，但并不产生干扰。比如微信公众号的链接广告，一般放置在正文尾部、粉丝评论区之前。这个广告链接有两种情况，一种是创作者自主在评论区内置顶放上某品牌的链接广告，目的就是曝光、展示品牌商品。另一种是平台与广告主动达成协议，在界面空隙或者创作者内容界面构图的空隙进行商品展示。伴随着 5G 的到来和普及，相信随着未来科技发展与精密硬件技术的突破，增强现实和虚拟现实技术的成熟与完善，新媒体平台在日益的发展中还会摸索实践出更多新的商业模式。但是都需要根据自身定位及擅长领域，选择能带来利益最大化且持续不断发展的商业模式。优质的内容并持续输出是所有商业模式的核心与根本，是吸引注意力经济转换的首要条件。

（5）带货。因为新媒体内容的存在，并且创作者日积月累地进行持续的内容输出，创作者与用户之间建立了稳定的黏性和信任，因为信任，用户才会主动选择创作者推荐的产品，也正因为对创作者的信任，用户在购物时反而变得简单，这也是为什么网络经常会说“因为博主种草”“无脑跟”以及测评号如此风靡的原因。彼此的信任感越强，电商带货变现的回报越大。这使得带货成为许多新媒体创作者最终选择的收益形式，也让电商变现成为用户接受并喜爱的一种购物方式。创作者基于各种内容形式的创作与目标用户建立信任，在之后的电商变现中才会顺利推进。

带货的模式在各个新媒体的平台上都是以线上电子交易的形式展开，如各个新媒体的平台与淘宝、京东电商平台合作，为其导流并获得收益。此外，新媒体平台也开发了如微店、快手小店、抖音小店，快手小黄车、抖音购物车等，帮助创作者增加收益渠道。著名企业家俞敏洪，于 1993 年创办北京新东方学校从事教育事业，随着 2021 年“双减”政策的落地，教培时代迎来落幕，他并没有就此放弃。2021 年 11 月 7 日，他从教育行业转成直播带货，进入助农直播赛道。

经过不懈努力，通过双语直播方式爆火，直播间统计总观看人数 2 000 千多万，销售额接近 3 000 千万，直播大火后，新东方的股票随之大涨，市值达到 62.35 亿元。新东方能成功也是因为找准了合适的消费场景和产品，差异化的知识带货直播，承接了白领人群的关注度和流量，也更能获得平台的支持。2016 年 4 月，李潇创办格家网络打造名为环球捕手的零食电商平台，采用“社交分享经济模式”的微商营销模式。2017 年初遭到腾讯永久封号，他开始转战抖音直播带货，2021 年创建 T97 咖啡品牌并在抖音里展开直播，2022 年尝试 Rap（说唱）带货才开始走红，通过一句“咖啡你冲不冲，冲冲冲冲冲”洗脑网络迅速出圈，2 个月内涨粉近 100 万。Rap 的方式也体现了“内容即广告，广告即内容”，让用户记住品牌达到传播与经济效益相融合。电商带货变现模式一个是让用户直接通过直播来购买账号内的销售商品，另一种方式是围绕商品进行内容创作实现短视频带货。比如在微信公众号上创作内容后可以链接相关产品，实现直接跳转完成流量的精准转化，继而完成商品的销售。快手本身的平台定位先天具有社区属性，用户与创作者之间的信任非常牢固，电商变现是他自身最大的优势。

电商带货变现的核心是用户群粉丝群信任，因为电商变现的模式的基础根源于用户的信任。在具体的行为上，体现在用真诚的态度对待商品的选择、说真实数据与测评体验、不作假不夸张、站在用户的角度创作内容，良好的用户购买体验保证质量等。信任犹如积沙成塔，非常缓慢，但如果毁灭了轻则会顷刻崩塌，且恢复艰难。案例如辛巴的假燕窝事件，快手头部达人辛巴被曝出他所售卖的燕窝产品中并没有足量的燕窝，而被消费者投诉起诉，平台随之对他进行停号整顿，并被相关部门处罚数千万元的罚金。因此，纯粹地追逐利益最大化而忽视购买中存在的细节问题，则会使积攒的粉丝流失而因小失大。当粉丝流失、阅读量降低后，平台的推送权重也会相应降低。

二、以创作者为中心，配适个人

随着平台开发的迭代升级以及广泛的使用，商业模式日趋成熟，早已走过了最初的摸索阶段，今后变现方式将日趋多元化。然而过多的变现组合方式会消耗创作者的精力，使得创作者的注意力时常陷入反复什么都可以做的困境，对于商业模式的运用既可以广撒网多结合，又可以聚焦在单点攻克上。对于内容创作运营，既可以在现有基础上进行进一步垂直深耕，也可以借助流量尝试多平台商业新玩法的推广。新媒体平台提供大量可供选择的变现模式，并提供了全方位的平台保障。创作者根据自身创作的内容及定位，选择一个恰当的商业模式实现变现。在进行多元化变现时，需要遵循一定的判断法则。创作者是通过精彩的内容创作来吸引用户的注意力才能使得变现成为可能，从创作者角度出发，首先要搞清楚选择合适的变现模式的路径，否则创作的内容输出最终只是成为平台的一个活跃数据而已。其次，懂得挑选适合自己的商业模式后，创作者才好判断当下的处境是进行直接变现，还是选择延迟变现，满足继续深耕 IP。应用变现既可以在时间维度下稳打稳扎、步步经营，又可通过积累打造单个爆款瞬间获得价值最大化，这些都需要放在具体背景条件、框架范围及计划安排内，根据以下变现法则进行。

1. 差异化发展背景下的多渠道应用

创作初期的新媒体创作者对平台规则及粉丝属性掌握较少，对于自身所在领域的创作经验还不成熟，而且早期的收益来源也并不稳定、持续性也不高。差异化发展背景下的多渠道应用，可以在多个平台进行内容分发，一方面通过多渠道验证作品的市场性，并根据数据进行改进，另一方面对多种商业模式进行尝试之后找到适合自己的商业模式，这是较为有效的变现路径。差异化发展背景下的多渠应用是在多平台分发内容，尝试多种商业模式并获取收益回报。在多种尝试的过程中有助于创作者摸索初期最适合自身发展的主阵地（平台）。遵循差异化发展背景下的多渠应用的路径，可以在减少前期投入的情况下，不依赖某一个平台的商业变现模式，而是在多平台获得变现回报，虽然单个平台回报率可能不会特别高，但多个平台的数据组合起来也还是比较可观的，对于流量变现模式尤其适用。

以某美食创作者为例，一位爱好制作美食的上班族，生活中有一定的空闲时间进行短视频内容创作。在内容创作方式上选择融入电影剧情化的新颖切入角度，将美食+剧情演绎的方式进行创作，一些用户被新颖的切入角度和连续反转的故事吸引并持续关注。在每次发布时都会选择抖音、快手、哔哩哔哩、火山、西瓜五个平台进行内容分发。在抖音、火山平台的播放量较高，在哔哩哔哩和西瓜平台的播放量较低。各大新媒体平台为了获得市场竞争优势，均采取差异化发展的方式争取更多的用户人群，平台定位、经营策略、用户习惯等有所不同，这就导致一样的新媒体内容应用分发到不同平台所带来的流量不同。有时同一个主题在一些平台会得到推荐，但是在另一个平台却连审核都没有通过。

在为社区提供新媒体创作公益服务时发现，从创作者的角度来说，面临着两种局面，一种是全职投入到新媒体创作，在变现初期的微薄收入难以负担生活开支，辞职创作更是切断了主要收入来源。另一种是继续一份稳定的工作，工作之余再进行创作，这种模式在创作时间分配上较少、进程较慢，发布更新速度不及时，市场反应较弱。通过各种平台广撒网的一段时间探索，根据她的实际情况结合实践经验，流量变现中参与平台流量可以带给她持续稳定的收入，是最适合的变现获利模式。

比如在差异化发展背景下的多渠道应用分发的过程中，发现平台中的直播带货的模式不适合自己，一个是初期粉丝量低，再一个是因为要兼顾公司工作，并没有完整的直播时间，短时间上播的效果不佳。另一个就是由于是个人创作，难以把控所带货美食商品的品质，为了避免用户因为商品购买体验的不佳导致对创作内容及形象产生负面印象，所以最终选择将主要精力放在内容输出上并获得较好成效带来流量收益。

通过多平台分发进行商业模式探索得到的变现实践效果数据进行判断，将没有取得巨大回报的商业模式或者与自己内容定位不太符合的商业模式暂时放下，并不是所有的商业变现模式都要持续应用，创作者可以重点选择适合自己的商业模式。在收益稳定的情况下，继续进行内容的精耕细作，这对创作者来说是较为合适的创作方式。

当创作者采用多平台分发内容时，不断尝试和调整并持续观察早期平台收益，在进入下一轮精力和财力进行创作时，收益多的平台可以优先倾注。比如在其他平台只是辅助，只需要暂时承担分发功能即可，而收益好的平台可以多参与这个平台的活动，并倾注心思进行深入挖掘。

因此就创作初期而言，依靠差异化发展背景下的多渠道应用路径、多平台流量带来的收益较高，而单一平台所能获得的流量有限。遵循此路径能有效鼓励初创人员的积极性，培养持续输出创作的信心。在摸索平台商业模式的适应性的过程中，在有限精力的情况下，将创作效益最大化，逐渐找到自己的主力阵地以及较为适合的创作方式。在持续的创作过程中，获得一定的收入来源。

2. 持续输出行为下的主次区别

新媒体创作与应用想要获得成功，离不开持续稳定的优质内容输出。在多平台创作的时候，为了保持内容质量的稳定，则需要分清主次，以某种类型的新媒体平台为主战场，其他平台呈阶梯状分布。创作者们经过初阶段对各个平台商业模式探索后，找到适合自身内容定位的新媒体平台，并平稳应用运行。

此处以长沙高塘岭街道一位创作者小宋为例，她是一名婴儿辅食教程类的初创者，她的主要受众是新手宝妈，每期内容是教新手宝妈们轻松便捷地制作健康且适合对应月龄的婴儿辅食技巧。她的教程内容过程简洁明细，好上手、效果佳，分析评论显示只要跟着她的教程做，大部分零基础的年轻女性都可以轻松成功地做出漂亮健康的婴儿辅食。不仅如此，她还会针对不同月龄需要补充的营养进行辅食菜谱更新，有效增加了用户黏性，自创作以来，小宋深受用户喜爱。创作内容适合创作初期，小宋每次都会就同一个内容制作一个有旁白的竖屏版和一个无音乐沉浸式做饭的横屏两种形式。有旁白、有音乐、有音效和画面的竖屏作品用来发在快手、抖音上，用来为今后电商变现做准备，以此拉近用户心理距离建立情感联系直接吸引用户；横屏发在腾讯视频号、微信公众号、哔哩哔哩、百家号等众多内容分发平台，以随机分发获得的流量来直接赚钱实现流量变现，与此同时依旧可以继续尝试其他的商业模式。小宋各个平台的流量变现收益已经非常稳定，说明她的创作已经进入稳定期。当找寻到了创作的主要收入来源后，在原有已经打下的与用户亲密心理距离的基础上，小宋接下来就可以进行电商变现模式的具体开发，主要是在快手、抖音等平台上的电商变现模式。开始植入广告模式变现的最佳时机，是当粉丝量固定且稳步增加之后，并且每次新发布的流量也比较可观的情况下，则可以考虑进行广告变现。

创作者应用变现的路径以内容流量变现、电商变现、内容植入广告模式梯状规律分布并层层递进。内容流量应用模式是基数最大且最易获得收益的第一梯队，有较为成熟稳定的回报模式，主要以平台测算规则为核心。在这一过程中，最重要的就是内容的持续输出，并且对初创者较为友好。电商应用模式的收益主要源于商品销售，目前处于两极分化的状态，头部创作者通过电商应用变现获得丰厚回报，如李佳琦、罗永浩、东方甄选等。而大多数创作者处于尾部，虽然偶有收益但很不稳定，甚至少有内容流量变现。内容植入广告应用模式对新媒体内容结构有较高要求，需要将推广产品无痕融入内容创作中，让用户无形中被产品启发和吸引。内容植入对创作能力提出了很高的要求，相对而言难度最大且需要投入更多精力，适合有专业团队的 MCN 机构，不适合普通创作者。

能进行主次区别模式的新媒体创作者，其创作的内容早已得到用户验证并获得正向反馈，找到了满足用户兴趣的内容创作方式。因此在持续内容输出的过程中，需要着重保持内容特色并有效发挥，努力提升内容质量在该细分类目下占据优势，使得内容的收益与日俱增。并不是所有商业模式都适合所有创作者，在新媒体内容创作与应用过程中，必须要不断实践验证，实践才能出真知。

三、以平台为中心，有的放矢

新媒体改变了传统媒体靠数量取胜的变现模式，实现了用户与创作者之间基于信任就会有商业模式的诞生。目前的新媒体内容创作时常被选为创业的方向，这个领域有一个很鲜明的特点就是宽进严出，人人都能写文章，人人都能发视频，但并不是所有人都能有所成就获得经济回报。新媒体有追逐流量的属性，面对所谓的机遇切忌不能盲目投入其中跟风操作，更重要的是找适合自我的切入点，热点会重复那些所谓的机遇并非稍纵即逝。抛开纯粹兴趣使然的创作，新媒体变现就如创业一样需要找到合适的切入点，选择适合的平台营利模式。

通过在多平台进行作品创作发布的实践以及优秀作品的分析发现，不同的平台有着不同的应用变现特点，持续在平台获得可观流量，紧紧吸引对标用户进行内容传播，就需要对平台的特点优势和战略定位有所了解，在平台与自我之间找到平衡的发展契机非常重要。对于新媒体创作变现而言，早期的野蛮生长混沌大战的平台起步摸索的阶段早已过去，如今随着资本涌入及专业制作团队的入场，商业模式日益成熟使得在找到适合自身的商业模式后获得利润回报成为较大可能。

没有一个平台能实现所有最佳完美变现的效果，没有任何一个创作者能在所有平台都被热烈追捧，平台不同变现策略不同，用户特点不同所创作的作品内容也必然策略点不同。每个平台都有多元化的应用变现路径，但由于用户受众的特性不同导致平台的发展有所不同。对各平台商业模式进行有效特点分析，才能有效结合自身定位及输出内容的类型，找到适合的发展途径。

新媒体与传统艺术和媒体不同，它需要结合具体的新媒体平台的发展阶段及趋势进行创作与应用。作为创作者都希望自己能在各个变现模式中收益多多、遍地开花。各个平台都推出了多种商业变现途径，把握住平台主推的商业模式，然后实现多元化的商业应用，是最有效的策略。作为创作者而言，创作内容直接影响了变现模式，不仅在内容创作时要专注深耕，面对眼花缭乱的变现模式也要有所取舍。创作者们首先要把握住平台的特点与优势，了解平台的营收趋势，结合平台主推的变现模式，然后指向性地调整创作内容。此外，各大平台为了吸引更多优质创作者，在推广前期会给予更多的流量、资金的补贴与支持，因此不同的平台有不同的商业化策略，此处以新媒体短视频平台为例展开分析研究。

（一）抖音平台创作应用策略

1. 特点与优势

抖音推行强中心化推流，打造顶部内容爆款，强化内容创作者的主动运营和管理，同时鼓励用户们随之模仿裂变。公开数据显示抖音目前每天活跃用户量是6～7亿，抖音自成立就以运营为重点，变现形式主要为广告变现。为了形成连锁视觉效果，抖音主动培养有个性、有特点的年轻人积极创作，以发达城市喜欢玩乐的年轻用户群为用户主体。联合直播平台家族公会，还从美拍批量引入KOL，随后跟微博同样的大力邀请明星入驻吸引粉丝并举办营销活动事件。

抖音的视觉特点是时尚、炫酷、冲击、全竖屏，图标、特效、滤镜、音乐等均以具有审美鉴赏能力的年轻人喜好的风格为多。抖音结合其开发的剪映所拥有的视频编辑功能是各平台中最好的。为了激发视频拍摄者的创作热情，时常更新推出搞怪的AR表情如大胡子变脸、五官起飞、京剧脸谱等，并发掘了多个热门音乐如《沙漠骆驼》《桥边姑娘》《人猿泰山》《野狼disco》等流行音乐。

抖音是中心化算法，2017年下半年调整模式强化算法降低人工运营，实现了较好的用户消费数据。通过指标观测和流量池筛选，将爆款作品在用户开屏即可见到。这些指标主要是视频的完播率、用户的转发量、作品的点赞量、作品被收藏量、视频评论数和浏览数。在随后的升级过程中对具有“商品分享权限”的创作者使用了“创作者等级体系”，达人的等级从内容质量、内容影响力、粉丝影响力和商业影响力四个因素进行评价。2022年算法进行改进，将原来的“账号标签”调整为“粉丝模型”，并增加了一个“铁粉总数”指标，粉丝观看概率会大大提高。从原来的陌生人评价作品变成了粉丝评价作品，创作者要先让粉丝满意，才能获得更多流量池。算法升级后，新发布的作品，增加了40％～60％的数量推送给现有粉丝。

2. 营收变现

抖音变现方式以公域流量变现为主导，公域流量以用户兴趣为中心进行作品流量推荐，今后可能会随着算法的改变而进行调整。抖音的营收来源主要渠道是广告，建立了以星图任务为代表的广告聚合平台，通过产品曝光数据、任务分成、直播分成、DOU＋流量推广、电商导流等方式进行变现营收。2019年广告收入贡献了抖音营收的80％，余下的是电商收入和直播收入。接入淘宝购物链接后电商占比迅速增加。随后2020年10月开始，上架自己的小黄车购物车，封禁外部链接不允许第三方商品进入抖音，仅允许少量淘宝接口转接，并且直播间购物车只对抖音商城开放。根据公开数据显示，抖音2021年第一季度广告收入超过310亿元（今日头条为91亿～92亿元），抖音2021财年营收约为1 500亿元，占字节跳动总营收的比例高达七成。

3. 内容侧重点

（1）制作粉丝喜欢的视频内容。基于抖音的算法，在一个内容火爆后平台会持续将它推给更多用户，并不会因为它曾经是热门就限制流量。与时讯类应用不同的是，抖音不以发布时间的新鲜程度为参考系数，而是以用户喜爱度为推荐系数。比如抖音大号“是维维啊”一年前发布的置顶视频深受群众喜爱，已经两百多万点赞并持续为他吸引更多新粉丝来关注，有效引流并获得数据增长。所以必须以内容为王，通过内容吸引用户停留并产生互动行为。要想在抖音平台获得持续稳定的变现效果，则需要以粉丝习惯的更新频率持续稳定地进行优质内容输出，新媒体作品获得粉丝喜爱、账号形象获得粉丝信任是变现的关键，所以创作的质量不能马虎，创作的周期不能间断。因此在创作时，首要考虑用户是否喜欢，就算是广告内容也必须首先考虑用户感受。只有用户喜欢了，平台才会给流量扶持，才能实现将创作作品变现成经济回报。注重评论区与粉丝的互动维护，把控好制作周期提高发布频率，适当植入一定时间的直播，开设粉丝团及时了解粉丝需求来帮助自己调整战略，内容选题上要考虑粉丝口味和喜好，为了保持粉丝关注度的持续稳定，在应用时要重点关注私域流量和粉丝运营。

（2）在短视频时代，广告即内容，内容即广告。抖音主推内容，一个作品如果经过算法测算取得较好效果，将会被推入大流量池成为爆款，不仅作品本身爆红，还能增进创作者账号本身其他作品的关注度。广告商品有足够的曝光量，才能收获流量收益。但是抖音商业变现的收益并不是由曝光量直接转化，平台不会直接计算金额，而是依靠成交额、广告植入费等间接转化获取收益。创作者通过星图平台搭建的资源链接进行广告对接和服务实现变现。创作者可以选择上面已发布的公司项目进行合作，广告需求方也可以通过星图平台与创作者联系，进行广告定制等合作。通过星图平台，以创作者的形象定位以及特色内容为载体，以实现广告需求方的广告诉求和产品营销为目的，进行主题性创作。

从广告对象的作用上开展植入型的视频广告策划，从商品能解决用户的某种问题入手，而不是简单地重复商品宣传册上的话语。新媒体中的广告变现与电视广告、户外广告等形式不同，新广告是将用户生活场景中所需要的信息或者内容融入新媒体作品中，不再是直白地宣传推销，而是与新媒体作品融为一体。创作时模拟用户的角度思考："我为什么需要这个商品？它能帮助我解决什么样的问题？有了它我的生活能得到什么改善？"有粉丝量并不等于有较好的变现能力，比如情绪类账号拥有大量的粉丝但是承载商品广告的空间有限，没有合适的内容驱动力去促使用户进行消费，因此变现能力不佳。但是生活好物分享类的账号，虽然粉丝基数不一定大，但是粉丝关注的目的就是为了获得便捷好用解决问题的商品，所以这类账号内容的视频对用户来说有直接的变现动力。比如，生活好物分享类账号的创作者，需要推广一款泡沫除污剂。在创作时，则可以将重点放在它便捷的除污效果上。镜头内容就是各个场景下的除污演示，在油烟机的油垢上一喷一抹，油烟机被抹到的地方光亮干净；在脏鞋表面一喷一抹，鞋面白白净净；在满是彩笔颜料印迹的衣柜门上一喷一抹，柜面的彩笔颜料印迹无隐无踪。这些演示画面，其实就是在向用户反复强调这个产品的便捷性。不仅除污效果好，还能节省体力，将这个过程反复展示给用户形成强烈的记忆。

让有价值的视频带动商品变现，内容与广告的结合，首先必须是内容受欢迎并能给用户带来有效信息。在内容创作时，可以选择直接展示产品价值，可以只是表达获得新产品的感受，可以诉说对某种产品的期待，可以在自己的生活场景中进行商品应用等，这些都是在抖音平台上用户接受度比较高的创作方式。以儿童玩具架为例，如果是站在自己的角度单纯做广告推广，在创作内容上就是展示它的质量、颜色、尺寸、性能。如果站在用户的角度实现内容输出，在创作内容上就是表述有了这款玩具架能让家里变得更整洁、孩子学会分类整理玩具、玩具收纳不再丢失、孩子有了自己的专属玩耍空间等。这种创作方法，通过视频内容告诉用户如何有效解决玩具问题，实现让用户接受这款产品的有效导入。通过一个玩具架不仅解决了家庭收纳的问题，还培养了孩子的好习惯，并且将解决的过程通过视频直观地展现出来，获得粉丝的喜爱和关注。对于用户有价值的广告短视频，这种创作方法我们在亲子教育、旅游推广、体育健身等账号内容中经常见到，是一种有效的创作方法。

内容与广告融为一体变现，以对用户有价值的视频内容为创作出发点，实现商品推广价值，首先让用户高兴，其次是广告商。要想实现较好的广告效应获得更多的算法推荐，只有满足了用户的兴趣来获得较好的播放数据后，才能得到更大的流量池。要避免生搬硬造或者直接截取别人的广告，这样的方式会被人工智能检索判定违规，导致限流或者封号。

从目前抖音系统的流量扶持规划来看，现在抖音开始在垂直行业深入经营，教育推广、医疗科普、游戏竞赛、新农村新农产新农民、知识付费、本地同城生活等成为新的兴趣赛道，成为有效变现门类。“李永乐老师”“北大丁教授”“樊登读书”等对教育赛道进行细分，不仅仅局限于知识科普，还鼓励技术培训、人际交往等类型。2021 年抖音启动了扶持青少年知识类创作者的抖音“萌知计划”，这是该类计划举办的第四期，抖音试图打造成大众获取知识的新方式，以优质内容实现多元化的变现需求。

抖音上变现模式随着软件进步在逐步更新，私域引流、知识付费、线下流量、内容电商变现等多种模式同样也可以采用。但是由于平台本身算法机制的设定，想要在抖音上获得最佳的变现效果，依然以内容为王，然后再促成其他变现模式。如果没有优质的短视频内容，直接在抖音商城上架商品和店铺不会有任何效果，因为没有能吸引用户关注的东西。所以你会发现，抖音账号里没有仅只直播和上架商品而不发布视频的，所有的流量都需要基于短视频内容来吸引用户，才能实现商品变现。

（二）快手平台创作应用策略

1. 特点与优势

与抖音强中心化运营截然不同的是，快手的特点是“去中心化”的流量分发模式。快手的核心理念是“普惠公平”，让所有人都能被看见，而不是个别明星和超级大号。就像快手官方推广的广告语说的那样“看见每一种生活”“拥抱每一种生活”“记录世界，记录你”，强调的是普通人群社会的短视频展现。

在运行初期与抖音强力引入明星大 V 不同的是，快手没有强势邀请自带流量的大 IP 入驻，快手的头部达人是自然形成的社群效应，快手上的头部达人实现粉丝积累主要是依赖自身的创作运营、抱团策略和互相引流来实现，有明显的“家族”达人影响力，头部账号对粉丝的聚拢效应最强。快手社群粉丝与创作者之间的黏性和信任度很高，互动频率比抖音更频繁，是“老铁”社区关系链风格。

据澎湃新闻报道，清华硕士岳廷 2018 年拍摄了一部纪录片《红毛皇帝》，展现的就是快手社群的故事。“红毛皇帝”顾东林是快手达人，非常具有粉丝号召力，他日常在公园跳舞蹦迪并同时直播到快手平台，他建立的社群是一个完整的整体，虚拟和现实难以分清。报道称：“这个社群是一个既发生在线上，又存在于现实中的双重性社区。在他跳舞的直播里，他身体的呈现，然后和粉丝之间的往来，都构成了一种社区感，一种真实的交往的可能性。”这就是这种网络直播带来的“社区感”。

快手的用户年龄相较抖音来说年龄偏大，70%来自四五线城市或者农村，与抖音时尚炫酷的年轻调性不同，快手更下沉接近广大劳动群众，以真实生活情景呈现类内容居多。为了有效实现去中心化，平台界面采用双排瀑布流的方式让更多作品呈现在用户眼前，使得普通用户也能得到流量支持。快手的流量门槛相对抖音较低，普通人的作品更容易获得流量并推送呈现给符合对应特征的用户，这通过快手的标签设定来实现。用户上传视频后，系统从画面、标题、描述、位置等关键信息来对作品进行分析并打上标签，并匹配给爱好此类标签元素的用户。

2. 营收变现模式

快手的营收的大部分来源于直播，直播占据相当大一部分，其次是广告和电商。根据快手公司 2021 年发布的财务报告来看，直播业务收入在 2020 年一季度受新冠病毒疫情影响业务量暴增至90亿元，2021年回归常态到72.5亿元。2020年直播平均月付费用户67.0百万，2021年为52.4百万。2020年一季度线上营销服务收入为人民币33亿元，2021年增长了一倍多达到86亿元。2021年同期快手整体营收为170.19亿元，同比增长36.6%。直播业务受大众生活习惯影响较大，新冠病毒疫情隔离期间群众生活娱乐外出受限，新媒体平台增长扩大。疫情过后，人们的生活回归常态，于是影响了直播数据的变化。在这期间，快手除直播以外的其他服务营收相较于2020年的1.76亿元一季度，2021年同期增长了10倍，涨至12亿元，这个来源主要来自电商业务的增长。这些数据我们可以看到，直播是快手平台的最佳变现路径。

快手适合以达人直播为主导的私域流量变现，为了扩展变现渠道，快手也在尝试多领域发展，如界面广告、游戏分发、创作者激励计划、快手小店、连续剧售卖、快接单、付费课程等其他模式，以及推出女团KSGirls和“凡星达人训练营”等。视频广告业务收入逐年提升，是以前的5～6倍。虽然快手直播变现的比例在近两年有所下降，但其仍然是快手最重要的变现方式，直播变现在2017年占到整体份额的95.3%，占比相较以往已降低一半。

3. 内容侧重点

(1) 强化“老铁”社区。要充分结合快手去中心化的策略，在创作时关注“社区感、熟人信任感”，通过短视频吸引用户关注，通过直播建立人与人之间最直接的社交联系。让用户对创作者产生类似真实社交生活的情感联系。“快手”创始人宿华在某一次应邀出席清华大学的演讲，并发表观点称“快手”是“中国第四大社交平台”。也就是说快手希望以自己为平台，帮助创作者和用户之间形成社交关系，建立基于人格特色的信任感，以普惠的价值观让所有用户都能分享注意力经济，这也是直播带货在快手获得大量变现的原因之一。

比如有许多乡村草根达人在快手上展示自己灵巧的身手，会在快手上发布在各种不同的杠杆上进行体操运动的视频。他们并没有接广告，但是也能获得不错的收益，这主要得益于在快手直播时粉丝的打赏。这个直播内容主要展示他在各种非标准的场地进行体操动作表演，而草根达人本人并没有经过专业训练，只是因为自己热爱运动且是体力劳动者，有着强健的体魄。他的变现主要是来自直播时粉丝们的打赏，粉丝们的打赏或是出于对他个人技能的欣赏，或是出于被他乐观向上的精神感动，或是出于想像他一样坚持运动的鼓励，等等。创作者们在快手上通过短视频吸引用户关注，引起用户兴趣和信任感，然后在直播中通过真实生活环境的呈现以及与粉丝对话互动，来进一步增强信任感。快手直播的底层逻辑，就是建立类似于真人社交的信任关系。通过“老铁”之间的彼此惺惺相惜，形成黏性很强的社群家族，把握住快手直播最大的特点也就把握住了创作要点。树立了“老铁”魅力之后形成精准的粉丝群体，就能实现较好的变现转化率。

（2）先短视频后直播。短视频是直播的前提条件。虽然从技术上来看，开通了直播权限就能立刻开始直播创作。但是从变现角度来说，并不是开通了直播权限可以直播了，就会获得变现盈利。现在各大平台都有直播功能，难的是开的直播有人来看并相信直播的内容建立信任感。直播变现的效果受短视频内容的影响。从目前的行业实践来看，直播前的预热视频广泛流行，视频内容为直播服务，以罗永浩为例，1 年期间在一个新媒体平台就开了 300 多场直播活动，与之对应的，他发布的视频量有 500 多个，平均 1.5 个视频基本导向 1 个直播活动，每场直播都配有一个视频。

先在短视频的质量上精细打磨获得广泛的用户并建立初步的形象认知，直播通过实时互动来将视频内容进行延伸，通过互动沟通来强化用户的信任感。因此，只有当短视频作品有效吸引了用户兴趣树立了账号形象之后，才具备做直播的最佳条件。否则没有粉丝基础的前提下盲目开始直播，不仅直播间人数寥寥无几，还会使创作者产生强烈的挫败感，并不能实现有效变现。垂直领域精细创作再结合“老铁”用户的追随才能实现直播带货的有效变现。直播带货与短视频创作这两种不同的信息媒介形态的结合，在快手一定是先有短视频做积累，再由直播进行变现，直播中与粉丝的互动又会促进创作者对内容的更新优化。

（3）过程要设计。直播变现是现场直播，与短视频不同的是，直播是一次性的表演。短视频的内容从选题、策划、拍摄剪辑、输出而成，是反复打磨过的精益求精的作品。短视频制作周期长的需要一年，短的几小时，可以根据数据反馈不断推翻修改重来。与之相反的是直播，直播是实时性的，不能重来和反复修改，每一秒都是直接呈现给观众的。非常考验创作者的复合能力，直播不能接受如视频剪辑般反复修改，一旦出现硬性违规或者直播效果不佳，会影响账号掉粉、转黑的尴尬结局。开始直播前的设计预案、内容的品质控制是关键环节。品控一词源于生产制造行业，是指对商品的质量控制和管理链，从把控原料、加工生产、制成产品、检测成品直至成品入库以及售后的跟踪解决等所有过程。直播的过程就像是在制作一件产品，这个产品就是直播的这个时间段对用户的服务。从点击开始直播按钮的那一秒开始，就是在进行生产了，要在直播现场对呈现的场景、输出的语言、视觉的形象、与用户的互动问答、商品展示等方面对直播品质进行把控。

直播刚开始时通过互动环节设定的互动内容热场，发多少福袋、发多少红包、设置多少人抢、粉丝福利 5 元秒杀产品链接及数量、主播话术与粉丝答问等，每一部分都有突出的目标与效果，来吸引更多人进入直播间围观并且持续待在直播间。主播在直播的过程中会持续性地输出“欢迎进来的老铁们，点关注啊”“来了啊，老铁”“小红心走起来”“点点关注不迷路，主播绝对没套路”“万水千山总是情，给个红心行不行”这些耳熟能详地引导用户行为的话术，营造出老朋友网络陪伴相见的氛围。比如快手达人大梅小镇，在每次直播时都会说“老铁们，我今天又来带大家赶海了。你现在看到的地方就是我们今晚赶海的沙滩。晚上我们一起来碰碰运气，看能在海边摸到些什么宝贝呢？在开始之前，我回答一下老铁们一直关心的几个问题……”赶海主题的直播一度在快手掀起“赶海热”，并辐射到其他新媒体平台。《快手红人影响力榜》数据显示，快手户外垂类榜上的红人大多以赶海“摸鱼”、售卖海货为主，头部达人以拥有 235 万粉丝“赶海人熊大”为首，他获得 99.45 的快手指数是此门类榜单领头账号，并通过直播获得客观的变现收益。

通过不断地开发新的机制来吸引平台上的用户，避免用户审美疲劳。直播的流程设计和输出方法一直在变，其适应性持续变化并有阶梯性地不断迭代更新。这个迭代更新的依据主要来源于对平台运营规则的变化保持持续的关注、对平台每次更新升级的发展方向保持敏感性，对本账号自身垂直行业的优秀创作者保持关注学习优点，对粉丝的反馈和现场互动进行结果性分析并做出改进调整。

市场变化瞬息万变，直播内容设计随之变化不会停留在固有模式。不断地变化避免粉丝流失或者触犯到平台更新的规则红线被禁言封号。2021 年坐拥 8 758 万粉丝并且曾创下 86.67 亿元销售额的快手头部带货主播辛巴，因为直播间售卖问题燕窝导致最后被平台封禁。部分快手达人获得了平台早期发展的红利形成了自己的社群之后，忽视了平台战略的调整和政策导向的问题，没有改进自己的直播思路，最后因为触犯了敏感词和违禁话题而被停号或者封号的现象屡屡发生。

（三）哔哩哔哩平台创作应用策略

1. 特点与优势

哔哩哔哩是一个综合兴趣视频平台，是国内最重要的 ACG（动画、漫画、游戏）文化聚集地，主要用户为大量的“Z 世代”年轻人群，是高黏度用户社区。在 2021 年哔哩哔哩年度热门话题榜中，“原创、沙雕、搞笑、游戏视频、原神（一款手机游戏）、游戏知识分享官、电子竞技、游戏头号玩家、知识分享官、打卡挑战”是用户兴趣度互动量最高的热门内容。可见哔哩哔哩的内容导向风格具有偏向游戏的“轻娱化”特征，它是现代年轻人聚集的文化社区，是以兴趣为主侧重短视频内容的平台。创作者的年龄分布主要在 24～30 岁人群，他们贡献了大部分的视频内容，是哔哩哔哩最主要的创作力量。哔哩哔哩起初通过漫画动画内容的呈现吸引了一批喜欢二次元的年轻人，然后经过更多的用户入驻，并不断发布游戏、舞蹈、虚拟人物、知识讲解等更丰富的内容，以视频为呈现载体扩展了更多年轻用户并成为他们的精神自留地。如今，哔哩哔哩已成长为一个拥有近 3 亿用户的综合兴趣视频平台，从小众二次元社区蜕变成了泛文化社区。为了进一步破圈吸引更多用户，哔哩哔哩 2019 年开始进行知识转型路线并获得良好效果并渐成规模，泛知识播放量接近半数，不仅收获了大量新用户，还被网友称为“哔哩哔哩大学”。哔哩哔哩在主界面导航栏上线一级分区“知识区”，下设财经商业、设计创意、人文历史、校园学习、职业职场、野生技术协会等 8 个二级选项。从主界面为知识区导流，扶持泛知识类内容创作。

根据哔哩哔哩发布的《2021 哔哩哔哩创作者生态报告》可以看出，哔哩哔哩自 2019 年发力知识社区，泛知识内容占哔哩哔哩视频总播放量 45%。知识区创作者规模增长 92%，三百多位名师学者入驻哔哩哔哩，一年时间内有 1.83 亿人在哔哩哔哩学习，哔哩哔哩的高校号认证达八百多家，学院入驻上万个。哔哩哔哩已然在以视频的方式将传统书面的知识通过镜头视觉让更多人接受和喜欢，创作者输出内容传递给用户，双方收获精神价值与认同感，创作者获得经济价值。

2. 营收变现模式

根据哔哩哔哩 2022 年 4 月 25 日披露的 2021 年度财报内容显示，2019 到 2021 年三年之间，哔哩哔哩的累计净营业额是 383 亿元，其中移动游戏业务创造了超过 133 亿元的净营业额是哔哩哔哩的主要变现来源，增值服务收入排第二、广告收入排第三、电商及其他收入排最后。2021 年哔哩哔哩营业收入 193 亿元，同比增长 61.54%，其中游戏收入 50.9 亿元增速放缓，其余三项中，广告 45.23 亿元增速最快。其次为电商及其他 28.34 亿元。最末为增值服务 69.34 亿元。哔哩哔哩的广告形式有开屏广告、网幅广告、文本链接广告、富媒体广告、客户定制广告等。电商及其他主要是在线商城会员购以及线下展会等，增值服务主要是大会员的订阅费、付费内容和虚拟物品等。虽然游戏增长放缓，但依旧是哔哩哔哩重要的变现来源。从财报内容可以看出哔哩哔哩的营收变现模式与传统视频营收变现模式不同，主要以游戏为主，增值服务和广告等多元化变现为支撑。行业对哔哩哔哩未来的营收情况保持乐观，因为随着时间的推移，“Z 世代”

年轻人群的高学历累积和自由支配的收入增加，将会有更强大的意愿为自己的兴趣买单并成为哔哩哔哩营收的主要力量。

据《2021 哔哩哔哩创作者生态报告》数据分析，哔哩哔哩 2021 年前 5 个月的视频总播放量的 45%是由泛知识内容板块提供，进行知识内存制作的创作者的数量在一年之间几乎增长了一倍。在财报中可以发现往年一家独大的游戏板块营收在逐渐被其他模块缩小差距，商业变现模式不再以游戏业务作为唯一主要营收方式，各方面在均衡发力，可见未来哔哩哔哩将进一步加强非游戏业务的商业模式发展。比如近两年哔哩哔哩官方最明显的动作就是大力扶持知识创作者，强化泛知识类内容的推广和增长。在哔哩哔哩涨粉百万的创作者分布和千万播放量的爆款内容中，通过对吸粉能力最强的新媒体账号分布情况，我们可以看出新媒体平台的生态发展特点。根据数据显示哔哩哔哩月均活跃创作者已经达到 270 万，其中表现出强劲增长力的是粉丝量不足十万粉丝的创作者，他们发布新作品后粉丝增速较为明显。据公开资料的不完全统计，2021 年哔哩哔哩百余位创作者在这一年期间粉丝增长了 100 万。其中泛知识内容占哔哩哔哩 1—5 月视频总播放量的 45%，对粉丝吸引力较大的是各知识垂类的视频内容，圈粉能力较为突出。

哔哩哔哩虽然能提供流量收益和多元化收益结合的商业变现模式，但是对于创作者而言，需要选择一个适合自己的收益模式，选择的过程不仅要从新媒体平台的特点出发，还要结合平台的发展方向，来进行更好的创作和获得应用收益。在哔哩哔哩创作者们可以仅依靠流量就可以获得平台提供的收益，根据有效播放量、互动表现中的点赞、关注、分享等数据指标进行平台测算，10 000 万播放量的收益最高可以达到二三十元。从哔哩哔哩主界面可以看到，许多优秀创作者的视频浏览量的每期视频几乎都可以获得百万流量以上。这些从流量获得的变现盈利，能有效为许多创作者提供内容制作的经济支持，帮助他们更好更纯粹地进行内容创作。在哔哩哔哩要获得有效流量，需要根据平台特点进行创作。

3. 内容侧重点

（1）深耕知识领域，做有态度的内容。流量收益是大部分哔哩哔哩平台 UP 主的主要收入来源，流量的来源基于视频内容获得用户的喜爱。与抖音时尚化、快手生活化风格不同，哔哩哔哩用户的最大特色是 Z 世代年轻人为主，它的各大 UP 主在内容结构有鲜明的特点，内容有鲜明的个人观点、主题紧跟时事热点、表达形式有趣活泼、能带给用户所需的价值。要想获得哔哩哔哩用户的喜爱，在自己的账号领域表明旗帜鲜明的态度，会是一个不错的创作选择，通过重质量控品质来获得流量的收益。哔哩哔哩的创作内容以年轻人群觉得有趣的形式会获得更多流量，喜欢动漫二次元以及轻松愉快的风格氛围。最好是以当前年轻人的话题喜好为创意点，将动漫游戏、娱乐八卦、社会热点等内容在视频中呈现特别的视觉形式或者发表独到观点，引起用户兴趣并产生紧密的互动联系。

比如“张三之父”，中国政法大学刑事司法学院的罗翔教授，早期因哔哩哔哩创作者上传的法学培训讲座视频而走红，随之罗翔教授加入哔哩哔哩以视频形式进行普法教育。与一板一眼的普通说教不同的是，罗翔教授不仅思维缜密，还语言幽默，视频内容爆梗不断，频频出圈。他每一次都围绕一个热点事件，从法律的角度分析事件并向用户传递独到的看法和观点，而不是仅仅展示事件的原貌。他的普法视频，内容上有深度，语言上有趣味，让用户在他的原创视频中获得专业的法律知识，并对热点事件产生共鸣，对自身的后期社会行为产生改变。罗翔教授在哔哩哔哩 2021 年涨粉 944 万，目前粉丝数超 2 000 万，属于哔哩哔哩流量顶级的 UP 主。再比如小约翰可汗是 2020 年 10 月开始从图文新媒体平台迁移过来的军事类科普创作者，与常见的严肃军事科普不同的是，小约翰可汗在视觉设计上非常贴近哔哩哔哩二次元的风格。他在视觉设计上用可爱的仓鼠作形象图，视频语言上幽默逗趣，每周视频用最可爱有趣的方式科普最硬核的军事知识，创作的“奇葩小国”系列总播放量超 1 亿，深受哔哩哔哩粉丝们的喜爱。因此，一定要在自身专业所在领域深入挖掘，只有有价值的内容才会得到用户关注并产生流量。其他各个门类知识的 UP 主都增长强劲，通过知识传递获得了超级流量，这些流量作品随着视频的展示的时间还在不断增加，对不善于制作商业广告但有自己某领域钻研兴趣的创作者来说，流量变现是一种非常优质的变现方式。

用年轻人喜爱、流行的元素将内容趣味化，比如从年轻人喜爱的弹幕、鬼畜、嘻哈、二次元、虚拟偶像、番剧等入手，在创作内容时将这些元素融入核心内容传递中。2022 年网络热门的“潘周聃式出场”，在哔哩哔哩创作者的鬼畜剪辑下引起网络热点效应。硕士毕业于苏黎世联邦理工大学，本科毕业于牛津大学的潘周聃，在一次综艺节目中因为场地太挤而无意产生的先扭脖子再跨身子的非自然出场动作，被哔哩哔哩 UP 主通过鬼畜的方式进行趣味剪辑并发布在哔哩哔哩，引起大家的喜爱被网友们疯狂玩梗。搞笑类的创作者模仿他的“潘周聃学霸式起身”动作进行混剪获得了同样巨大流量。

（2）参与平台资金扶持计划：哔哩哔哩除了本身播放流量可以获得收益以外，平台为鼓励创作者制作优质视频内容，推出了许多基于视频播放的创作者扶持活动，如充电计划、创作者激励计划、悬赏计划、接定制广告、直播打赏等活动。比如根据哔哩哔哩官方发布显示，2021 年 1 月，“星计划 · 新春版”在哔哩哔哩平台推出，该项目投入百亿流量扶持泛生活方式类 UP，是针对创作者的扶持项目；6 月，宣布针对 MCN 机构推出游戏区的“2021MCN 扶持计划”，提供海量视频和直播曝光扶持；9 月，哔哩哔哩音乐区宣布上线“原创扩音计划”，以现金奖励、百亿流量、厂牌签约、音乐 live 等资源体系全力扶持原创音乐内容，助力优质原创音乐人快速成长；12 月，启动青少年内容激励计划，扶持 UP 主、专家学者及机构创作优质的青少年内容，平台不仅提供官方运营的支持，还提供数百万的资金支持。

哔哩哔哩的策略行为与其视频内容特点有关，其平台许多作品纯粹是从创作者个人兴趣爱好出发而制作出的视频，视频内容没有商业行为和企图。为了保护这类纯粹做知识类视频的创作者能继续留在平台产出优秀作品，于是哔哩哔哩推出了这些资金扶持活动。在哔哩哔哩除了可以选择通过流量变现，也可以选择通过视频内容变现，多个模式来获得收益。加入用户充电计划，创作者能获得粉丝用户投送的电池，平台将获得的电池转换为创作者的收益，目前来看这个渠道收益能力有待加强。加入创作者激励计划，以获得的流量按公式转换为收益，创作中心的数据累计 10 万阅读量就可以加入创作激励计划。加入悬赏计划，创作者主要是通过视频内置橱窗、弹幕、视频下方广告位等方式悬挂商品带货，获得的变现收益主要是营销提成。但是需要强调的是，这些平台扶持计划要有所侧重，不能同时享用。面对众多途径如何进行选择，可以根据内容创作定位特点来进行。流量多的就选择激励计划按照播放量获得收益，粉丝黏性强且有消费能力的就选择充电计划。在哔哩哔哩进行创作时所有的变现收益都来源于优质的视频内容吸取的流量，以实现鲜明、专业、高质量的内容为前提，是其他渠道变现方式的基础前提。

图书在版编目（CIP）数据

新媒体创作及应用研究 / 曾燕著. -- 长沙 : 湖南科学技术出版社, 2024. 11. -- ISBN 978-7-5710-2986-9

Ⅰ. G219.2

中国国家版本馆 CIP 数据核字第 20242P7D54 号

XINMEITI CHUANGZUO JI YINGYONG YANJIU

新媒体创作及应用研究

著　　者：曾　燕
出 版 人：潘晓山
责任编辑：王　李
出版发行：湖南科学技术出版社
社　　址：长沙市芙蓉中路一段 416 号泊富国际金融中心
网　　址：http://www.hnstp.com
湖南科学技术出版社天猫旗舰店网址：
　　　　　http://hnkjcbs.tmall.com
邮购联系：0731-84375808
印　　刷：湖南省众鑫印务有限公司
　　　　（印装质量问题请直接与本厂联系）
厂　　址：湖南省长沙市长沙县榔梨街道梨江大道 20 号
邮　　编：410100
版　　次：2024 年 11 月第 1 版
印　　次：2024 年 11 月第 1 次印刷
开　　本：710mm×1000mm　1/16
印　　张：14
字　　数：246 千字
书　　号：ISBN 978-7-5710-2986-9
定　　价：79.00 元